GLOBAL PERSPECTIVES ON LEGAL HISTORY 4

Global Perspectives on Legal History

A Max Planck Institute for European Legal History
Open Access Publication

http://global.rg.mpg.de

Series Editors: Thomas Duve, Stefan Vogenauer

Volume 4

Global Perspectives on Legal History is a book series edited and published by the Max Planck Institute for European Legal History, Frankfurt am Main, Germany.
As its title suggests, the series is designed to advance the scholarly research of legal historians worldwide who seek to transcend the established boundaries of national legal scholarship that typically sets the focus on a single, dominant modus of normativity and law. The series aims to privilege studies dedicated to reconstructing the historical evolution of normativity from a global perspective.
It includes monographs, editions of sources, and collaborative works. All titles in the series are available both as premium print-on-demand and in the open-access format.

OSVALDO RODOLFO MOUTIN

Legislar en la América hispánica en la temprana edad moderna

Procesos y características de la producción de los Decretos del Tercer Concilio Provincial Mexicano (1585)

MAX PLANCK INSTITUTE
FOR EUROPEAN LEGAL HISTORY
2016

ISBN 978-3-944773-03-2
ISSN 2196-9752

First published in 2016

Published by Max Planck Institute for European Legal History, Frankfurt am Main

Printed in Germany by epubli, Prinzessinnenstraße 20, 10969 Berlin
http://www.epubli.de

Max Planck Institute for European Legal History Open Access Publication
http://global.rg.mpg.de

The Deutsche Nationalbibliothek lists this publication in the Deutsche Nationalbibliographie; detailed bibliographic data are available on the Internet at http://dnb.d-nb.de

Cover illustration:
Christiane Birr, Frankfurt am Main © 2016

Cover design by Elmar Lixenfeld, Frankfurt am Main

Recommended citation:
Osvaldo Rodolfo Moutin (2016), Legislar en la América hispánica en la temprana edad moderna. Procesos y características de la producción de los Decretos del Tercer Concilio Provincial Mexicano (1585), Global Perspectives on Legal History, Max Planck Institute for European Legal History Open Access Publication, Frankfurt am Main, http://dx.doi.org/10.12946/gplh4

Índice

Siglas

Compostela1565	Concilio de Compostela de 1565.
Córdoba1520	Sínodo Diocesano de Córdoba de 1520.
Granada1572	Sínodo Diocesano de Granada de 1572.
DecMar	Martínez Ferrer, Luis (2009), Decretos del Concilio Tercero Provincial Mexicano 1585. Edición histórico crítica y estudio preliminar por Luis Martínez Ferrer, 2 Vol., El Colegio de Michoacán – Universidad de la Santa Cruz, Zamora.
Guadix1554	Sínodo Diocesano de Guadix de 1554.
Lima1582	Tercer Concilio Provincial de Lima de 1582/3.
Lorezana1768	Concilios Provinciales Primero, Y Segundo, Celebrados En La Muy Noble, Y Muy Leal Ciudad De México, Presidiendo El Illmo. Y Rmo. Señor D. Fr. Alonso de Montúfar, En los años de 1555, y 1565. Dados á luz Illmo. Sr. D. Francisco de Lorenzana, Arzobispo de esta Santa Metropolitana Iglesia. En México, en la Imprenta de el Superior Gobierno, de el Br. D. Joseph Antonio de Hogal, Año de 1768.
Lorenzana1770	Concilium Mexicanum provinciale III: celebratum Mexici anno MDLXXXV, praeside D.D. Petro Moya et Contreras, archiepiscopo ejusdem urbis, confirmatum Romae die XXVII octobris anno MDLXXXIX, Postea Iussu Regio editum Mexici anno MDCXXII sumptibus D.D. Joannis Perez de La Serna archiepiscopi; demum typis mandatum cura & expensis D.D. Francisci Antonii a Lorenzana archipraesulis, ex typographia Bac. Josephi Antonii de Hogal, Mexici 1770.
ManCarr	Carrillo Cázares, Alberto (2006–2009), Manuscritos del Concilio Tercero Provincial Mexicano (1585). Edición, estudio introductorio, notas, versión paleográfica y traducción de textos latinos por Alberto Carrillo Cázares.
México1555	Primer Concilio Provincial de México de 1555.
México1565	Segundo Concilio Provincial de México de 1565.
Milán1565	Concilio Provincial de Milán de 1565.
Serna1622	Sanctum prouinciale concilium Mexici celebratum anno dni millessmo quingentessmo octuagessimo quinto, apud Ioannem Ruiz, Excudebatq[ue] Mexici 1622.
Sevilla1512	Concilio Provincial de Sevilla de 1512.
Toledo1536	Sínodo Diocesano de Toledo de 1536.
Toledo1565	Concilio Provincial de Toledo de 1565.
Toledo1580	Sínodo Diocesano de Toledo de 1580.

Agradecimientos

Aunque una tesis doctoral es el resultado de una investigación independiente, quien la realiza se da cuenta que no se puede, y aprende que no se debe, realizar en solitario. Son muchas las personas que colaboran de distintas formas para que el doctorando alcance su objetivo. En mi caso personal, haber realizado esta investigación en el ambiente académico alemán pudo haber posibilitado, creo, el exponerme a estas experiencias. Son por lo tanto, también, muchas las personas a las cuales agradecer.

En primer lugar, deseo agradecer al Prof. Dr. Thomas Duve. En su calidad de Director del Instituto Max Planck para la Historia del Derecho Europeo (MPIeR), me abrió las puertas en la institución. En su calidad de Profesor de la Goethe Universität Frankfurt am Main, fue mi *Doktorvater* (Supervisor), aceptando la propuesta de investigación. De las tantas maneras que hay de ejercer este oficio, él eligió conmigo la de nunca dejar de responder a mis preguntas oportunas o no; la promoción intelectual y humana; y la paciencia de quien sabe esperar porque cree. Quién haya emprendido un camino como el mío sabe que son inusuales cualidades, y por eso estaré agradecido.

En el Instituto Max Planck para la Historia del Derecho Europeo, ha habido una constelación de investigadores y becarios "latinos", sea por procedencia o inclinación, que en diferente grado y forma estuvieron a lo largo de este camino. Entre los miembros del MPIeR debo mencionar a Otto Danwerth, Christiane Birr, Christoph Meyer, Pilar Mejía, Benedetta Albani, Nicole Pasakarnis, Jorge Alberto Nuñez, Pamela Cacciavillani, Leticia Vita, Leopoldo López Valencia, Elizabeth Martínez y Gustavo Machado Cabral. A ellos también, por la diaria cercanía y perito consejo, también quedo agradecido.

Otros investigadores y becarios, como Tunay Sürey, Elisabetta Fiocchi, Lea Heimbeck, Nina Keller, Ulrike Schillinger, han enriquecido esta experiencia de casi tres años con su consejo. También, muchas gracias.

Al Pbro. Dr. Sebastián Terráneo. Por teléfono o personalmente, nuestras charlas fueron académicas y su ayuda más allá de este campo. Por todo esto, también mi gratitud.

A la Mg. Pamela Cacciavillani, la Sra. Ana Paula Mittendorfer y al Dr. Agustín Casagrande, quiero especialmente agradecerles la lectura en distintos momentos de los manuscritos, buscando y encontrando errores. Mi agradecimiento por su paciencia y su servicio.

Mi agradecimiento también es al Prof. Dr. Cornelius Prittwitz (Goethe Universität Frankfurt am Main) y al Prof. Dr. Ignacio Czeguhn (Freie Universität Berlin), quienes junto con el Prof. Dr. Thomas Duve, formaron el tribunal examinador.

No menor ha sido la ayuda institucional brindada. En el MPIeR, ha sido brindada por la administración presidida por la Sra. Carola Schurzmann, la excelente biblioteca dirigida por la Dra. Sigrid Amedick, el Departamento de Informática (IT) encabezado por el Dr. Volker Novak y al Dr. Karl-Heinz Lingens, gerente de redacción. Ellos con su trabajo han facilitado la concreción de recursos, estancias de investigación y materiales para llevar adelante la presente investigación. En la Facultad de Derecho, la amabilidad y disposición de la Sra. Uta Bredemeier, han traído calma y oportunidades en aquellos momentos en que la burocracia parecía agotar posibilidades. A todos ellos, y a sus colaboradores, también mediante estas líneas les expreso mi agradecido reconocimiento.

La mitad del tiempo de investigación fue en el grupo de jóvenes investigadores "Kanonistik, Moraltheologie und Konfliktlösung in der Frühen Neuzeit", liderado por el Prof. Dr. Wim Decock y formado por David Harbecke, Jasmin Hauck, Rafael Van Damme. Este grupo formó parte del proyecto LOEWE-Schwerpunkt "Außergerichtliche und gerichtliche Konfliktlösung", dirigido por los profesores Thomas Duve, Albrecht Cordes y Guido Pfeifer. En la gerencia de administración estuvieron el Sr. Andreas Karg y la Sra. Hilke Flechsig. A todos ellos también mi agradecimiento.

Finalmente, aunque no sea usual, a la ciudad de Frankfurt del Meno, "la más pequeña de todas las metrópolis", donde momentos maravillosos he pasado que aunque no están patentes en las líneas que siguen, no por ello no se puede dejar de mencionar. En ella, me he beneficiado de la amistad de Tina Hannappel, Thomas Walter, Anne Walter-Koschwitz, Anke Hübenthal, Anna Seelentag, Zülâl Muslu, Agustín Parise, Julieta Marotta, Jenny Abel, Christian Pogies, Mercedes Villa Larroudet, Nicolás, Francisco y Hansi. A ellos, también mi gratitud y fraternal amistad.

Como se dijo al comenzar, esta investigación fue independiente pero no en solitario. A quienes he nombrado y a quienes la "traicionera" memoria no los ha traído a estas líneas, les agradezco lo bueno que espero poderlo haber traducido de alguna manera en el trabajo que sigue.

"So I had arrived in South America, my head replete with the matters of Europe. But I soon began to understand, for the first time... what a strange world I had been sent to judge"

Cardenal Altamirano, en el filme "The Mission"

Introducción

El 20 de octubre de 1585, en la Catedral de México, los Obispos reunidos en el Tercer Concilio Provincial Mexicano dieron su *placet* a los Decretos dando por concluido el trabajo comenzado el 20 de enero del mismo año y promulgando un nuevo cuerpo legal. Los decretos conciliares, luego de pasar por diversas apelaciones y los procesos de aprobación ante la Congregación del Concilio, en la Santa Sede, y el Consejo de Indias, en España, fueron finalmente impresos en México en el año 1622. La importancia de este cuerpo legal puede ser determinada a partir de tres razones. En primer lugar, esta legislación estuvo en vigencia en el arzobispado mexicano hasta el V Concilio Provincial Mexicano de 1896, y en Filipinas hasta entrada en vigencia del *Codex Iuris Canonici* de 1917, es decir, por casi tres siglos. En segundo término, este cuerpo legal reguló un importante territorio, a saber, los actuales países de México, el sur de Estados Unidos, Guatemala, Belice, Honduras, El Salvador, Nicaragua, Costa Rica y las lejanas Islas Filipinas. Finalmente, además de su longevidad y la amplitud del territorio en el cual estuvo vigente, tenemos la naturaleza misma de esta legislación. Fue una legislación que trató una gran cantidad de materias religiosas, litúrgicas, morales, disciplinares, de gobierno y administración para todo ese período, constituyendo canónicamente el actuar de la Iglesia tanto en la vida de los españoles y criollos, como la evangelización de los indios y su incorporación a la república cristiana. Otro aspecto por demás interesante es que fue una legislación compuesta por obispos residentes en sus sedes americanas, reunidos en México, para sus mismas jurisdicciones episcopales. Los prelados congregados de enero a octubre de 1585 dispusieron una voluminosa legislación, acompañada de catecismos, un Directorio de Confesores y Penitentes para la práctica del sacramento de la confesión, un ritual y otros documentos administrativos menores. Es decir, nos encontramos ante una importante pieza legal desarrollada en y para territorios americanos, regulando importantes aspectos del gobierno, administración y vida cotidiana. Fue una legislación local a partir de quienes la desarrollaron, para quienes estaba recibida, y con los instrumentos que fue desarrollada, a fin de que se practicase el Concilio General de Trento, clausurado treinta años antes, y fuera útil para las nuevas situaciones que se planteaban.

A. Propósito de nuestra investigación

La presente monografía describirá, desde la perspectiva histórico-jurídica, el proceso por el cual el Tercer Concilio Provincial Mexicano llegó a la formulación de los decretos promulgados en la catedral de México el 20 de octubre de 1585. Este análisis se puede realizar a partir de la publicidad que hace más de cincuenta años empezaron a alcanzar los materiales de trabajo conciliares depositados actualmente en la Bancroft Library de la Universidad de Berkeley y que recientemente han sido transcripto y publicado por El Colegio de Michoacán.

Gracias a ellos podemos acercarnos a conocer cómo fue la formulación de estos decretos conciliares, las influencias y las dificultades que encontraron los obispos a la hora de legislar. Aunque son muchas las perspectivas de investigación que se abren a partir de este material, aquí nos proponemos, desde el punto de vista de la historia del derecho, analizar cómo se conformó esta legislación, a lo que llamaremos "procesos de redacción" y las características generales del conjunto de este acto legislativo, que nombraremos "producción legal".

La documentación con que contamos no nos refleja a los obispos mexicanos de 1585 como meros receptores pasivos de otras legislaciones. Su rol es activo en cuanto que toman decisiones guiados por su conocimiento de la realidad americana y de la realidad jurídica en la que viven. El presente trabajo, por lo tanto, buscará analizar el modo en que se desarrolló este rol activo del episcopado mexicano en la producción legal. Así, el uso del término "recepción" no explica en su totalidad el proceso legislativo al menos en el caso del Tercer Concilio Provincial Mexicano. No es menor la influencia de este concepto en la historiografía jurídica, aun en la historiografía del derecho canónico.[1] Aquí, no obstante, hemos puesto nuestra

1 Cf. Genzmer (1961), 143–145.

atención en la formulación de los decretos, a partir de las decisiones de los prelados mexicanos, de acuerdo a las fuentes que poseemos.

B. Contexto jurídico del Tercer Concilio Provincial Mexicano

La llegada de los españoles al continente americano no podía dejar de tener consecuencias jurídico-canónicas.[2] En primer lugar, los Reyes Católicos se apresuraron a conseguir de la Santa Sede la donación de los territorios por descubrir con el encargo de evangelizar a los naturales. Su anexión a las Indias por parte de la corona de Castilla, no como colonias sino como reinos,[3] conllevó una reproducción del sistema jurídico castellano al Nuevo Mundo. Sin embargo, este proceso no resultó tan sencillo como se esperaba y rápidamente se empezó a producir legislación particular y un desarrollo institucional para los nuevos territorios americanos, constituyendo lo que se ha llamado el derecho indiano.[4]

Hundiendo sus raíces en el *Ius Commune* medieval, diversas leyes fueron dadas e instituciones creadas por parte de la Corona a partir de hechos que se iban sucediendo en América.[5] Para el gobierno del Nuevo Mundo, el Monar-

2 "Dos aspectos salientes deben ser estimados en el proceso histórico explicado: la creación de un "nuevo Derecho" y el trasplante a un vasto continente de la cultura jurídica de tradición romano-canónica. Aquel aspecto puede verse valorado a la luz comparativa que ofrecen las colonizaciones coetáneas, como la portuguesa y aun la francesa, las cuales no alcanzaron a crear "un derecho colonial". El segundo aspecto puede ser apreciado teniendo en cuenta que entonces la América Española ha quedado incorporada con propia peculiaridad a un sistema de Derecho y a una cultura jurídica que es común con la de Europa continental." en Tau Anzoátegui (2001), 38.

3 Cf. Levene (1973); Zorraquín Becú (1974); Tau Anzoátegui (2000b).

4 Para algunas de las obras más importantes sobre el derecho indiano, véase Barrientos Grandón (2000), Cruz Barney (2012); Dougnac Rodríguez (1994); Levaggi (1986); Levene (1924); Mayorga García (2003); Muro Orejón / Soberanes Fernández / Diego-Fernández (1989); Ots y Capdequí (1945); Pérez Fernández (2001); Sánchez Bella (1991); Sánchez Bella (1995); Sánchez Bella / Hera / Díaz Rementería (1992); Tau Anzoátegui / Martiré (2012); Tau Anzoátegui (2000).

5 "Bien pronto la conquista y la colonización de las Indias suscitó problemas y cuestiones no previstas en la jurisprudencia medieval, o resueltas de modo inadecuado para atender a las nuevas situaciones que se registraban. También se advirtió, profundizando esa incertidumbre, que las nuevas soluciones no podían ser uniformes, dada la variedad de los problemas surgidos. Fue pues preciso someter al Derecho-madre a una prueba de elasticidad y admitir el razonamiento de teólogos, juristas, moralistas y políticos, en la búsqueda de ese "orden nuevo" exigido por las circunstancias." en Tau Anzoátegui (2001), 27.

ca español era ayudado por el Consejo de Indias, y más tarde por la Casa de Contratación. Apenas cincuenta años después del descubrimiento colombino tenemos ya el territorio dividido en grandes jurisdicciones territoriales, gobernadas siendo el caso por un virrey, un gobernador, ayudados siempre por reales audiencias y los cabildos. En un nivel municipal, el gobierno era llevado adelante por los corregidores y alcaldes mayores.[6]

Frente a este desarrollo institucional, distintas leyes en formas de reales cédulas fueron dadas para casos particulares. Subsidiariamente se aplicaba el derecho castellano y las Siete Partidas. En el ámbito eclesiástico, junto con las instituciones perduró el uso del Derecho Canónico clásico con el uso del *Corpus Iuris Canonici*. En ambos ordenamientos, el temporal y el espiritual, la doctrina de los autores fue una fuente jurídica, sea a través de los tratados, opiniones, comentarios y glosas a las legislaciones.[7] Entre estos autores, y sobre todo a través de la obra de canonistas y teólogos, debemos considerar a la teología moral como fuente jurídica. En no pocos aspectos de la vida política y cotidiana, será un elemento determinante. Así no faltan normas para el trato de los indios, la vida familiar, el comercio, por mencionar sólo algunas materias.[8] Los derechos indígenas, es decir los ordenamientos americanos precolombinos, en cuanto no contradijeran el derecho natural y el divino positivo, podían seguir aplicándose para el gobierno de los naturales.[9] Finalmente, en un grado no menor, la costumbre cruzaba todo el arco jurídico, siendo "una forma eterna de la ley jurídica y en lo más de los pueblos actuales ha venido siendo, hasta hoy, la más numerosa y la más conforme con el carácter del cuerpo social".[10]

Estas cuatro fuentes del derecho indiano (la ley, la opinión de los autores, la teología moral y la costumbre) servían como bases que brindaban un apoyo para diversas problemáticas con un balanceado inestable. Este ordenamiento basaba sus decisiones con una gravitación sobre cada una de estas fuentes, a veces priorizando la ley, en ocasiones la costumbre, en otras opor-

6 Un panorama completo de estas instituciones administrativas y judiciales en Tau Anzoátegui/Martiré (2012), 45–98. Sobre la administración de justicia, véase Garriga Acosta (2006).

7 Cf. Tau Anzoátegui (1989).

8 Cf. Lira (2006).

9 Cf. Levaggi (1991); Menegus Bornemann (1992).

10 Cf. Altamira (1903), citado por Tau Anzoátegui (2000), 14.

tunidades la teología moral, en otro momento sobre la opinión de los autores. Esto fue provechoso en el contexto americano del siglo dieciséis, ya que los recursos jurídicos para la solución de diversas problemáticas se podían obtener de diversas maneras. En siglos posteriores, el sistema caerá en decadencia, por la misma multitud de normas y opciones, lo que llevará a los juristas a pedir menos cantidad de normas, y mayor abstracción y claridad en las mismas.[11] Aunque este ordenamiento no brindaba todas las respuestas jurídicas necesarias, daba distintas posibilidades para una mayor sofisticación, a partir de la evolución de alguna de sus fuentes.

El encargo de evangelizar fue cumplido en primer lugar, por las órdenes religiosas, especialmente las mendicantes, estableciéndose en un segundo momento en forma paralela un ordenamiento episcopal, lo que llevó a grandes conflictos de las órdenes con los obispos, que perdurarán más allá del siglo dieciséis. Con la creación de diversas diócesis, algunas veces sin siquiera precisar el lugar geográfico de su sede episcopal,[12] y casi inmediatamente la constitución de tres grandes provincias eclesiásticas, se completará el cuadro institucional religioso.

En este contexto jurídico y a partir de las nuevas situaciones vividas en la conquista, ocupación y desarrollo de la cristiandad en la América española, se producen las primeras reuniones para buscar soluciones prácticas para la evangelización indígena, corregir los abusos por parte de los españoles, el comercio, etc. La primera se llamó "Junta Apostólica", y fue celebrada en 1524, poco después de la llegada de los primeros misioneros de la Orden de San Francisco, conocidos como los "Doce Apóstoles". En las siguientes reuniones se fueron sumando tanto los obispos presentes en el Nuevo Mundo, así como autoridades reales. Así, por ejemplo, participó Vasco de Quiroga, como oidor de la Real Audiencia primero, y como Obispo de Michoacán, después. Estas fueron las primeras normas dadas que servirán de antecedente a la celebración de los concilios provinciales mexicanos, a partir de la creación de la provincia eclesiástica en 1546. El primer Concilio Provincial, que fue celebrado en 1555, asumió y adaptó nuevamente estas normas, dando lugar a la primera legislación conciliar mexicana. El Segundo Concilio Provincial Mexicano, celebrado en 1565, no abrogó al anterior, y sólo dio unas

11 Cf. Tau Anzoátegui (1992), 402–426.
12 Cf. Hera Pérez-Cuesta (1995).

pocas normas. Se debió esperar el paso de veinte años para una nueva asamblea episcopal. El Tercer Concilio Provincial Mexicano, sesionó del 20 de enero de 1585 hasta el 20 de octubre del mismo año, promulgando en la catedral mexicano un cuerpo de decretos dividido en cinco libros, siguiendo en líneas generales el ordenamiento temático del derecho canónico clásico.[13]

C. Las fuentes para nuestro estudio

El propósito de esta investigación será adentrarnos en los procesos de redacción que se llevaron adelante para la producción de esta normativa escrita. Será, por lo tanto, el texto promulgado en 1585 en México al que constantemente nos referiremos. Centraremos nuestra atención en la dinámica mediante la cual un grupo de obispos, en forma colegial, con una delimitada jurisdicción y autonomía de otras instancias, confeccionó por sí mismo un cuerpo legal. Para poder llevar adelante este propósito contamos con los materiales de trabajo que fueron usados en el aula conciliar. En efecto, en la Brancroft Library de la Universidad de California se encuentra la mayoría de la documentación original que utilizaron los obispos mexicanos en 1585, así como también los documentos de trabajo y los decretos finalmente promulgados en el concilio provincial. Son cuatro volúmenes que se encuentran bajo las signaturas BMM 266–269.[14] Conservados originalmente en el Archivo Arzobispal, no es fácil determinar cuándo estos papeles fueron reunidos en estos cuatro volúmenes de desigual extensión y contenido.

El volumen BMM 268 contiene los documentos originales de convocación al concilio provincial, con las respectivas notificaciones de cabildos catedralicios, órdenes religiosas, así como varias cartas personales que son enviadas por los obispos sufragáneos. La lectura corrida de este volumen hace que su lector aumente su interés exponencialmente. En más de cuarenta memoriales y peticiones, con una gran diversidad de temas y propuestas, se puede observar el estado religioso, social, económico y político del momento. Se ven reflejadas en ellos también las realidades de los distintos grupos sociales, destacándose la figura del indígena. Seguidamente, tenemos varios tratados teológicos y jurídicos originales sobre materias que el concilio pro-

13 Una apretada síntesis histórica de la Iglesia Católica en México hasta el siglo XIX en Rubial García (2013).

14 BMM = Brancoft Mexican Manuscripts.

vincial debía tratar en su aspecto disciplinar. También tenemos en este volumen diversos procesos judiciales que se llevaron a cabo en el aula conciliar. Todo este material, será usado en nuestra investigación, pero para nuestro objetivo son de indudable valor las notas para la composición de los decretos que ocupan casi un cuarto del volumen.

El volumen BMM 269 contiene materiales de trabajo del concilio bastante diversos entre sí. Por una parte tenemos los papeles de la comisión episcopal que trabajó sobre los privilegios de los religiosos, así como también se destaca la disputa entre el Arzobispo-Virrey y los obispos sufragáneos por la publicación. De este volumen, hay tres secciones que son especialmente interesantes para nuestra investigación. En primer lugar, tenemos los votos *ex discordia* dados por los obispos, oponiéndose individualmente a alguna de las resoluciones conciliares. Nos servirán para comprender el modo de toma de decisiones en el concilio provincial. En segundo lugar, tenemos dos cartas que fueron enviadas separadamente por el concilio provincial al Monarca Español, Felipe II, y al Romano Pontífice, por entonces recién electo, Sixto V. La carta al Rey se destaca por las informaciones que le brindan al destinatario, y sobre todo, por los pedidos de orden jurídico. Finalmente, en el mismo volumen tenemos las dudas de los obispos mexicanos que fueron sometidas durante el concilio provincial a los expertos teólogos y canonistas, expresamente nominados a ese efecto. En extensos pareceres podemos conocer, además de qué cuestiones presentaban más dificultad, la erudición teológica y jurídica de estos expertos, así como su forma de argumentar.

El volumen BMM 267 contiene una primera sección ajena a los concilios provinciales mexicanos con papeles personales de Juan de Salcedo, secretario conciliar, pero en su rol de Comisario de la Bula de la Cruzada. Le siguen los Decretos aprobados en 1585 del Tercer Concilio Provincial Mexicano en su versión manuscrita con las firmas de padres conciliares y las anotaciones de último momento que se les hicieron, así como los aranceles establecidos en la misma asamblea. Continúa con los originales manuscritos del Primer y Segundo Concilio Provincial Mexicanos. Finaliza este volumen una importante sección con la documentación concerniente a las apelaciones y recursos de fuerza que fueron presentados para impedir la impresión del concilio después de octubre de 1585.

El volumen BMM 266 contiene una copia manuscrita de los Decretos del Tercer Concilio Provincial Mexicano, sin las anotaciones marginales y con muchos errores cometidos por el copista. La reunión de estos cuatro volúmenes parece haber sido temprana, al menos antes de la preparación del Cuarto Concilio Provincial Mexicano que se celebró en 1771.[15] Estos manuscritos han sido transcriptos y editados por el Colegio de Michoacán recientemente.[16] Estas serán las fuentes primarias que utilizamos en esta investigación.

Completamos el corpus primario de fuentes, con el Directorio de Confesores y Penitentes promulgado por el Tercer Concilio Provincial Mexicano.[17] Como fuentes también, pero en grado secundario, tendremos presente todas aquellas legislaciones, tanto reales, como papales o de concilios provinciales y sínodos diocesanos, así como tratados teológicos y jurídicos mencionados en las fuentes primarias. No es el propósito de esta investigación analizar el contenido dogmático o disciplinar de los decretos provinciales. Tampoco es nuestro objetivo analizar la historia de las instituciones eclesiásticas, ni menos aún la historia de las ideas, sean teológicas, canónicas o jurídicas. Por lo tanto, sólo indagaremos en las fuentes, en la medida que nos acerquen a comprender los procesos de redacción en la producción de los decretos del Tercer Concilio Provincial Mexicano.

D. La historiografía acerca de los Decretos conciliares

Este no es el primer estudio que aborda la redacción de los Decretos. Aunque de modo marginal ya en 1963, José Alberto Llaguno Farías establecía a grandes rasgos los pasos seguidos para la redacción de los Decretos.[18] Un estudio más profundo es la tesis doctoral de Jesús Galindo Bustos sobre las fuentes de los Decretos.[19] El autor abordó la cuestión de la redacción de los Decretos en general y en particular partiendo del aparato de fuentes, publi-

15 Para un análisis del porqué estos manuscritos se encuentran en la Bancroft Library, véase Lundberg (2006).

16 Cf. Carrillo Cázares (2006), correspondiente al BMM 268, en adelante ManCarr I; Carrillo Cázares (2007), correspondiente al BMM 269, en adelante ManCarr II; Carrillo Cázares (2009), correspondiente al BMM 267, en adelante ManCarr III; y Carrillo Cázares (2009b), correspondiente al BMM 266, en adelante ManCarr IV. Los citaremos por su abreviatura (ManCarr) indicando seguidamente el volumen y el número de página citado.

17 Cf. Carrillo Cázares (2011); en adelante ManCarr V (Directorio), seguido de las páginas citadas cuando correspondiese.

18 Cf. Llaguno Farías (1963).

19 Cf. Galindo Bustos (2010).

cado en la edición de 1622, analizando en qué medida los diversos concilios provinciales y sínodos diocesanos revisados fueron incorporados en la nueva legislación. En este estudio encontramos interesantes y agudas observaciones sobre los pasos seguidos en la elaboración de los Decretos. En tercer lugar, Sebastián Terráneo en su tesis doctoral, ha hecho un análisis de la influencia de los tres primeros concilios provinciales limenses en el Tercer Concilio Provincial Mexicano.[20]

Estas dos últimas investigaciones parten del aparato crítico de notas publicado en la primera impresión del Tercer Concilio Provincial Mexicano, lo revisan, y utilizando los materiales de trabajo conciliares, arriban a sus conclusiones, dejando de lado los decretos en los que se omite el aparato crítico. Además, en el momento del análisis textual parten, por lo general, del texto conciliar mexicano impreso en 1622. Aunque este fue el documento que estuvo en vigencia, incorpora los cambios realizados por la *recognitio* romana y por el Consejo de Indias, y por lo tanto, nos encontramos con un texto parcialmente diferente del promulgado por los obispos en 1585.[21] Simultáneamente a la investigación de Terráneo, aparece la edición de los Decretos de Martínez Ferrer, con un estudio introductorio, en el que hace un balance de anteriores pesquisas.[22]

Nuestra investigación, en cambio, es un recorrido en el cual partimos de los materiales de trabajo para establecer los procesos de redacción que dieron lugar a los decretos conciliares promulgados por los obispos mexicanos en 1585;[23] por lo tanto, no hemos fijados nuestra atención en el texto impreso a partir de 1622, ni buscaremos establecer las fuentes legales de los decretos.

20 Cf. Terráneo (2010).

21 Sobre el proceso de aprobación y los cambios realizados en el texto, véase Fornés Azcoyti (2005); Martínez Ferrer (2009), 97–138.

22 Cf. Martínez Ferrer (2009). Sobre el proceso de elaboración de esta edición y su integración con las obras de Galindo Bustos y Fornés Azcoiti, véase Martínez Ferrer (2013).

23 El texto promulgado por los obispos se encuentra editado en ManCarr III, 41–235 y en Martínez Ferrer (2009), Vol. 2, 206–640. Al momento de citar esta documentación indicaremos la página en la edición de Carrillo Cázares (ManCarr III) seguido de la edición de Martínez Ferrer (DecMar), pero este último caso indicando el número de párrafo (¶) que en esta edición se han asignado.

E. Plan de trabajo

Nuestro trabajo tiene por fin el análisis histórico jurídico de la producción legal del Tercer Concilio Provincial Mexicano a través de la determinación del alcance de cada uno de los procesos de redacción, distinguiendo el rol de los obispos presentes en el concilio provincial que actuaron como colegio en la determinación de las disposiciones, y el rol de los redactores, es decir, aquellos que pusieron por escrito en lenguaje canónico estas disposiciones y su forma de proceder. No escribimos, por lo tanto, la historia del Tercer Concilio Provincial Mexicano ni pretendemos ni logramos agotar las posibilidades de investigación acerca del mismo.

Procedemos, siguiendo un esquema diacrónico, distribuido en cuatro capítulos. En primer lugar, nos introduciremos en la convocatoria al concilio provincial realizada por el Arzobispo Pedro Moya de Contreras en 1584 y en las respuestas de los obispos principalmente para determinar cuáles eran las problemáticas que llevaron al Concilio Provincial. La ausencia de dos de ellos que decidieron hacer llegar sus pareceres nos adentrará en sus preocupaciones. Presentamos en este capítulo aquellos aspectos que nos parecen necesarios para la comprensión de la dimensión histórico-jurídica del Tercer Concilio Provincial Mexicano. Por lo tanto, analizaremos la convocatoria hecha por el arzobispo y las respuestas de los obispos sufragáneos para comprender las expectativas que tenían para el concilio provincial. De sus cartas y de los memoriales que han enviado se destacan varios puntos que eran de preocupación para los obispos.[24] Tres son los actores con los cuales los obispos entran en conflicto en materia jurisdiccional: las autoridades reales, las órdenes religiosas y el clero secular. Nuestro propósito en este primer capítulo es brindar la información necesaria a partir de la bibliografía existente y, sobretodo, a partir de nuestras fuentes, sobre cómo los obispos percibieron estos conflictos, que tendrán su repercusión en el desarrollo conciliar.[25] En distintos momentos estos actores protagonizarán un nuevo capítulo en la historia de los conflictos jurisdiccionales americanos, y esta vez

24 Cf. 1 Contexto histórico jurídico del Concilio. 1.1 La convocatoria al Concilio. 1.2 La respuesta de los Obispos.

25 Cf. 1.3 Los conflictos jurisdiccionales del episcopado mexicano. 1.3.1 Las autoridades reales. 1.3.2 Las órdenes religiosas. 1.3.3 La reforma de los cabildos catedralicios y el clero secular.

será a causa de los decretos conciliares. Aunque no desarrollaremos *in extenso* estos conflictos, sí nos limitaremos a señalar la bibliografía que los aborda y los mencionaremos en la medida que se vean afectados por ellos los procesos de redacción de los nuevos decretos conciliares mexicanos.[26]

La actividad conciliar, desarrollada del 20 de enero de 1585 hasta el 20 de octubre del mismo año, la desglosamos en los capítulos segundo y tercero. En el capítulo segundo nos detenemos en el reglamento conciliar, las primeras tareas llevadas a cabo por el concilio y los distintos aportes documentales que sirvieron de base para el trabajo conciliar. Así, luego de estudiar el rol de los oficiales conciliares, especialmente el del secretario conciliar,[27] analizamos cómo esta asamblea episcopal sirvió para la resolución de pequeños conflictos, asimismo cómo fue el recurso de consulta a los expertos teólogos y juristas nombrados especialmente por el arzobispo. Su tarea quedará reflejada en las ocho grandes consultas.[28] No brindaremos un análisis exhaustivo de éstas tampoco, sin embargo, nos interesa ver el rol que ocuparon las consultas en los procesos de redacción. Seguimos con una enumeración y examen de aquellos materiales que fueron presentados al concilio provincial por los obispos individualmente o por otros, sean memoriales o legislaciones, que fueron tenidos en cuenta en los procesos de redacción.[29] Terminamos este capítulo con dos puntos de gran importancia: la evaluación de los privilegios de las órdenes religiosas; y la cuestión, o las cuestiones, del indio, tal como fue analizada en el aula conciliar. Aquí no enumeramos solamente los materiales de trabajo sino también nos adentramos en los procedimientos llevados a cabo por los obispos durante el concilio provincial.[30] Consideramos necesario, antes de abordar los procesos de redacción, hacer un elenco de los distintos materiales de trabajo y los procedimientos seguidos, y así poder describir con más claridad su uso en el aula conciliar al momento de proceder a la elaboración de las nuevas normas legales.

26 Cf. 1.4 Recapitulación.

27 Cf. 2 Apertura y primeros trabajos del Concilio Provincial. 2.1 La "Instrucción y orden" del Concilio.

28 Cf. 2.2 Las "pequeñas" peticiones. 2.3 Las dos primeras consultas.

29 Cf. 2.4 Los memoriales. 2.5 Los "advertimientos" del Obispo de Tlaxcala. 2.6 El "Papel" de Hortigosa.

30 Cf. 2.7 La evaluación de los privilegios de los religiosos. 2.8 La representación del Indio en el aula conciliar.

El tercer capítulo está dedicado a las tareas llevadas a cabo por los obispos y sus colaboradores para la elaboración de los decretos conciliares.[31] En los primeros cuatro apartados analizamos los cuatro procesos de redacción que hemos encontrado a partir del análisis de las fuentes.[32] Hablamos de "procesos de redacción" en tanto que entendemos que son cuatro procedimientos distintos, y que cada uno de ellos lleva su dinámica. Aunque cronológicamente se superpongan, el alcance de cada uno de ellos es variable, tanto en la temática como su extensión. En los últimos dos apartados, desarrollamos las últimas instancias de redacción y la forma final que alcanzó el cuerpo de decretos conciliares.[33]

En el capítulo cuarto nos ocupamos de las conclusiones.[34] Si bien, a lo largo de la exposición vamos ofreciendo los resultados de nuestra investigación, en este último apartado nos interesa mostrar las características generales de los procesos de redacción, ya no en su dinámica individual, sino a partir de una visión colectiva de la producción legislativa, es decir de los decretos conciliares en cuanto ley positiva escrita, en el marco del derecho indiano. La canonística no se encontraba por afuera de este ordenamiento, sino que convivía con él, y aunque con distinta configuración, respiraban uno y otro ordenamiento de similares características en el momento de considerar sus fuentes. Así, examinando los procesos de redacción, describimos las características de la producción legal, es decir de la elaboración de la ley escrita, tal y como se realizó en el Tercer Concilio Provincial Mexicano. En cinco apartados intentamos responder a varias preguntas que servirán para sistematizar nuestras conclusiones.[35]

31 Cf. 3 Los procesos de redacción de los Decretos.

32 Cf. 3.1 Los apuntamientos del secretario conciliar Juan de Salcedo. 3.1.1 Las revisiones a los primeros concilios provinciales mexicanos. 3.1.2 La consideración de otras asambleas. 3.1.3 Balance del proceso de redacción de Juan de Salcedo. 3.2 El "Orden Judicial" del obispo Don Diego Romano. 3.3 Los aportes de Juan de la Plaza y Pedro de Hortigosa. 3.4 Las consultas.

33 Cf. 3.5 La ultimación de los decretos conciliares. 3.5.1 Los votos ex discordia. 3.5.2 La disputa por la publicación. 3.6 Los Decretos del Tercer Concilio Provincial Mexicano. 3.6.1 La carta al Rey. 3.6.2 La carta al Romano Pontífice. 3.6.3 El texto original castellano en la Bancroft Library. 3.6.4 El original latino en el Archivio Segreto Vaticano.

34 Cf. 4 Conclusiones acerca de la producción legal en el Tercer Concilio Provincial Mexicano.

35 Estas preguntas son paráfrasis que se inspiran en las que utiliza Peter Burke para analizar las traducciones en la temprana edad moderna de Europa. Aquí las adaptamos a nuestros propósitos. Cf. Burke (2007), 11.

En primer lugar nos interesa responder a la pregunta de quién es el autor de los decretos. La temática ha sido abordada repetidamente por la historiografía propia de la asamblea episcopal mexicana de 1585.[36] En segundo lugar, nos adentraremos en el problema de las fuentes de los decretos, para sintetizar de qué manera se valieron de otras legislaciones y materiales los obispos en la redacción de los decretos.[37] En un tercer punto, nos interesa responder cómo se configuró la nueva legislación conciliar y cuáles fueron sus destinatarios. Abordamos la localidad como criterio hermenéutico para los decretos y punto clave para su caracterización, a partir de lo realizado en los capítulos precedentes y del análisis de un decreto conciliar particular, donde se enuncian las condiciones de la producción legal.[38] Teniendo en cuenta una mirada dinámica de la historia del derecho, donde los distintos ordenamientos han ejercido un rol variable tanto en su temática como en su gravitación, en un cuarto punto indagamos qué fueron los decretos conciliares, en su conjunto y en el contexto jurídico en el que promulgaron.[39] Los efectos de esta nueva legislación están en íntima relación con su concepción, sus autores y medios. Así, en un quinto punto, nos adentramos en las consecuencias que tuvo esta producción legal, encarnada en los decretos conciliares.[40] Para finalizar, después de analizar el interior del edificio jurídico construido en el Tercer Concilio Provincial Mexicano, indicamos cuáles son las posibles perspectivas para nuevas investigaciones en cuanto a las fuentes de los decretos, la relación entre ley y teología moral en el ordenamiento jurídico, y la necesidad de una mayor indagación, en perspectiva histórica, en la gravitación de la ley positiva en los ordenamientos normativos, tanto canónico como indiano.[41]

36 4.1 El episcopado mexicano, autor de los decretos.
37 4.2 Los recursos para la redacción de los decretos.
38 4.3 La localidad como característica distintiva de la producción legal conciliar.
39 4.4 Emergencia de la ley en el derecho indiano y en el derecho canónico.
40 4.5 La ley canónica como forma de resolución de conflictos.
41 4.6 Epílogo: perspectivas de investigación.

1 Contexto histórico jurídico del Concilio

1.1 La convocatoria al Concilio

El 1º de febrero de 1584, Pedro Moya de Contreras,[1] arzobispo de México, mediante un Decreto mandó que se redactaran y enviaran "*edicta, convocationes, invitationes et citaciones sub debita juris forma*" para convocar al Tercer Concilio Provincial Mexicano que debía comenzar el 6 de enero de 1585, fiesta de la Epifanía, en la ciudad de México.[2] Así, para el 18 de febrero del mismo año fueron redactados, con la firma del Arzobispo y de su secretario y notario Juan de Aranda, los Edictos de convocación e invitación.

Los principales destinatarios de estos edictos fueron los obispos de cada diócesis de la Provincia Eclesiástica. Fueron convocados los Prelados de todas las diócesis que integraban la Provincia Eclesiástica Mexicana: Fray Gómez de Córdoba O. S. Hier.,[3] por el obispado de Guatemala; Fray Pedro de Feria OP,[4] por Chiapas; Fray Juan de Medina Rincón OSA,[5] de Michoacán; Don Diego Romano,[6] de Tlaxcala; Fray Gregorio de Montalvo

1 Pedro Moya de Contreras (ca. 1530–1591), Maestreescuela de la Gran Canaria, y Provisor de esa diócesis, pasó a Nueva España para establecer el Tribunal de la Inquisición en 1571, y casi inmediatamente ser nombrado Arzobispo de México. Sin renunciar a su sede, pasó en 1586 al Consejo de Indias, donde falleció siendo Presidente del mismo. De todos los participantes del Tercer Concilio Provincial Mexicano, es de quién poseemos la biografía más completa. Cf. Poole (2012); ManCarr I, XXVI–XXIX.

2 Cf. ManCarr I, 22.

3 Gómez de Córdoba, pertenecía a la Orden de San Jerónimo Emiliano. Fue Obispo de Guatemala desde 1574 hasta su muerte en 1598. Cf. ManCarr I, XXIX.

4 Pedro de Feria (1524–1588), pertenecía la Orden de Predicadores. Estudió en San Esteban de Salamanca. Pasó al Nuevo Mundo como misionero hasta que nombrado obispo de Chiapas en 1574. Se conservan de su autoría varias obras pastorales en lengua zapoteca. Gobernó la diócesis hasta 1588. Cf. ManCarr I, XXX–XXXI.

5 Juan de Medina Rincón, de la Orden de San Agustín, nacido en España y criado en México, después de 20 años como religioso fue nombrado obispo de Michoacán. Gobernó la diócesis hasta su fallecimiento. Cf. ManCarr I, XXXI–XXXII.

6 Diego Romano (1538–1596). Nacido en Valladolid, se doctoró en Cánones en Salamanca. Fue canónigo y provisor de la Iglesia de Granada. Fue promovido a la diócesis de Puebla de Los Ángeles. Cf. ManCarr I, XXXII–XXXIII.

OP,[7] de Yucatán; Fray Bartolomé de Ledesma OP,[8] de Antequera; Fray Domingo de Alzola OP,[9] de Nueva Galicia; Fray Domingo de Salazar OP,[10] obispo de Manila; y finalmente, Fray Antonio de Hervías OP,[11] obispo de Verapaz. Según afirmaba el Arzobispo en el edicto a los Obispos, ahora que todas las Sedes episcopales estaban plenas, era el momento oportuno para la convocación del Concilio. Como pastores de las diócesis que integraban la Provincia Eclesiástica, los obispos participaban del Concilio con voto decisivo. La asistencia era preceptiva para los obispos a no ser que legítimamente estuvieran impedidos, en cuyo caso podían enviar un procurador que tendría voto consultivo.[12]

Además de los obispos, son convocados los Cabildos Catedralicios.[13] Estas instituciones eran de gran importancia en el gobierno de las diócesis por la

7 Gregorio de Montalvo, fraile de la Orden de Predicadores, estudió teología en Salamanca donde llegó a ser catedrático. Fue elegido obispo de Yucatán en 1580. En 1586 fue trasladado a Cuzco. Falleció en 1591. Cf. ManCarr I, XXXIII.

8 Bartolomé de Ledesma, fue fraile dominico y estudiante de Salamanca. Obtuvo su doctorado en teología en la Universidad de México donde también fue catedrático. Escribió un Manual de Sacramentos, que reeditó en 1585, incluyendo las necesarias referencias tridentinas. Fue vicario del arzobispo de México Alonso de Montufar. Participó del Tercer Concilio Provincial Limense como consultor hasta que fue nombrado obispo para la sede de Antequera en 1583. Falleció en 1604. Cf. ManCarr I, XXXIII–XXXIV.

9 Domingo de Alzola (1532–1590), ingresó a la Orden de Predicadores en el Convento de San Esteban de Salamanca. De allí pasó a América como visitador de su congregación. Fue elegido obispo de Nueva Galicia en 1582. Tuvo una destacada participación en la controversia entre las Reales Audiencias de México y Guadalajara. Cf. ManCarr I, XXXIV–XXXV, Greenleaf (1968), 129–130.

10 Domingo de Salazar (1512–1594), también perteneciente a la Orden de Santo Domingo, estudió en la Universidad de Salamanca. Luego de pasar por México, fue nombrado obispo de Filipinas en 1579, tomando posesión en 1581. Dejó escritos jurídicos y de teología moral. Falleció en su sede en 1594. Cf. ManCarr I, XXXV–XXXVI; Porras Comuñez (1998), 36–117.

11 Antonio de Hervías, también dominico y de formación salamantina, no asiste al concilio provincial, dado que se encaminaba a España a presentar la situación difícil que vivía en su diócesis. Fue trasladado a la sede de Cartagena en 1587 y falleció en 1590. Cf. ManCarr I, XXXVI–XXXVII. Notificación de la celebración conciliar en la ciudad de Guatemala (ManCarr I, 69). Carta en la que avisa se va a España (ManCarr I, 73–74).

12 Cf. D. Dist. XVIII, cc. 5, 6, 10, 12, 13, 14 (Friedberg (1879), 55). "Causa suficientemente grave" es necesaria para justificar la ausencia, aunque se debe enviar un procurador. La pena prevista era, generalmente, la excomunión, que en el derecho canónico clásico se consideró en forma muy restrictiva y *ferendae sententiae*. Cf. Murphy (1947), 4–15.

13 Todas las invitaciones a los Cabildos Catedralicios están fechadas el 18 de febrero de 1584. El Cabildo de la Ciudad de México se notificó el 10 de abril de 1584 (ManCarr I, 23–24);

ayuda que podían brindar a los obispos, o por los conflictos que suscitaban con ellos. Como nos señala el Decreto se invitaba a los Cabildos a que envíen dos apoderados para que aporten su consejo, como el derecho lo concede de acuerdo con los fines del Concilio. Es decir, no estaban habilitados a participar en la definición de la decisiones conciliares.[14]

Un tercer Edicto fue enviado a todas las diócesis. En él se notificaba a todos y cada uno de los superiores de las Órdenes Religiosas, a los rectores de Iglesias, a los que ostentaban beneficios curados, así como a las autoridades de Universidades, Colegios, Hospitales, Cofradías y a cualquier persona, tanto eclesiástica como secular de toda la Provincia Eclesiástica. El Edicto da a conocer la próxima celebración del Concilio, el mandato canónico que obliga a su celebración (*"in observationem sacrorum canonum et nominatim Sacri Concilii Tridentini, sub oboedientia SS. Domini nostri Pape* (sic) *Pii convocationem Concilii Provincialis"*), su conformación (*"Reverendisimis Dominis Coepiscopis et Provincialibus nostris, capitulisque ecclesiarum et aliis praelatis et personis, quae de iure aut consuetudine provincialibus synodis interesse solent"*), además invitaba a que se hagan llegar libre y confiadamente todos aquellos temas que se deseaban poner bajo la atención del concilio, donde con la debida equidad del Derecho se iban a tratar. Finalmente, otorgaban cuarenta días de indulgencia a aquellos que realizaran ciertas obras devocionales para asegurar el buen término de la reunión episcopal.[15]

Este Edicto fue leído, al menos, en las Misas mayores de las respectivas catedrales[16] y principales iglesias de las órdenes religiosas de viva

el de Guatemala, 6 de abril de 1584 (ManCarr I, 32–33); Chiapas, 27 de julio de 1584 (ManCarr I, 38–39); Michoacán, 27 de mayo de 1584 (ManCarr I, 45–46); Tlaxcala, el 24 de abril de 1584 (ManCarr I, 50–51); Yucatán, 15 de mayo de 1584 (ManCarr I, 57–58); respuesta del Tesorero al Arzobispo, 16 de mayo de 1584 (ManCarr I, 61); Guadalajara, 12 de mayo de 1584 (ManCarr I, 64–65); Verapaz, el 5 de agosto de 1584 (ManCarr I, 69–70); Oaxaca, 11 de mayo de 1584 (ManCarr I, 76–78); no se encuentran entre los manuscritos la notificación del Cabildo Catedralicio de Manila.

14 Cf. Murphy (1947), 18–19.

15 Cf. Del Edicto para Arquidiócesis de México: ManCarr I, 25–27. El mismo decreto se repetirá para las demás Diócesis (ManCarr I, 33–35; 39–41; 46–48; 51–53; 59–60; 65–67; 71–73; 78–79).

16 Las notificaciones de las que tenemos constancia son las siguientes: Diócesis de Guatemala, durante la misa mayor, estando presente la Real Audiencia de Guatemala el 2 de abril de 1584. El mismo día se fija en una de las principales puertas de Catedral el Edicto. (ManCarr I, 35); Diócesis de Chiapas: en la Misa mayor de la

voz,[17] donde también asistían las principales autoridades seculares. Realizadas las convocaciones pertinentes, el Concilio Provincial quedó constituido como un acto público celebrado por los Obispos y con la participación, regulada de acuerdo a derecho, de los demás actores religiosos y sociales.

Una lectura atenta de estos documentos jurídicos, que abreva en fórmulas del derecho canónico clásico[18] y explícitamente en el Concilio de Trento,[19]

Catedral se leyó un trasunto del Edicto en lengua romance, estando presentes autoridades reales el 22 de julio de 1584 (ManCarr I, 40–41); Diócesis de Michoacán: después de la Misa de Corpus Cristi, el 31 de mayo de 1584 (ManCarr I, 48); Tlaxcala: se leyó el original en la Misa mayor, el 1 de mayo de 1584; Diócesis de Yucatán: durante la Misa mayor de la Catedral, el 17 de mayo de 1584. Luego se colocó en una de las principales puertas de la Catedral. (ManCarr I, 60); Diócesis de Nueva Galicia: se leyó el 25 de abril de 1584 en la Catedral e Iglesia de San Francisco (ManCarr I, 67) estando presente la Real Audiencia de la Ciudad, el Cabildo Catedralicio, el clero, religioso y pueblo. Diócesis de Verapaz: el Lic. García del Valverde, presidente y capitán general de la audiencia de Guatemala, lee públicamente el Edicto, por ausencia del obispo y del cabildo catedralicio, el 5 de agosto de 1584. (ManCarr I, 70–71). Se fija en las puertas de la Catedral durante cuatro días y se lee en el Convento de Santo Domingo (ManCarr I, 72–73). Diócesis de Oaxaca, el 20 de mayo de 1584 en la Catedral. (ManCarr I, 79).

17 La Orden de Predicadores fue notificada oficialmente por el Notario Apostólico, Bachiller en Derecho Canónico Alfonso de Toro, el 22 de abril de 1584; la Orden de San Agustín, el 25 de abril de 1584; la Orden de San Francisco, el 29 de abril de 1584 y, finalmente la Compañía de Jesús, el 6 de mayo de 1584. (Cf. ManCarr I, 27–28).

18 Cf. Bonicelli (1971), 70–71, 72–74.

19 Cf. Concilio de Trento, Sess. 24, De Reformatione. Cap. II. "Provincialia concilia sicubi omissa sunt pro moderandis moribus corrigendis excessibus controversiis componendis aliis que ex sacris canonibus permissis renoventur. Quare metropolitani per se ipsos seu illis legitime impeditis coepiscopus antiquior intra annum ad minus a fine praesentis concilii et deinde quolibet saltem triennio post octavam paschae resurrectionis domini nostri Iesu christi seu alio commodiori tempore pro more provinciae non praetermittat synodum in provincia sua cogere quo episcopi omnes et alii qui de iure vel consuetudine interesse debent exceptis iis quibus cum imminenti periculo transfretandum esset convenire omnino teneantur. Nec episcopi comprovinciales praetextu cuiuslibet consuetudinis ad metropolitanam ecclesiam in posterum accedere inviti compellantur. Itidem episcopi qui nulli archiepiscopo subiiciuntur aliquem vicinum metropolitanum semel eligant in cuius synodo provinciali cum aliis interesse debeant et quae ibi ordinata fuerint observent ac observari faciant. In reliquis omnibus eorum exemptio et privilegia salva atque integra maneant. Synodi quoque dioecesanae quotannis celebrentur ad quas exempti etiam omnes qui alias cessante exemptione interesse deberent nec capitulis generalibus subduntur accedere teneantur; ratione tamen parochialium aut aliarum saecularium ecclesiarum etiam annexarum debeant ii qui illarum curam gerunt quicumque illi sint synodo interesse. Quodsi in his tam metropolitani quam episcopi et alii suprascripti negligentes fuerint poenas sacris canonibus sancitas incurrant." en Wohlmuth (2002), 761.

nos es útil para establecer la finalidad con la cual el Concilio Provincial fue convocado y para comprender la tarea de la asamblea episcopal:

> *"ut dum pastores mutuis confoventur auxiliis et in communem utilitatem provenit quod singuli contulerunt, alacriores et instructiores ad ovium curam et administrationem revertantur, quo divino munere quae pruis salubriter constituta fuerant, exequtioni mandatur, si qui denuo irrepserunt, amputantur abusus, sedantur controversiae, componuntur mores, sub ecclesiastica disciplina coercentur excessus: et quae ad populum novis comussum in via Domini deducendum opportuna sunt, matura consideratione providentur; et maiori pietate et venerarione suscipi necesse est, cum ex unanimi Patrum consilio et approbatione constat prodiise quae si toti fidelium Rei publicae valde necessaria huic nostrae provinciae summopere sunt."*[20]

En un Concilio Provincial, por el acuerdo que logran los obispos a través del debate buscan reavivar o aumentar la vida espiritual de la feligresía que se encuentra en su jurisdicción. La nota de localidad será, por lo tanto, constitutiva. No sólo porque las normas estaban dirigidas a una determinada y circunscripta jurisdicción territorial, sino porque las autoridades locales eran quienes las emanaban, sin intervención externa al fuero episcopal. Se debe destacar el fin pacificador en cuanto que el Concilio se presta como espacio para solucionar controversias, así como pretende elevar el nivel de la vida moral cristiana por la reforma de costumbres y la corrección de excesos. Sin embargo, siendo su fin establecer normas canónicas para una mejor observancia de la vida cristiana o, en palabras del Edicto, el bien público de los fieles, la discusión de puntos de la doctrina cristiana, su formulación o definición, no son su tarea ni tiene jurisdicción para ello, a diferencia del Concilio Ecuménico o General.

La distinción no es superflua. Tanto en el Tercer Concilio Provincial Mexicano, como en otros americanos o europeos de la misma época, no

20 Traducción castellana: "...para que mientras los pastores se confortan con mutuos auxilios y redunda con común utilidad lo que cada uno de ellos confiere, todos retornen al cuidado y administración de sus ovejas con ánimo más alegre e instruido, don divino con el cual, se pone en ejecución lo que con anterioridad fue saludablemente constituido, y se desarraigan los abusos que acaso comenzaron a introducirse, se suavizan las controversias, se reforman las costumbres, se reprimen los excesos bajo la disciplina eclesiástica, y con madura consideración se provee todo aquello que se ve oportuno para guiar al pueblo a nosotros encomendado por el camino del Señor; y con mayor piedad y veneración es necesario emprender lo que por unánime consejo y aprobación de los Padres consta que aprovechará grandemente así para el bien público de los fieles, como para toda esta nuestra provincia." Cf. ManCarr I, 29–30.

faltará la redacción, o adopción, de Catecismos, sin embargo, no tendrán por objetivo la definición de verdades de fe.[21]

1.2 La respuesta de los Obispos

Donde podemos descubrir las expectativas generadas por el concilio provincial es en las cartas que fueron enviadas al Arzobispo Pedro Moya de Contreras por parte de los obispos sufragáneos al recibir la notificación o durante su travesía. Estas breves misivas muestran de forma directa la situación de los obispos: tres de ellos se encontraban realizando la visita canónica en su diócesis al momento de ser notificados,[22] algunos señalan las peripecias que debían afrontar en su viaje al concilio,[23] y no faltan además las cuestiones de orden administrativo extraordinario que deben resolver dado el tiempo que se ausentarán cada uno de su sede.[24]

Para comprender las dificultades del viaje alcanza con señalar que el obispo de Guatemala, fray Gómez de Córdoba, inicia su viaje a principio del mes de noviembre, en medio de la temporada de lluvias, situación que lo lleva a pedir en medio de su travesía que se posponga por dos semanas el inicio del concilio.[25] El pedido es aceptado por el Arzobispo.[26] El sufragáneo agradece informando que viaja por la "Misteca que es camino áspero", creyendo que si fuera por el Camino Real no sería más sencillo.[27]

21 Sobre la tarea de los concilios provinciales en América en el contexto de la Reforma tridentina, véase Villegas (1975); Saranyana (1999), 131–213.

22 Gregorio de Montalvo, de Yucatán, se encontraban en Sochel (ManCarr I, 84); Domingo de Alzola, de Nueva Galicia, en Tequististlán (ManCarr I, 90); Juan de Medina, de Michoacán, en Colima (ManCarr I, 94–95).

23 A modo de ejemplo: el de Yucatán avisá que partirá en octubre, siendo su viaje "en tiempo peligroso de nortes y aguas, por mar y por tierra". Cf. ManCarr I, 84–85.

24 Por ejemplo, el Obispo de Yucatán dice que tiene que dejar todo en orden "para el nuevo calendario, de cuyo recibo ya por otras tengo dado aviso a V.S., y tanbién de la raçón de la dilaçión hasta el tiempo dicho, que fue no aver llegado el recaudo de V.S. a tiempo cómmodo para poderse aver començado antes, conforme al orden dado por su Santidad..." (ManCarr I, 85). En efecto, el cambio al calendario gregoriano en España se realizó en 1582, en México y Guatemala en 1583, y en Perú fue en 1584. Dicho de otra manera, en el Imperio de Felipe II hubo más de un calendario vigente simultáneamente. Cf. Comas (1957); Caso (1958).

25 Carta del 9 de diciembre de 1584, desde Tleguantepeque. Cf. ManCarr I, 79–80.

26 Cf. ManCarr I, 80–82.

27 Véase Carta desde Tepexe del 4 de enero de 1585, en ManCarr I, 81.

Fray Juan Medina Rincón OSA, obispo de Michoacán, escribirá al Arzobispo que considera una necesidad que se haga una reunión de obispos donde se "ordene y disponga lo que más convenga al bien y provecho de todas estas iglesias, enderezado todo a gloria y serviçio de Dios Nuestro Señor y de la salud de las ánimas".[28]

Fray Domingo de Alzola OP, en dos cartas dirigidas al Arzobispo, es uno de los más efusivos en sus afirmaciones. En ellas dice esperar que el concilio provincial sirva para encontrar una solución a los problemas que enfrenta en su gobierno episcopal, debido a la enormidad del territorio que le toca gobernar y que sus habitantes no están acostumbrados a recibir corrección.[29] Sin embargo, no espera poder remediar mucho hasta que el Concilio Provincial "declare algunos puntos acerca de cómo se debe practicar el Santo Concilio de Trento y el Derecho común en esta tierra, donde la erección y cédulas de su Magd. y costumbres que se an yntroducido, causan algunas dificultades".[30] El obispo pone el acento en la dificultad para aplicar el Derecho, no sólo del Concilio de Trento a pesar de haber pasado más de veinte años de su celebración y de haber sido aceptado por el Segundo Concilio Provincial Mexicano (1565), sino también del Derecho Común, es decir, aquellas normas en las que se encuentran el *Corpus Iuris Canonici* y el Derecho Real. Acusa que éstas entraban en conflicto con normas dadas por el Rey y por costumbres desarrolladas en el Nuevo Mundo que impedían a los Obispos el pleno ejercicio de su gobierno.

Fray Pedro de Feria OP, Obispo de Chiapas, no tuvo la suerte de su lado en su travesía al concilio provincial. En su notificación al Edicto de convocación comunicó que a pesar de la pobreza, la grave enfermedad y el retraso en recibir la convocación, partiría en menos de dos meses al Concilio.[31] El 28 de diciembre escribió que deberá detenerse en Oaxaca y reemprender el viaje después de comenzado el año, debido a su enfermedad.[32] Retomado el viaje y después de una jornada de travesía, la caída de la mula en que viajaba hizo que deba volver a Oaxaca el 12 de enero de 1585. Desde Huexolostitlán, informó su accidente y que enviaría a algún fraile dominico como su pro-

28 Cf. ManCarr I, 94–95.
29 Cf. Carta desde Zacatecas del 20 de julio de 1584. Cf. ManCarr I, 89–90.
30 Cf. Carta desde Tequististlán, del 4 de mayo de 1584. Cf. ManCarr I, 90–91.
31 Cf. Carta desde Tlacuacintepeque, del 7 de agosto de 1584. Cf. ManCarr I, 37–38.
32 Cf. Carta desde el camino, del 28 de diciembre de 1584. Cf. ManCarr I, 41.

curador al concilio.[33] Dos días después, el Arzobispo declaró en una nota escrita al final de la carta que tiene por causa justificada la ausencia del obispo de Chiapas. Esta nota se encuentra tachada en los manuscritos originales. Inmediatamente aparece otra declaración del 9 de febrero de 1585, afirmando que después que el Arzobispo Moya de Contreras exhibiera la misma misiva, se volvió a declarar como causa justa la ausencia del Prelado. No obstante, se agrega que una vez recuperada su salud, se le ruega y encarga que se apersone en el Concilio "donde se desea su presencia, christiandad, zelo muy cathólico y prudencia y experiencia que tiene deste Reyno".[34]

Finalmente, el 24 de enero, escribió Pedro de Feria diciendo que en cuanto la enfermedad se lo permita enviará al Concilio "algunas cosillas" que pensaba proponer.[35] El infortunado viaje de Pedro de Feria, nos ha dado la oportunidad de conocer los aportes personales del Obispo ya que envió desde su lugar de convalecencia en Oaxaca dos memoriales.[36] Pedro de Chiapas hace importantes consideraciones sobre la realidad social y eclesial, particularmente en su relación con la celebración del Concilio Provincial. El prelado, en primer lugar, dice que los obispos se encuentran reunidos en concilio provincial para dirigir y promocionar las cosas de la religión cristiana y dar leyes y estatutos que regulen la vida de los cristianos para que puedan alcanzar su salvación. Una de las expresiones más repetidas en su primer memorial es "Nueva Iglesia",[37] la cual la describe como formada por dos clases de cristianos, los viejos y los nuevos. Por un lado, refiere a los españoles, y su descendencia, como cristianos viejos y por otro a los indios, como cristianos nuevos, con los que se debe hacer diferencia. Por su condición, éstos últimos, no pueden ser gobernados del mismo modo que los cristianos viejos, debiéndose los prelados con igual responsabilidad a ambas clases de cristianos, pero con diferente trato, debido a su condición para

33 Escribió el Prelado: "cayó la mula en que iba y fue Dios servido que se me quebró y tronchó una pierna, a cuya causa fue necesario volverme a Huaxaca, donde llegaré oy a curarme. La lisión es tal que de ninguna manera podré yr a ese santo sínodo". Cf. ManCarr I, 42.

34 Cf. Carta al Obispo de Chiapas, Pedro de Feria, del 9 enero de 1585. Cf. ManCarr I, 42–43.

35 Cf. ManCarr I, 87–88. Se le responde el 16 de febrero, pero no tenemos copia de esta misiva.

36 Cf. ManCarr I, 284–303, 304–306.

37 Dice: "Nueba yglesia" en el original.

poder gobernarlos correctamente. Pedro de Feria hace un recorrido por diferentes problemáticas que afectan la condición de los indios, como la dificultad para su evangelización, la falta de desarraigo de las idolatrías, la mortandad de los indios, etc. Evalúa sobre la actuación de las órdenes religiosas, de las cuales dice que sin ellas no habría sido posible la implantación de esta "Nueva Iglesia". Finalmente hace mención y pide que el Concilio se declare sobre la intromisión de los jueces seculares en las cuestiones eclesiásticas.

Dos Obispos no se pusieron en camino al Concilio. Fray Pedro de Hervías OP, que se encontraba en conflicto con su clero y con las autoridades reales, al recibir la notificación estaba pronto a partir para España para defenderse ante el Rey y con los ojos puestos en el obispado de Cuzco que había quedado vacante.

Fray Domingo de Salazar OP, Obispo de Filipinas no asistió al Concilio por la distancia y lo peligroso del viaje. Sin embargo, envió un memorial señalando aquellos puntos que consideraba debía tratar el Concilio Provincial.[38] Para el propósito de esta sección nos interesa la introducción y algunos párrafos en los cuales el Prelado subraya la importancia y alcances, que espera, del Concilio.

El Prelado afirma que siendo el primer obispo de Filipinas tiene muchas dificultades y obstáculos por falta de disciplina y por quienes, sin particularizarlos, no quieren someterse a ella. No encuentra forma de tratarlos, sea mediante la corrección o la disimulación, u otros medios, que aproveche para el progreso en su tarea episcopal. Siguiendo la tradición comenzada en México, realizó una reunión con los prelados de las órdenes y otros religiosos donde se determinaron ciertas cosas para la quietud de las conciencias,[39] pero hace falta una instancia superior para muchas otras cosas que quedan por remediar. Habiéndolo el arzobispo excusado de ir, por la distancia y la peligrosa navegación, le pidió que enviase por escrito su parecer de aquellas cosas que necesitaban remedio. Aunque él no asistirá, sin embargo, aceptará lo determinado por el concilio. Siendo fraile dominico, participó del Segundo Concilio Provincial Mexicano y vio que sus miembros no pudieron o no

38 Cf. ManCarr I, 352–368. 369–382 (Duplicado). Una primera versión paleográfica de este memorial, con abundante e interesantes notas en Burrus (1960).

39 Sobre el Sínodo de Manila de 1582, véase Pórraz Comuñez (1988).

quisieron poner remedio a esta situación, llegando incluso a proponer que se llevara la situación al Rey o, llegado el caso, al Papa. Afirma que el concilio provincial es una nueva oportunidad porque la autoridad de los obispos es grande y mayor si se encuentran reunidos en concilio provincial para oponerse a cualquier príncipe.

Además de la larga introducción, su carta "memorial" tiene dos grandes secciones: la primera dedicada a la *libertas ecclesiae*, o más bien, a la falta de ella debido a la presión ejercida por las autoridades reales; y la segunda sobre la situación y conversión de los indígenas. Nos interesa señalar aquellos puntos que hacen a la jurisdicción episcopal con especial referencia al concilio provincial. Entre las situaciones que necesitan remedio, Salazar señala como un abuso que los concilios provinciales debieran obtener para su publicación y ejecución la aprobación del Consejo de Indias, siendo que "...diez obispos, que se juntan en con su arçobispo para tratar el rremedio de sus ovejas, tengan tan poca authoridad con su Magestad..."[40] De la misma manera, dice que hay que oponerse a que las autoridades reales se lleven por delante el derecho de la Iglesia y pregunta por qué los obispos dejan que esto suceda, los abusos van tomando fuerza hasta volverse costumbre. Dice el Obispo de Filipinas, que el concilio provincial es el momento propicio para remediar lo que conviene al derecho de la Iglesia.

Lo escrito por Domigo de Alzola, Pedro de Feria y Domingo de Salazar, nos presenta las dificultades que vivían los obispos en su relación con las autoridades seculares. En otros memoriales y durante el desarrollo del Concilio fueron debatidos otros conflictos que se suscitaban en torno a la jurisdicción de los obispos con otros actores religiosos, como los cabildos catedralicios y las órdenes religiosas, así como en el gobierno del clero secular. Serán, entonces varios los interlocutores que harán su presencia en el aula conciliar mediante memoriales, en las intervenciones de los obispos o que desearán influir en la evolución del Concilio.

1.3 Los conflictos jurisdiccionales del episcopado mexicano

La autoridad de los obispos, en el lugar y tiempo que nos ocupa, se encontraba entre la legitimidad y la conflictividad con otras autoridades. La legi-

40 Cf. ManCarr I, 359.

timidad se fundamentaba, desde el punto de vista teológico, en cuanto los obispos junto con el Romano Pontífice eran sucesores del Apóstol Pedro y del Colegio Apostólico. La férrea defensa hecha frente a las doctrinas reformistas, junto con las declaraciones dogmáticas del Concilio de Trento, no dejaban lugar a que fueran cuestionados. Sin embargo, en la práctica, aun cuando no se cuestionaba la necesidad de la clásica estructura eclesial europea implantada en América, es decir, la existencia de diócesis gobernadas por un obispo y ayudado por toda la consiguiente burocracia, los ámbitos de ejercicio de su autoridad o competencia sí fueron objeto de disputas.[41] Es por eso que antes de adentrarnos al proceso de debate llevado a cabo en el aula conciliar consideramos oportuno presentar ordenadamente los principales aspectos de los conflictos jurisdiccionales que incidían en el actuar episcopal y que tendrán un eco en el debate conciliar.

1.3.1 Las autoridades reales

Una vez que Cristóbal Colón regresó de su primer viaje a lo que más tarde sería llamado el continente americano, los reyes de España se apresuraron para obtener del Romano Pontífice, Alejandro VI, lo que la historia ha denominado las "Bulas de Donación".[42] Mediante las Bulas *Inter Coetera*, del 3 y 4 de mayo de 1493,[43] los reyes católicos obtenían las islas y tierras firmes descubiertas y por descubrir siempre que no se hallaran bajo dominio de príncipe cristiano. Posteriores Bulas (*Eximiae devotionis*, del 3 de julio de 1493;[44] *Dudum siquidem*, del 25 de septiembre de 1493[45]) fueron determinando y ampliando la donación. El acto pontificio no era nuevo, ya que podemos encontrar esta práctica, con sus variantes, a lo largo de la edad media y en su forma más parecida había sido también concedido anterior-

41 Cf. Pérez Puente (2010b).

42 Intentamos aquí una apretada síntesis a fin de contextualizar un tema discutido y problemático ya desde su origen. De la vasta literatura sobre el tema señalamos Borges Morán (1992); Lloyd Mecham (1928); Sobre las Bulas Alejandrinas véase todo el número 5 del Anuario Mexicano de Historia del Derecho (1993).

43 Cf. Metzler (1991), 79–83. Para un estudio de estas bulas véase Cantelar Rodríguez (1992).

44 Cf. Metzler (1991), 91–94.

45 Cf. Metzler (1991), 87–89.

mente a Portugal para el continente africano, y también a España para el caso de las Islas Canarias.[46] La ampliación de la donación hasta constituirse en la figura del Real Patronato de parte de la Santa Sede a la Corona Española continuó con otras Bulas, como fueron *Ullius fulcite praesidio* de 1504[47] y *Universalis ecclesiae regimini* de 1508.[48]

Para nuestro estudio nos interesa la cláusula que pedía a los reyes españoles enviar misioneros para la conversión de los indígenas a la fe católica. A partir de este hecho y a través de nuevos documentos pontificios, pero sobre todo, mediante reales cédulas y un uso creciente de prácticas, la corona española comenzó gradualmente un proceso de apropiación de atribuciones en la organización eclesiástica del nuevo mundo.

Así, en primer lugar, además de la venia del respectivo superior religioso, los misioneros necesitaban para pasar a América la autorización de las autoridades seculares. La creación de nuevas diócesis o provincias eclesiásticas quedaba reservada a la Santa Sede, quien actuaría a pedido de la Corona, al igual que el nombramiento de los obispos. Mientras la Santa Sede creaba las primeras diócesis americanas, Carlos V, en virtud de las Bulas, legislaba sobre la manera de establecer los límites, estableciendo unas quince leguas en torno a cada sede episcopal, y una línea media divisoria sobre el territorio vaco entre cada una de las diócesis.[49]

El Patronato otorgaba principalmente a la Corona el derecho de presentación para los titulares de las iglesias fundadas, es decir, principalmente para los obispos. Elegido el candidato por el Rey, a través del Consejo de Indias, se despachaba la presentación a Roma, y al mismo tiempo el rey emitía una Real Cédula de Ruego y Encargo, para que el respectivo Cabildo Catedralicio que gobernaba en la sede vacante, nombrase al promovido al frente de la diócesis como Vicario Capitular, hasta que llegara la Bula Pontificia con la designación efectiva.

Dado que el envío de los misioneros incluía por parte de la Corona toda la dotación, es decir, libros, ornamentos sagrados, traslado y sustento, y llegado

46 Apenas indicamos en este párrafo lo que se puede ver más en detalle en García y García (1992); García y García (2000); Hera Pérez-Cuesta (1992), 66–67.

47 Cf. Metzler (1991), 91–94.

48 Cf. Metzler (1991), 104–107.

49 Cf. Recopilación de las leyes de los Reynos de Indias, Libro 1, Título 7, Ley 3. *Que los Obispados de las Indias tengan los distritos, que esta ley declara.*

el momento la construcción y mantenimiento de los templos y lugares de habitación, mediante otra Bula también llamada *Eximiae devotionis*,[50] la Santa Sede donó al Rey los diezmos, es decir el impuesto eclesiástico que todo fiel católico debía abonar. A su vez, la Corona donó un alto porcentaje de la masa de diezmos para el sostenimiento de las Iglesias catedrales, de sus prelados, prebendados y los demás ministros de culto.[51]

Uno de los puntos más controvertidos ha sido el requerimiento por parte de la Corona de que todas las Bulas, Breves u otros documentos emanados de la Santa Sede tuvieran que pasar por el Consejo de Indias para su revisión y ejecución en América. Este procedimiento fue conocido como "pase regio".[52] Esta determinación real nunca fue reconocida por la Santa Sede, pero podemos decir que lo aceptó como parte de un *modus vivendi*.[53] Para nuestro interés queda bajo esta problemática la aprobación de los concilios provinciales y sínodos celebrados en la América hispánica. De acuerdo con una Real Cédula de Felipe II, los concilios provinciales debían ser enviados al Consejo de Indias para que "se provea lo que convenga y no se ejecuten hasta que sean vistos y examinados en el".[54] Así, a la *recognitio* o aprobación romana, se sumaba la aprobación regia, lo que hizo que en la historia de la Iglesia americana durante la dominación española sólo los terceros concilios provinciales de Lima y México pudieran entrar en vigor.

Finalmente, en el ejercicio del Real Patronato se fue introduciendo la práctica del recurso de fuerza, acto judicial de apelación a los jueces seculares, quienes conocían en causas espirituales o mixtas cuando los tribunales eclesiásticos negaban las apelaciones o no hacían justicia. Dejando de lado las distinciones que hacían los juristas sobre la naturaleza de este recurso, que-

50 Cf. Metzler (1991), 109–112.

51 Cf. Dubrowsky (1989). Una síntesis en Escobedo Mansilla (1992), 99–113.

52 Cf. Recopilación de las leyes de los Reynos de Indias, Libro 1, Título 7, Ley 55, *Que los Prelados remitan los Breves y Buletos no pasados por el Consejo*; Título 9, Ley 1. *Que el Consejo haga guardar, cumplir y executar las Bulas y Breves Apostólicos en lo que no perjudicaren al derecho concedido al Rey por la Santa Sede, Patronazgo y Regalía*; Ley 2. *Que las Audiencias de las Indias recojan las Bulas y Breves originales, que no se huvieren passado por el Consejo, donde se remitan, precediendo suplicacion à su santidad, y entre tanto no se executen.*

53 Sobre la problemática del "pase regio" y nuevas perspectivas de investigación véase Albani (2011).

54 Cf. Recopilación de las leyes de los Reynos de Indias, Libro 1, Título 8, Ley 6. *Que los Concilios Provinciales celebrados en las Indias se embien al Concejo antes de su impression y publicacion, y los Synodales baste que los vean los Virreyes, Presidentes y Oidores del distrito.*

remos destacar que su existencia se debía sólo a la legislación real y la práctica de los tribunales.[55] Junto con el "pase regio" serán las dos cuestiones más álgidas en el debate teórico y práctico que se llevó a cabo entre los juristas durante toda la dominación española y que no cesará con los procesos independentistas.[56] La existencia, pero por sobre todo, la práctica abusiva llevó a los grandes conflictos entre los distintos actores.

El Patronato Real otorgado por los Romanos Pontífices tuvo por intención facilitar la evangelización de los pueblos, extender la Iglesia y se constituyó en una de las columnas de los derechos de posesión de la Corona en las nuevas tierras descubiertas. No es este el momento de evaluar si la Corona cumplió los objetivos planteados ya que nuestro análisis escapa a hacer esta valoración histórica. No obstante, creemos conveniente acercarnos en la medida que las fuentes nos lo permiten a las opiniones vertidas por los Padres Conciliares. Los memoriales enviados, a causa de su ausencia, por parte de los prelados de Filipinas y Chiapas nos sirven para conocer más de cerca las relaciones que se daban entre el episcopado mexicano y las instituciones seculares.

Como era costumbre para todo concilio provincial celebrado en el ámbito de la Corona Española se previó la presencia de un representante del monarca,[57] que finalmente cayó en el mismo Arzobispo Moya de Contreras quien a su vez ejercía como virrey, presidente de la Real Audiencia y Visitador General.[58] Este hecho permitió durante el debate un ámbito de mayor calma.

Los Obispos Mexicanos reunidos en el Concilio Provincial de 1585 de ninguna manera cuestionarán la existencia del Patronato, así como tampoco, su fidelidad al Rey. Sin embargo, no faltan fuertes expresiones que hacen al deterioro del "estado eclesiástico" y su falta de libertad a causa de las autoridades seculares.

55 Sobre los recursos de fuerza véase Levaggi (1992).

56 El estudio de tribunal eclesiástico del Arzobispado de México en el período de 1528 a 1668 ha llevado a Jorge Traslosheros a determinar que el grado de conflictividad no es de la magnitud que la historiografía nos ha presentado. Cf. Traslosheros (2004), 71–79.

57 Cf. Recopilación de las leyes de los Reynos de Indias, Libro 1, Título 8, Ley 2. *Que los Virreyes, Presidentes, ò Governadores assistan en los Concilios Provinciales en nombre del Rey.* Efectivamente se efectuaron gestiones a fin de designar un representante de la Corona ante el Concilio. Véase las gestiones realizadas en AGI/22.15.745//Indiferente, 740, N. 259.

58 Cf. ManCarr I, 113–115.

Así, Domingo de Salazar OP, Obispo de Filipinas en el Memorial antes referido, utilizando varias veces la ironía, denuncia diversas situaciones que restringen el accionar de los obispos. En primer lugar, advierte la intromisión de los jueces seculares en materias eclesiásticas. Especifica claramente que son los virreyes y gobernadores y "muchas más las audiencias" quienes mediante el recurso de fuerza limitaban la potestad eclesiástica e incluso subordinaban al juez eclesiástico. De esta manera, sigue Salazar, caían las reales audiencias bajo las excomuniones establecidas en la Bula de la Cena y en un *motu proprio* de Pio V que excomulga a quienes estas actividades realizaban.[59]

La consecuencia de esta situación, dice Salazar, es que los seglares entendían que la Real Audiencia era superior del obispo y que sería el juez secular quien le indicaba al obispo cuando estaba procediendo bien y cuando mal.[60] Así, cuando se trataba de causas de personas miserables, donde los obispos por derecho debieran entender, los jueces seculares se reían de esto.[61] Se queja, así mismo, que los Obispos no puedan nombrar fiscales en los pueblos, salvo en la capital episcopal,[62] mientras que los corregidores gracias a una real cédula que "está entre las impresas" puedan nombrar la cantidad que quiera. Así, dice que los obispos están con las manos atadas para administrar justicia.[63]

Domingo de Salazar dice que es una cosa maravillosa que diez obispos tengan tan poca autoridad frente al rey, y que haya que esperar que el Consejo de Indias apruebe lo que han determinado para ejecutarlo. Lo mismo dice acerca de lo determinado por el Papa, donde ve un abuso que se debiera someter al Consejo de Indias y que esto no lo determina ningún concilio o ninguna parte del cuerpo del derecho.[64]

En diversas ocasiones afirmaba que si la autoridad real atropellaba el estado eclesiástico era porque los obispos no contradecían a aquella. Para

59 Cf. ManCarr I, 357. Sobre las difíciles relaciones del Obispo Salazar con la autoridades seculares en las Islas Filipinas, véase Costa (1950), Cunningham (1918).

60 Cf. ManCarr I, 358.

61 Cf. ManCarr I, 363.

62 Cf. Recopilación de las leyes de los Reynos de Indias, Libro 1, Título 7, Ley 32. *Que los prelados no pongan Fiscales, si no fuere en las ciudades donde residieren las Catedrales, y no excedan en su jurisdicción.*

63 Cf. ManCarr I, 358.

64 Cf. ManCarr I, 358–360.

ejemplificar refirió a hechos históricos recientes vividos por arzobispos y obispos americanos. Se refiere a cuestiones de precedencia, como cuando las autoridades reales prohibieron en Guatemala o en Puebla salir a recibir a los nuevos obispos, o en diversas procesiones religiosas, donde las autoridades reales ocupaban lugares centrales desplazando a las autoridades religiosas. Con una nueva ironía afirma que se dice que los obispos pertenecen al Consejo de su Majestad y, sin embargo, las "chancillerías" hacen tan poco caso de ellos, que a un oidor del Consejo Real lo trataban como a un dios.[65] En el centro de toda su argumentación Domingo de Salazar recuerda que al momento de ser consagrados, los obispos juraban guardar y hacer guardar los sagrados cánones y que al menos en la práctica se iba contra lo dispuesto en el Concilio de Trento.[66]

El dominico Pedro de Feria, Obispo de Chiapas, parecía ser más sucinto en esta cuestión que su par de Filipinas. Pidió que los obispos en concilio

65 Cf. ManCarr I, 360–362.

66 Cf. Concilio de Trento. Sess. 25. De Reforma. Cap. II. "*Cogit temporum calamitas et invalescentium haeresum malitia ut nihil sit praetermittendum quod ad populorum aedificationem et catholicae fidei praesidium videatur posse pertinere. Praecipit igitur sancta synodus patriarchis primatibus archiepiscopis episcopis et omnibus aliis qui de iure vel consuetudine in concilio provinciali interesse debent ut in ipsa prima synodo provinciali post finem praesentis concilii habenda ea omnia et singula quae ab hac sancta synodo diffinita et statuta sunt palam recipiant necnon veram obedientiam summo Romano pontifici spondeant et profiteantur simul que haereses omnes a sacris canonibus et generalibus conciliis praesertim que ab hac eadem synodo damnatas publice detestentur et anathematizent. Idem que in posterum quicumque in patriarchas primates archiepiscopos episcopos que promovendi in prima synodo provinciali in qua ipsi interfuerint omnino observent. Quod si quis ex supradictis omnibus quod absit renuerit episcopi comprovinciales statim summum Romanum pontificem admonere sub poena divinae indignationis teneantur. Interim que ab eiusdem communione abstineant. Ceteri vero omnes sive in praesenti sive in futurum beneficia ecclesiastica habituri et qui in synodo dioecesana convenire debent: idem ut supra in ea synodo quae primo quoque tempore celebrabitur faciant et observent; alias secundum formam sacrorum canonum puniantur. Ad haec omnes ii ad quos universitatum et studiorum generalium cura visitatio et reformatio pertinet diligenter curent ut ab eisdem universitatibus canones et decreta huius sanctae synodi integre recipiantur ad eorum que normam magistri doctores et alii in eisdem universitatibus ea quae catholicae fidei sunt doceant et interpretentur se que ad hoc institutum initio cuiuslibet anni solemni iuramento obstringant; sed et si aliqua alia in praedictis universitatibus correctione et reformatione digna fuerint ab eisdem ad quos spectat pro religionis et disciplinae ecclesiasticae augmento emendentur et statuantur. Quae vero universitates immediate summi Romani pontificis protectioni et visitationi sunt subiectae has sua beatitudo per eius delegatos eadem qua supra ratione et prout ei utilius visum fuerit salubriter visitari et reformari curabit.*" en Wohlmuth (2002), 785.

provincial dialogasen acerca de cómo estaba "muy oprimido" el estado eclesiástico por los jueces seculares. Destacó que la inmunidad eclesiástica estaba afectada tanto en las personas, por las informaciones que hacían contra ellas, como en los templos. Insinuaba ciertas prácticas deshonrosas, "que por ser tan ordinarias y notorias, a Vas. Sas. Rmas. y a todo el mundo, no las refiero aquí". Pidió para remedio de esto, que se mandara a los jueces eclesiásticos en las misas mayores leer y declarar todo aquello que se refería a los privilegios que tocaban a la inmunidad eclesiástica, y que se procediera con censuras contra aquellos que la quebrantasen. Aunque en su memorial no da más detalles, envía un tratado sobre la inmunidad eclesiástica hecho por el dominico Alonso de Noreña.[67]

Un segundo memorial, más breve, lo inició el prelado de Chiapas afirmando que los jueces eclesiásticos estaban "tan acorralados y tan atados" por sus pares seculares, que no podían ejercer su jurisdicción y pidió que se decretase de forma clara que los jueces eclesiásticos podían establecer penas pecuniarias, capturar reos, y prendar y ejecutar su sentencia. Su argumentación nos acerca un poco más a la realidad jurídica que se vivía entonces. Decía que los jueces seculares se escudaban en una Real Cédula emanada por Felipe II antes del Concilio Tridentino que restringía a los jueces eclesiásticos.[68] Afirmó que como Felipe II aceptó como ley real al Concilio Tridentino "*quamtum ad omniam*", la Real Cédula no estaría en vigencia.

Todas estas situaciones no quedaron fuera del aula conciliar. Domingo de Alzola, Obispo de Nueva Galicia, presentó un ejemplar de la Bula de la Cena[69] según fue establecida por Pio IV. La Bula de la Cena debía ser leída en la Iglesia el Jueves Santo, de ahí su nombre, y señalaba una serie de excomuniones reservadas al Romano Pontífice. Entre estas censuras tipificadas se encontraba quien violara la inmunidad eclesiástica y quienes impidieran la difusión de documentos pontificios.[70] En 1582, Felipe II expulsaba al

67 Cf. ManCarr I, 306–352. Sobre Alonso de Noreña dice que es un religioso muy docto, que llevaba cuarenta años en las Indias.

68 Aunque no indica a que Real Cédula se refiere, creemos podrían ser las que se encuentran en la Recopilación de las leyes de los Reynos de Indias, Libro 1, Título 10, Leyes 6. *Que los Iuezes Eclesiasticos no condenen à Indios en penas pecuniarias*; Ley 12. *Que los Juezes y Ministros Eclesiásticos no prendan, ni executen à ningún lego sin el auxilio Real.*

69 Cf. ManCarr I, 561–590.

70 Cf. Naz (1937), Vol. 2, col. 1132–1136.

nuncio papal por querer publicarla en España. Sin embargo, durante el concilio provincial mexicano, se leyó y se estableció que sus puntos sean establecidos en los Decretos. En el Directorio de Confesores y Penitentes promulgado por el Concilio se observa que se incorporaron estas excomuniones al elenco que los confesores debían tener en cuenta.[71]

A modo de balance, el Memorial de Domingo de Salazar es mucho más amargo y más fuerte que él de su par de Chiapas, Pedro de Feria, en la descripción de la realidad social y jurídica que vivían. Ambos concuerdan en la denuncia de la violación repetida de la inmunidad eclesiástica. Sin embargo, Pedro de Feria parece ser más optimista en cuanto al resultado del concilio provincial. En una misiva, fechada el 8 de agosto de 1584 al arzobispo, al referirse a la actuación de los Obispos durante el Concilio escribió que será importante lo que se decidiera dado que el estado eclesiástico se encuentra "abatido" y que la asamblea conciliar sería para el Rey muestra de la calidad personal de los prelados y de su fidelidad, rectitud y prudencia, y de que no sólo se puede apoyar en ellos para lo espiritual sino también en lo temporal, tanto o mejor que en un seglar.[72]

La decisión de enumerar en primer lugar, entre los conflictos de jurisdicción que vivía el episcopado mexicano a aquellos concernientes con el Real Patronato no fue aleatoria. El crecimiento de las instituciones eclesiásticas y, por lo tanto, las normas que así mismas se daban o daban otros para ellas, estuvieron condicionadas por este orden. A las puertas del siglo XVII, la conflictividad dio lugar al desarrollo de una vasta literatura jurídica llevando el Real Patronato a considerarlo como Vicariato Regio. Al Tercer Concilio Provincial Mexicano llegaron los principales puntos de conflicto que había con las autoridades religiosas. Las preeminencias dadas sobre todo en el ámbito litúrgico a las autoridades seculares jugaban un rol importante en las relaciones entre los diversos actores sociales.[73] Como ya dijimos, no vislumbramos ningún tipo de rebeldía que reclamará la ilegitimidad de la

71 Título "43. Excomunión por delitos penados en la Bula de la Cena" en ManCarr V (Directorio), 117–120.

72 Carta desde Chiapas, del 8 de agosto de 1584. Cf. ManCarr I, 88–89.

73 Para algunos ejemplos de las tensiones vividas por el Arzobispo Pedro Moya de Contreras, véase Poole (2012), 73–78, 100–108. Algo distinta parece haber sido la relación del obispo Alzola de Nueva Galicia: véase Ortiz Treviño (2002).

presencia española en esa parte del mundo, pero los Obispos reclaman un respeto por su autoridad y jurisdicción.

No será únicamente con las autoridades reales con quienes los obispos se encontrarán a menudo enfrentados en cuestiones jurisdiccionales. Llevaron al concilio provincial otras contiendas con otros actores sociales para resolver siendo que, como veremos a continuación, la cuestión del Real Patronato no estará ajena a las siguientes problemáticas.

1.3.2 Las órdenes religiosas

Los primeros en llegar para hacerse cargo de la evangelización en el Nuevo Mundo fueron las órdenes religiosas.[74] Para esto, junto con la exención de la jurisdicción episcopal que gozaban desde tiempos pretéritos, fueron ganando privilegios para poder llevar adelante de manera más eficaz su labor. Después de las primeras bulas de donación, en 1493, en el segundo viaje de Cristóbal Colón se embarca Fray Bernardo Buyl con amplias facultades en el ámbito espiritual delegadas por el Romano Pontífice. Los enfrentamientos vividos con las nuevas autoridades seculares hicieron que retorne pronto a España. Este hecho lleva a la Corona a reorganizar la evangelización y en virtud de las posteriores bulas que le fueron otorgando una configuración al modo de ejercicio del Patronato, envió primeramente y de forma masiva a las órdenes religiosas, principalmente a franciscanos, dominicos, agustinos y en menor medida a mercedarios y jerónimos. El aparente rápido progreso que los religiosos hicieron con los indígenas llevó a establecer en un primer momento como opinión común y cierta la naturaleza bondadosa y predispuesta del indio para adoptar el cristianismo. De ahí que los primeros conflictos en la evangelización fueron entre las mismas órdenes religiosas.[75] La cuestión se resolvió eventualmente con la distribución territorial que se hizo entre las mismas.[76]

74 Sobre la presencia de las órdenes misioneras en América, véase Borges Morán (1992), 209–244; Rubial García (2010). Sobre la oposición al concilio provincial por parte de las órdenes religiosas, véase: Poole (1968), 115–125. Sobre el conflicto entre órdenes religiosas y clérigos seculares, véase Pérez Puente (2006); Pérez Puente (2009); Pérez Puente (2013); Rodríguez Rodríguez (1992).

75 Para una síntesis de estos conflictos para el período anterior a 1585, véase Ricard (1966), 239–263.

76 Una síntesis de la primera obra evangelizadora en Borges Morán (1992), vol. 1, 423–436.

Con la creación en 1530 de la diócesis de México surgieron los conflictos entre las autoridades episcopales y las órdenes religiosas, ensayándose distintos intentos de solución a lo largo de las décadas siguientes. Con la llegada de los primeros misioneros franciscanos, sobre todo con el grupo al que tradicionalmente se llama "los Doce Apóstoles", tenemos el comienzo de los primeros intentos sistemáticos de organización para la conversión de los indios. Así, en el verano boreal de 1524 tuvo lugar la llamada Junta Apostólica, que dio comienzo a una larga sucesión de reuniones de los distintos actores de la sociedad novohispánica para el tratamiento de las diversas situaciones que se planteaban en torno a la evangelización. A partir de ellas surgieron las primeras legislaciones y los primeros planeamientos del actuar de los religiosos.[77] Los clérigos seculares que llegaron anteriormente, lo habían hecho acompañando los contingentes de conquistadores, y la mayoría sin mandato misional. El establecimiento de las diócesis con su respectivo clero secular bajo la jurisdicción episcopal llevó también a nueva delimitación. Los clérigos buscaban tomar posesión de las "Doctrinas" o parroquias de indios donde se hallaban ya hacía tiempo los religiosos. Las órdenes, por su parte, querían restringir el acceso de los clérigos seculares a los indios, sugiriendo primero, y reclamando después que el clero secular tenía bajo su jurisdicción a los españoles.

Con la creación en 1546 de la Provincia Eclesiástica de México se elevó el nivel de estas reuniones al rango de Concilios Provinciales. Simultáneamente, las Órdenes Religiosas fueron ganando de parte del Romano Pontífice y de la Corona, diversos privilegios que facilitaban su acción pastoral. En 1522, el Papa Adriano VI, con la Breve "*Expone nobis fecisti*"[78] también conocida como *Omnimoda*, otorgó los primeros privilegios que fueron, con los años, incrementándose con posteriores concesiones. El denominador común de estos privilegios, era la concesión de algunas facultades episcopales cuando, entre otras cosas, dichos actos no necesitasen del "carácter" episcopal y no se encontrase ningún obispo *intra diectam*.[79] Así los religiosos, podían, tanto en el fuero interno como en el fuero externo, conocer en causas matrimoniales

77 Sobre las juntas eclesiásticas previas al Primer Concilio Provincial Mexicano, véase Gutiérrez Vega (1991), Gil (1990).

78 Cf. Metzler (1991), 166–169. Un estudio de este Breve en García y García (1992b).

79 *Intra diectam:* dentro de las dos jornadas de viaje, unos 42 kilómetros aproximadamente.

de indios y dispensar impedimentos, absolver de excomuniones reservadas, conferir las órdenes menores, etc.[80]

Con la celebración del Primer Concilio Provincial Mexicano (1555) se intentó una restricción en el ejercicio de estos privilegios, suscitando nuevas dificultades. En una constitución un poco confusa los obispos legislaron que para administrar el sacramento de la Confesión debían obtener los religiosos licencia de los obispos de acuerdo con el Concilio Lateranense, del cual citan un extenso párrafo textualmente,[81] y al Concilio de Trento, que todavía estaba sin concluir, pero finalizaron el texto con la frase "pero no entendemos por esta constitución perjudicar a los privilegios de las órdenes".[82]

Podríamos decir que la mayoría de los obispos, en mayor o menor medida en este contexto, tuvieron conflictos con las órdenes religiosas.[83] Sin embargo, esta relación tenía como tercer integrante a las autoridades reales, especialmente a la Corona. En virtud del Real Patronato, y sobre todo de su práctica, la corona siguió una política zigzagueante, en la que mediaba entre ambos antagonistas, apoyando unas veces al episcopado, en otras a las órdenes religiosas. Una recorrida por las disposiciones hechas por la Corona antes de 1585 contenidas en la Recopilación de Indias nos pueden servir para hacer un panorama: algunas veces la legislación busca poner orden en la distribución geográfica entre ambos cleros;[84] en muchas oportunidades, para corrección de clérigos o religiosos, los superiores correspondientes no son tenidos

80 Cf. Espinosa Espínola (2005).

81 Cf. Concilio V Lateranense, *Decreto Super reliosos et eorum privilegia*, en Wohlmuth (2000), 647.

82 Cf. La constitución mencionada es la 9ª: "Que los sacerdotes religiosos no oigan de Penitencia, sin que para ello tengan la licencia, y aprobación que el Derecho requiere", en Concilios Provinciales Primero, Y Segundo, Celebrados En La Muy Noble, Y Muy Leal Ciudad De México, Presidiendo El Illmo. Y Rmo. Señor D. Fr. Alonso de Montúfar, En los años de 1555, y 1565. Dados á luz Illmo. Sr. D. Francisco de Lorenzana, Arzobispo de esta Santa Metropolitana Iglesia. En México, en la Imprenta de el Superior Gobierno, de el Br. D. Joseph Antonio de Hogal, Año de 1768. En adelante, todo el texto conciliar, será citado Lorenzana1768.

83 Los conflictos del segundo arzobispo de México, Alonso de Montúfar, con las órdenes, han sido estudiados por Lundberg (2009), 123–165. Para los conflictos del tercer arzobispo Moya de Contreras, véase Poole (2012), 109–139.

84 Cf. Recopilación de las leyes de los Reynos de Indias, Libro 1, Título 13, Leyes 1. *Que donde huviere Religiosos puestos por Doctrineros, no propongan los Obispos à Clerigos*; Ley 2. *Que donde huviere Curas Clerigos, no haya Religiosos, ni se funden Conventos.*

en cuenta por la legislación;[85] otras veces, la Corona actúa disponiendo en cosas que son netamente espirituales;[86] también se manda que se favorezcan a los religiosos y que sean tenidos en alta estima;[87] se encarga a los virreyes y reales audiencias para mediar en las disputas entre religiosos y naturales;[88] se ordena no proceder ni pública ni secretamente contra un religioso, a no ser en caso de publicidad y escándalo,[89]inclusive limitando a la audiencia episcopal.[90] En esta enumeración, que de ninguna manera busca ser exhaustiva, podemos ver claramente la intromisión de la Corona en cuestiones que son meramente eclesiásticas.

Pero será con la reducción de privilegios y exenciones promulgada en el Concilio de Trento, que se abrió a una nueva confrontación en el Nuevo Mundo. El Concilio de Trento revocó en su última sesión la exención que tenían los religiosos de la jurisdicción episcopal, lo que suponía entonces que debían atenerse principalmente a lo dictaminado por los obispos en la provisión de oficios, en la administración de las parroquias y doctrinas y quedaban sujetos a la visita canónica por el obispo del lugar.[91] La Corona, vía

85 Cf. Recopilación de las leyes de los Reynos de Indias, Libro 1, Título 13, Ley 3, *Que si los obispos apremiaren à los Clerigos à aceptar Doctrinas, las Audiencias provean de forma, que los Indios sean doctrinados*; Título 14, Ley 37. *Que los Prelados no remuevan à los Religiosos, que por orden del Rey, Presidentes, ò Governadores asistieren en algun lugar à la pacificacion y conversion de los naturales.*

86 Cf. Recopilación de las leyes de los Reynos de Indias, Libro 1, Título 14, Ley 47. *Que se publique el Breve para que los Religiosos Mendicantes puedan administrar los Santos Sacramentos à los Indios.*

87 Cf. Recopilación de las leyes de los Reynos de Indias, Libro 1, Título 14, Ley 65. *Que los Religiosos sean honrados y favorecidos de los Ministros Reales.*

88 Cf. Recopilación de las leyes de los Reynos de Indias, Libro 1, Título 14, Ley 68. *Que los Virreyes y Audiencias procuren ajustar las discordias de los Religiosos.*

89 Cf. Recopilación de las leyes de los Reynos de Indias, Libro 1, Título 14, Ley 73. *Que no se hagan informaciones contra Religiosos, sino en casos de publicidad y escándalo.*

90 Cf. Recopilación de las leyes de los Reynos de Indias, Libro 1, Título 14, Ley 75. *Que los Provisores no conozcan contra los Religiosos de más casos de los que el derecho permite.*

91 Cf. Concilio de Trento, Sess. 25, Caput XI, "*In monasteriis seu domibus virorum seu mulierum quibus imminet animarum cura personarum saecularium praeter eas quae sunt de illorum monasteriorum seu locorum familia: personae tam regulares quam saeculares huiusmodi curam exercentes subsint immediate in iis quae ad dictam curam et sacramentorum administrationem pertinent iurisdictioni visitationi et correctioni episcopi in cuius dioecesi sunt sita nec ibi aliqui etiam ad nutum amovibiles deputentur nisi de eiusdem consensu ac praevio examine per eum aut eius vicarium faciendo; excepto monasterio Cluniacensi cum suis limitibus et exceptis etiam iis monasteriis seu locis in quibus abbates generales aut alii regularium superiores iuridictionem*

Reales Cédulas, siguió otorgando privilegios que la nueva legislación tridentina reducía drásticamente. Una renovación de los privilegios hecha por Pío V y una reducción posterior que hizo Gregorio XIII,[92] que los religiosos decían desconocer, fueron los antecedentes legislativos y el contexto en que los Padres Conciliares mexicanos se encontraban al tratar la relación del episcopado y las órdenes religiosas cuando comenzó a celebrarse el Concilio el 20 de enero de 1585.[93]

Por todo lo dicho, como era de prever, la cuestión de los privilegios de los religiosos entró en el debate llevado a cabo en el aula conciliar. Las posiciones pueden considerarse ambivalentes. Volviendo a los memoriales enviados por los obispos ausentes, en este tema, Domingo de Salazar presenta sólo una queja. Se pregunta por qué los religiosos establecen conventos donde quieren con la licencia del virrey de acuerdo a una Real Cédula del Rey,[94] si el derecho clásico, así lo llama, establece que es necesaria la licencia del obispo diocesano y éste ha sido renovado por el Concilio de Trento.[95] La dureza de la frase, que manifiesta toda la insatisfacción del prelado, nos expresa la confusión producida por la legislación real: "Ya sé que ay cédula del rrey que manda esto, pero eso es lo que yo digo, que porqué a de querer su Magestad quitar a los obispos su derecho".[96]

episcopalem et temporalem in parochos et parochianos exercent salvo tamen eorum episcoporum iure qui maiorem in praedicta loca vel personas iurisdictionem exercent." en Wohlmuth (2002), 780.

92 Breve *In tanta rerum* del 1 de marzo de 1572. El texto usado en el Tercer Concilio Mexicano, con su traducción castellana, se encuentra en ManCarr II, 488–495.

93 Un resumen de este conflicto en Terráneo (2010), 62–65.

94 El memorial no indica la Real Cédula, creemos que se refiere a la contenida en la Recopilación de las leyes de los Reynos de Indias, Libro 1, Título 3, Ley 3. *Que los monaterios se edifiquen distantes seis leguas*.

95 Cf. Concilio de Trento. Sess. 25, De Refomatione. Cap. 3. "*Concedit sancta synodus omnibus monasteriis et domibus tam virorum quam mulierum et mendicantium (exceptis domibus fratrum sancti Francisci cappucinorum et eorum qui minorum de observantia vocantur) etiam quibus aut ex constitutionibus suis erat prohibitum aut ex privilegio apostolico non erat concessum: ut deinceps bona immobilia eis possidere liceat. Quodsi aliqua loca ex praedictis quibus auctoritate apostolica similia bona possidere permissum erat eis spoliata sint: eadem omnia illis restituenda esse decernit. In praedictis autem monasteriis et domibus tam virorum quam mulierum bona immobilia possidentibus vel non possidentibus is tantum numerus constituatur ac in posterum conservetur qui vel ex reditibus propriis monasteriorum vel ex consuetis eleemosynis commode possit sustentari. Nec de cetero similia loca erigantur sine episcopi in cuius dioecesi erigenda sunt licentia prius obtenta*.", en Wohlmuth (2002), 777.

96 Cf. ManCarr I, 360.

En el sentido opuesto con respecto a la sección anterior, será en este punto donde la opinión más fuerte la tendrá Pedro de Feria. Precedido de una interesante argumentación acerca de la naturaleza de la ("Nueba") Iglesia de Indias, compuesta de dos naciones a las cuales los obispos se deben ("unos christianos viejos y otros christianos nuebos"), y argumentando la necesidad que tienen los naturales de buenos ministros, se aboca más que a la cuestión teórica acerca de los privilegios de los religiosos, a la cuestión práctica sobre la necesidad de buenos ministros:

> "8°. Restaba agora declarar qué ministros son éstos que tienen esta idoneidad y suffiçiençia, si son los religiosos de las tres hórdenes de Sancto Domingo, Sant Francisco y Sant Augustín, y como tales se le deve perpetuar este ministerio, o si son los padres clérigos, y como a tales, quitándolo a los dicho religiosos, se les deve encomendar a ellos... los religiosos de las dichas tres hórdenes, desde queste nuebo orbe se descubrió, an travajado, hecho y edificado mucho en esta nueva Yglesia, con su doctrina y exemplo, y a ellos, después de Dios, se deve lo prinçipal que se ha hecho..."[97]

Completará este elogio con otras palabras, llegando a decir que si los religiosos no hubiesen venido a América no se habría dado la fundación de la "Nueba Yglesia".

Jerónimo de Mendieta, reputado misionero franciscano, en su memorial pide al concilio que se muestren favorables a las órdenes religiosas, ya que es debido a ellas que se ha plantado la fe, y que sigue siendo necesaria su ayuda para la conservación de lo que está hecho y que nada se gana con ponerlas "en el rigor del derecho común".[98] Pero el misionero franciscano da un paso más al pedir que el concilio no avance sobre la visita canónica a las doctrinas encargadas a los religiosos. Afirma que es notorio que llevan mejor adelante la doctrina de indios que los clérigos seculares y que, por lo tanto, sólo cuando alguna falta o descuido haya llegado a oídos del obispo, éste se debía limitar a hacer llegar la noticia al correspondiente superior religioso.[99]

Este será el punto donde el Obispo de Chiapas expresará toda su discrepancia haciendo una acusación directa. Manifestará que entre los franciscanos muchos afirman que los obispos no tienen derecho de visitar ninguna

97 Cf. ManCarr I, 292. Sobre la dicotomía entre ambas repúblicas (de españoles – de indios), véase Levaggi (2001).

98 Cf. ManCarr I, 462.

99 Sobre Jerónimo de Mendieta, véase Luque Alcaide (2002), 70–88; Phelan (1956).

jurisdicción y solamente tienen autoridad para conferir el Sacramento de la Confirmación. Así dice haberles preguntado quién ha quitado a los obispos de Indias su autoridad y jurisdicción universal, restringiéndolos sólo para la confirmación. Según los franciscanos, ha sido el Rey. Dado que la Sede Apostólica ha hecho del monarca su vicario y por lo tanto tiene autoridad para restringir la potestad episcopal. Como es notorio, una vez más, el Real Patronato entra en la discusión, ahora ya con una sutil pero importante transformación. Para la doctrina de estos franciscanos, el rey no ha sido constituido sólo "Patrón" de la Iglesia en Indias, sino "Vicario" de Su Santidad para ella. Finalmente pide el Obispo de Chiapas que el Concilio aclare esto.[100] En su segundo memorial más breve, dice que los privilegios de los religiosos que antes y oportunamente fueron dados, por el paso del tiempo y de los "negocios" causan más daño y confusión que edificación y provecho para la "nueba Yglesia" y pide que el concilio provincial examine y declare sobre este tema.

Uno de los consultores teólogos del Concilio, el Doctor Ortiz de Hinojosa, en su tercer Memorial visto en el Aula Conciliar el 9 de marzo, dedica un pequeño párrafo pidiendo a los obispos que revisen los privilegios de los religiosos para ver si pueden entrar bajo la jurisdicción episcopal, porque como están las cosas los indios no conocen a su "pastor y perlado", es decir, al arzobispo y esto ocurriría a los demás obispos.[101]

Los privilegios fueron tratados en el Aula conciliar y fue uno de los temas que más dificultades trajo. A su vez, vemos que también sus implicancias se conectan con otros grupos sociales, como eran los clérigos seculares, los indios y los españoles.

Por una parte, detrás de este conflicto entre el episcopado y las órdenes religiosas subyacen ciertas ideas religiosas que acompañaron la tarea de los religiosos en América, que circulaban en el universo intelectual sobre todo en los primeros años de evangelización americana. Los religiosos llegados a América estaban imbuidos de un espíritu optimista creado por una serie de circunstancias confluyentes. Por una parte, veían al indio como una persona dócil, que aceptaba fácilmente el evangelio y la autoridad de los religiosos, frente al descalabro moral europeo y las dificultades con los españoles. Por

100 Cf. ManCarr I, 301.
101 Cf. ManCarr I, 411.

otra parte, junto con otros como Vasco de Quiroga[102] en su momento Obispo de Michoacán, los religiosos vivían en el espíritu reformador español que conllevaba ideas tardomedievales como el mesianismo, el milenarismo,[103] o ideas del humanismo[104] como la utopía.[105] La posibilidad de fundar una sociedad más perfecta que la europea, donde el cristianismo de la Iglesia primitiva sea su base espiritual y legal, alejado de las mundanidades y fausto de la Iglesia y de la sociedad europea parecía conjugar perfectamente con el encuentro del indígena americano que aceptaba la nueva religión de manera muy dócil.[106] Esto llevó a ciertas prácticas pastorales, como, por ejemplo, bautizar a multitudes con apenas un mínimo de preparación y confiar en la catequesis posterior; los franciscanos llevaron adelante la primera experiencia de incorporación del indio a las estructuras jerárquicas de su orden y de la Iglesia.[107] Entre otras razones, el fracaso de estas experiencias en el largo plazo llevó a replantear y dar normas concretas. El Tercer Concilio Provincial Mexicano no fue la excepción en este caso y, por el contrario, buscó fijar muchas normas pastorales. Por lo tanto, el conflicto entre episcopado y órdenes religiosas no era (sólo) una cuestión de privilegios, y sus consecuencias honoríficas, sino que ponía en juego dos modelos eclesiales. Se podía contraponer a la Iglesia europea, rica y llena de pompa, otra Iglesia pobre, de los indios, gobernada por las órdenes religiosas. Es por esto que no es fácil hablar de las existencias de conflictos entre la Iglesia y la autoridad secular, sino que bajo el concepto "Iglesia" se deben entender una multiplicidad de actores, distinguiendo necesariamente entre ellos al episcopado y a las órdenes religiosas, no sólo corporativamente sino también individualmente.[108]

102 Vasco de Quiroga (1470–1565), jurista salmantino, fue oidor de la Real Audiencia de México. En 1536 fue nombrado Obispo de Michoacán, donde realizó una importante laboral pastoral. Participó del primer Concilio Provincial Mexicano. Falleció en 1565. Cf. Serrano Gassent (2001); Serrano Gassent (2002).

103 Para una descripción de la influencia del milenarismo en los franciscanos en los primeros tiempos de la evangelización, véase Weckmann (1982). Sobre el joaquismo, véase Zaballa / Saranyana (1990).

104 Parece que las coincidencias con Erasmo de Rotterdam son solo eso, como parte del movimiento renovador y reformador español de la primera mitad del siglo XVI. Cf. Miranda (1951). Una reseña biográfica sobre el erasmismo en América, véase Reyes (1938).

105 Una visión historiográfica sobre estas expresiones en el contexto americano en Zaballa (2002), 73–92; Saranyana – Zaballa (1995). Véase también Zaballa (1992).

106 Cf. Dressendörfer (1985).

107 Cf. Ricard (1966), 83–127, 217–235.

108 Cf. Di Stefano (2012).

La entrada en México de la Compañía de Jesús hacia 1571 completará el panorama de la presencia de las órdenes religiosas. Su llegada servirá para fortalecer al incipiente clero secular. Fundaron con el beneplácito del arzobispo Moya de Contreras el Colegio de San Pedro y San Pablo, granjeándose así la enemistad de la Universidad de México, a causa del otorgamiento de grados académicos.[109] En el siglo siguiente entraron en conflicto con el episcopado, en especial con el arzobispo Palafox y Mendoza. Pedro Moya de Contreras no dejará de utilizarlos y podremos contar a tres miembros de la Compañía de Jesús, el P. Pedro de Morales, el P. Juan de la Plaza y el P. Pedro de Hortigosa, entre los principales asesores del arzobispo durante su pontificado.[110]

1.3.3 La reforma de los cabildos catedralicios y el clero secular

Con la aceptación por parte de Felipe II del Concilio de Trento y la imposición de que sea tenido como ley en sus reinos, los obispos pudieron paulatinamente empezar a consolidar su poder. A la Iglesia indiana de los primeros años, gobernada por órdenes religiosas con privilegios canónicos para llevar adelante su misión, le sucedió de manera gradual, y no sin dificultades, una transición a una Iglesia asentada sobre los obispos como columnas. El crecimiento numérico del clero secular y de sus instituciones, contribuyó a su vez a la edificación de las iglesias diocesanas.[111]

Por clero secular entendemos a aquellos ministros que han recibido las órdenes menores (ostiario, exorcista, lector, acólito) o mayores (subdiácono, diácono o sacerdocio) y que no vivían bajo una regla de vida monástica y por lo tanto no hacían los votos de castidad, pobreza u obediencia sino que

109 Cf. Poole (2012), 127–128; Luque Alcaide (2008), 135–143.

110 Se puede percibir el particular lugar de la Compañía de Jesús en la carta que envía el P. Alonso Camargo SI al General de la Compañía de Jesús, el 8 de abril de 1585 desde Oaxaca: "Y si agora, en el concilio provincial que tienen en México, el señor Arçobispo, y los señores obispos, sus sufragáneos, concluyen lo que su Magestad ha ordenado, por sus cédulas reales: que los religiosos dexen las dos partes de los partidos de indios que tienen, y se queden con una sola parte; para que en las demás pongan los prelados sus curas y beneficiados; ay una gran mies, para que la Compañía pueda ayudar a esta pobre gente, que tan necessitada está de doctrina, y de ser tratados con amor". Véase Zubillaga (1968), 551–552.

111 Cf. Aguirre (2010).

debían guardar continencia y obediencia a sus superiores (el obispo, o quien haga sus veces) de acuerdo al derecho canónico vigente. En su forma de vida gozaba de mayor libertad, y sus derechos y obligaciones, además de los inherentes a su estado clerical, dependían del oficio que ejercieran. Eran consideradas Sacramento del Orden sólo dos de las órdenes mayores (diaconado y sacerdocio, que a su vez se dividía en presbiterado y episcopado), mientras que las demás órdenes eran sacramentales, y por lo tanto, sus derechos y obligaciones eran más fácilmente dispensables. Debían, al menos en teoría, sustentarse económicamente de su ministerio, por lo que eran ordenados bajo un título (de una capellanía o iglesia) o para un oficio. Por el oficio que desempeñaban se dividían en alto y bajo clero.

El alto clero era los miembros del cabildo catedralicio y los ayudantes directos del obispo que desempeñaban un oficio en la audiencia diocesana, mientras que el bajo clero eran aquellos ministros que desempañaban oficios con cura de almas (de ahí que eran llamados "curas") en las parroquias o capellanías. Generalmente se podía hablar de ascenso cuando eran promovidos al alto clero, sin embargo, en la práctica, por la escasez de rentas que gozaban en los cabildos catedralicios no faltaron aquellos clérigos que ostentaban más de un oficio. La inmensa mayoría de los oficios eran, por su naturaleza, para quienes estaban ordenados de sacerdotes.[112]

En el Cabildo Catedralicio, estos oficios podían ser divididos en tres categorías: dignidades (deán, arcediano, chantre, tesorero, maestreescuela, cada uno con su respectiva función), canónigos o prebendados (por lo general había hasta diez canonjías) y ayudantes (racioneros y medio-racioneros), que no eran miembros del cabildo catedralicio estrictamente. Las funciones del cabildo eran el culto divino, asesorar al obispo cuando éste lo pidiese, elegir al vicario capitular cuando la sede episcopal quedara vacante. Los clérigos eran nombrados para el cabildo catedralicio por el rey, en virtud del Real Patronato, y a no ser por una falta gravísima, no podían ser removidos de su oficio.[113] Formaban los miembros del cabildo eclesiástico por su oficio y por su nombramiento, por lo general, un cuerpo compacto, que podía, y no faltaron ocasiones en las cuales fuese así, enfrentarse con su

112 Para la historia del clero secular en México, véase Schwaller (1987), Cf. Dellaferrera (2008); para una visión sobre los dominios hispánicos, especialmente en España, de donde provenían muchos de los clérigos novohispanos, véase Fernández Terricabas (2000).

113 Sobre el Cabildo Catedralicio en México, véase Schwaller (1981); Turrent (2013).

obispo.[114] Los distintos cabildos catedralicios enviaron apoderados al Concilio[115] y solicitaron ser llamados cuando se trate alguna cuestión que los competa, lo que indica que no se encontraban regularmente en el aula conciliar.[116]

La Audiencia Episcopal estaba formada por el Vicario General y Provisor, quien cooperaba con el obispo diocesano en el gobierno y en la administración de justicia. Junto a él, también tenemos a visitadores, jueces, notarios.[117]

En cuanto al bajo clero, los obispos proveían a los oficios de manera provisional. Estos oficios eran para las parroquias de españoles como también de indios, o llamadas doctrinas. Hasta hace no muchos años no se había prestado atención a la historia del clero secular, al cual se tachaba de avaro, que no respetaba sus obligaciones, carente de celo pastoral. La historiografía reciente, bajo el estudio prosopográfico sobre todo del clero del arzobispado de México, ha revalorizado su historia y función para el siglo XVI. Sin duda ha contribuido a esta mala fama la controversia con las órdenes religiosas. Es de notar que las acusaciones de unos a otros eran semejantes.

La situación del bajo clero empezó a mejorar hacia 1574 cuando el rey promulgó la Real Ordenanza de Patronazgo, resistida por algunos obispos, las órdenes religiosas y las autoridades seculares en el Nuevo Mundo.[118] Era parte de la elaboración llevada a cabo por Juan de Ovando, presidente del Consejo de Indias, y fue uno de los puntos de inflexión en las relaciones de jurisdicción entre las autoridades coloniales. A pesar de que en un primer momento el ministro de Felipe II se inclinó a favorecer a las órdenes religiosas, o al menos a la constitución de dos iglesias paralelas (de religiosos para los indios, y de obispos y clero secular para los españoles), finalmente, sólo se promulgó una breve parte de su trabajo que incluyó la Real Ordenanza de Patronazgo.[119] En este documento[120] se estableció que en adelante

114 Cf. Lundberg (2009), 193–219; Poole (2012), 82–89.

115 Para los poderes de los Cabildo Catedralicios, véase: México, ManCarr I, 118–121; Guatemala, ManCarr I, 121–123; Puebla, ManCarr I, 124–126; Antequera, ManCarr I, 126–130; Oaxaca, ManCarr I, 130–133. Guadalajara, ManCarr I, 134–136.

116 Cf. ManCarr I, 152–153, 159–160.

117 Para la organización de la Audiencia Episcopal, véase Traslosheros (2004), 43–61; Dellaferrera (1999).

118 Para el trasfondo jurídico y político, véase Padden (1956).

119 Sobre el proyecto de Ovando para el gobierno espiritual de las Indias, véase Poole (2004), 147–152; Martín González (1978); García y García (1985d).

120 El texto de la Real Cédula en García Gallo (1990), vol. 1, 83–86.

todos los oficios con cura de almas serían transformados en beneficios curados, es decir que junto a la carga pastoral se establecería una determinada renta.

Sin embargo, dos eran las novedades que introducía el sistema. Por una parte era el sistema de concurso y nombramiento que se establecía. Cada obispo debía establecer un tribunal que evaluaría antecedentes, estudios de grado, experiencia pastoral, y conocimientos de idiomas latinos y nativos, así como de canto llano. De los candidatos aprobados se presentarían los dos mejores al virrey o la real audiencia, según correspondiese, quien elegiría a uno de ellos que obtendría la colación canónica del obispo. El sistema regulaba los nombramientos y lo dejaba parcialmente en manos de los obispos, al determinar lo que el tribunal fuera a examinar, y a su vez, en el ámbito secular, daba a la autoridad secular el efectivo nombramiento.

La segunda novedad fue que la Real Ordenanza estableció que las doctrinas donde hubiesen religiosos serían también transformadas en beneficios, debiendo así los religiosos también someterse al concurso para obtener el oficio. Como se podrá anticipar, los religiosos se opusieron y lograron temporalmente permanecer en sus doctrinas. En este sentido, obtuvieron una Real Cédula por la cual se suspendía temporariamente la medida.[121]

Lo que por una parte era un ataque a los privilegios de las órdenes religiosas, significaba un adelanto y estabilidad para el clero secular.[122] Asimismo, favorecía el ejercicio del Real Patronato y fortalecía la autoridad episcopal, en consonancia con el Concilio de Trento, a pesar de esto no se ahorró en conflictos entre autoridades seculares y episcopales.

Entre los memoriales enviados al concilio provincial, pocas pero sustanciosas referencias hay que hagan a cuestiones legales sobre el estado clerical. Pedro de Feria, en su memorial largo, nota que el mérito en la conversión de los indios no lo es sólo de las órdenes religiosas:

> "...Lo mismo han hecho y hazen y se espera que harán muchos de los padres clérigos, que los hay muy virtuosos y de buen exemplo, que se han esforçado y esfuerçan a travajar en esta viña del Señor."[123]

121 Cf. Real Cédula del Rey Felipe II, del 6 de diciembre de 1583, en Carreño (1947), 178–179. También en Archivo General de Indias, Indiferente General 427, L.30, F.358v–359r.

122 Sobre la implementación de la Real Ordenanza de Patronazgo, véase Schwaller (1986).

123 Cf. ManCarr I, 292–293.

En relación al alto clero, el obispo de Chiapas se queja de que en los cabildos catedralicios cuando no están suficientemente proveídos de sacerdotes la celebración del culto divino es incompleta y pide al concilio que resuelva o delegando a los obispos para que cada uno reglamente el orden que se ha de observar en los cabildos catedralicios o mande que los canónigos celebren todos los oficios al menos cuando la mitad de las canonjías esten ocupadas.[124]

Domingo de Salazar, que presidía una diócesis recién creada, y que no tenía gran cantidad de clérigos seculares, se atreve en un breve párrafo a criticar al arzobispo el haber obedecido la Real Ordenanza de Real Patronazgo y con ello haber ido en contra del derecho, de los obispos y de las preeminencias eclesiásticas, y confía que el concilio sea una oportunidad de remediar esto. Afirma que el rey "justísimo y cristianísimo es, y no querrá quitar a nadie su derecho."[125]

En ambos casos, más allá de la queja en sí, los obispos reclaman al concilio provincial que resuelva de alguna manera esas situaciones particulares. Es evidente que además de buscar poner bajo su jurisdicción la tarea pastoral de las órdenes religiosas, con más derecho se sienten sobre los clérigos seculares y ven como el derecho real estorba el ejercicio de la potestad episcopal sobre quienes deberían ser sus colaboradores directos.

A pesar de las pocas menciones que hay acerca de los cabildos eclesiásticos y del clero secular en los memoriales de los obispos ausentes, como podemos ver por los demás memoriales presentados, la temática no estuvo ausente en el debate conciliar. En varios de ellos presentados por instituciones o por particulares se encuentran peticiones que hacen a la ordenación, vida y organización del clero secular. Se encuentran, por ejemplo, varios pedidos al concilio provincial de comunidades de diversas diócesis para que los obispos provean un sacerdote que ejerza la cura de almas de los diezmos que se pagan.[126]

En los memoriales presentados por el P. Juan de la Plaza SI, uno tratará sobre la necesidad de los seminarios para la formación de los clérigos,[127]otro sobre las condiciones de los que van a recibir las distintas órdenes,[128] un

124 Cf. ManCarr I, 301–302.
125 Cf. ManCarr I, 362.
126 Cf. ManCarr I, 197–221.
127 Cf. ManCarr I, 223–227.
128 Cf. ManCarr I, 228–232.

tercero sobre aquellos sacerdotes que tienen a su cargo la cura pastoral,[129] sobre los confesores, sus cualidades y formación.[130]

Bien avanzado el concilio, el cabildo catedral de México presenta dieciséis peticiones en un memorial. La mayoría de ellas hacen a conflictos que el mismo cabildo catedralicio tenía con los sacerdotes que ejercían la cura de almas en el ámbito de la catedral y que el concilio determinará que el arzobispo los provea según convenga.[131] Este litigio llegó al concilio provincial. Allí se ve claramente la disputa que se ejercía sobre los espacios y cosas sagradas, y como unos y otros en el ejercicio de su ministerio, lejos de cooperar, buscaban ampliar los dominios donde ejercerlo.[132]

El ayuntamiento de la ciudad de México pedirá que en la provisión de los beneficios y curatos, los hijos de conquistadores y antiguos pobladores sean tenidos en cuenta preferentemente.[133] Asimismo, en otro memorial piden que, aunque el rey como patrón de la Iglesia en Indias tiene el poder para proveer a los beneficios, cuando entre la autoridad secular y el obispo no lograban ponerse de acuerdo para remover a un beneficiado acusado por sus fieles, en especial por los indios, y éste quedaba en su oficio hasta que se finiquitaba el proceso. Esto generaba un gran escándalo y además los indios no se animaban, luego, a denunciar las faltas de sus curas. Por lo que pedían que el concilio escriba al rey para que bastara la autoridad del obispo para remover a los beneficiados. Asimismo, piden que sean removidos los sacerdotes que no están en condiciones de llevar adelante su oficio y por lo tanto se llame a nueva oposición. En cuanto a la honestidad de vida de los clérigos y su sustento, piden que no puedan tener estancias, o ganado o cualquier negocio a diez leguas (unos cincuenta kilómetros) a la redonda de su beneficio, de esta manera el clérigo no podría abandonar sus obligaciones o emplear a sus fieles para atender su negocio personal. Es de notar que lo mismo solicita para las órdenes religiosas y las doctrinas que tienen a cargo.[134]

129 Cf. ManCarr I, 232–239.
130 Cf. ManCarr I, 265–273.
131 Cf. ManCarr I, 154–159.
132 Cf. ManCarr I, 820–838.
133 Cf. ManCarr I, 161.
134 Cf. ManCarr I, 161–164.

No fueron estos los únicos pedidos. Ortiz de Hinojosa, presbítero y consultor del concilio, solicitará que no sea admitido a una oposición quien no haya al menos ejercido el ministerio por un año y se establezca aranceles por entierros, vigilias, misas, etc. para evitar abusos,[135] así como, también, los salarios en los beneficios.[136] En un tercer y extenso memorial pedirá remedio a muchas situaciones que involucran a los clérigos: que abonen el servicio personal que muchos le prestan por el escándalo que causan, ya que son llamados con la expresión "teto linique" por los indios, que significa maltratadores o vejadores; que no se confiese a ninguna persona en su casa, en especial a mujeres; que no participen en comidas en casa de indios, ya que pierden el respeto de estos cuando así sucede; que se verifique que quienes quieran ingresar al estado eclesiástico no lo hagan para evitar ayudar a sus padres; que cuando los clérigos se confiesen no lo hagan revestidos para la celebración, ya que si no obtienen la absolución se daría razón de escándalo al verlo quitarse los ornamentos; que los clérigos no hablen durante las procesiones; que usen el adecuado traje eclesiástico; que los clérigos cumplan con sus oficios antes que con las devociones particulares; que los clérigos no lleven armas; que los estudiantes que no tienen las órdenes mayores no vistan sotana; que se examine sobre liturgia, y teología sacramental y moral a quienes se presentan a la oposición a un beneficio, así como la lengua que en ese beneficio se necesita; que los beneficiados prediquen los domingos y fiestas.[137]

Pedro López, médico, apunta en uno de sus memoriales la pobreza de muchos clérigos que se remediaría si a los prebendados se les quitara las capellanías que tuvieran y sean dadas a los clérigos pobres.[138] En otro memorial pide que los clérigos no tengan criaderos de caballos, para vender, por la apariencia de mercaderes que suscitan, así como no se sirvan de mestizas, mulatas o indias solteras, ni de quienes estuviesen sin su marido; en el mismo memorial pide que para atender a la pobreza de tantos clérigos, también las prebendas de la catedral sean obtenidas por oposición y que se escriba al rey para que en esto se siga la costumbre de España.[139]

135 Cf. ManCarr I, 392.
136 Cf. ManCarr I, 390.
137 Cf. ManCarr I, 402–412.
138 Cf. ManCarr I, 423.
139 Cf. ManCarr I, 425–427.

El presbítero Juan de Urbina pide que los beneficiados conozcan la lengua de los indios de su parroquia, así como que la comida o limosna que se les da sea moderada, ya que se siguen ofensas e inconvenientes cuando no les es dada.[140] El Bachiller Bartolomé Díaz de Pisa, presbítero, pide que no se castigue a los miembros de las órdenes religiosas dándole el hábito de los clérigos seculares, así como no se admita a mestizos, indios y mulatos a denunciar a los sacerdotes sin que se deposite fianza para evitar falsar denuncias.[141] También el Doctor Alonso Ruiz presentó un memorial denunciando conductas impropias de los clérigos en lo que hace a su vestimenta y comportamiento.[142]

Dos clérigos del Arzobispado, el Doctor Juan de Salamanca y el Bachiller Alonso Muñoz, presentaron un memorial pidiendo en primer lugar que en las procesiones los clérigos tengan lugar preferencial a las órdenes religiosas; también pidieron normas que ayuden a mejorar el sustento de los clérigos pobres, así como no sean puestos presos por deudas, al igual que los nobles y que cuando los fueran que sean separadamente de seglares y mujeres.[143]

Esta larga enumeración que hemos hecho nos ayuda a entender como era percibida la vida y la moral del clero secular. Fácilmente podríamos generalizar la conducta como de falta de celo pastoral y mezquindad por parte del clero, sin embargo, no se debe olvidar que la situación a la cual denuncian o piden remedio puede haber ocurrido, tal vez en una sola oportunidad pero el escándalo ocasionado fácilmente pudo haber quedado en la memoria, sobre todo si fue difícil castigarlo o quedo impune. Sin embargo, la generalidad y variedad de casos presentados nos hace ver la necesidad de reforma, y regulación que hacía falta en el clero mexicano. Si la cantidad de faltas cometidas o si el estado general de su moralidad era mayor o menor que Europa, o más precisamente en el ámbito de la península Ibérica, es difícil de determinar, pero otros estudios nos parecen indicar que la situación en la Provincia Eclesiástica Mexicana, en términos de valoración del estado moral de los clérigos no debía ser distinta de otros lugares.[144]

140 Cf. ManCarr I, 435.
141 Cf. ManCarr I, 194–195.
142 Cf. ManCarr I, 452–454.
143 Cf. ManCarr I, 454–459.
144 Cf. López Martínez (1963); Caetano (1965); Kamen (1993); Rodrigo Estevan (1999). Sobre la necesidad de complementar la información dada por las legislaciones conciliares o sinodales, véase una propuesta en Cabeza Rodríguez (1991). Distinta es la posición que

1.4 Recapitulación

Las legislaciones promulgadas para la América hispánica por los distintos actores sociales en tiempos pretéritos jugaron un rol particular en el desenvolvimiento de los obispos durante el Tercer Concilio Provincial Mexicano. Tanto la Santa Sede, como la Corona Española, así como los obispos participantes en las juntas y los dos anteriores concilios provinciales fueron dando normas, que junto con la costumbre y los usos propios configuraban el orden jurídico. En la recorrida que hemos realizado no buscamos explicar el sistema jurídico en vigencia hacia 1585 en su integralidad. Luego de una breve síntesis de aquellas circunstancias y hechos, nos ha parecido importante, a partir de la lectura de los materiales de trabajo conciliares, sistematizar las diferentes circunstancias que los obispos enfrentaban y cuáles eran las dificultades legales que reglaban su proceder en el accionar pastoral que vivían.

El lector atento habrá podido fácilmente advertir ausencias o presencias discretas que podrían sorprender que no hubiésemos desarrollado aquí. Entre las ausencias se encuentra la Inquisición, sobre la que tanta tinta ha corrido, incluida para la Provincia Eclesiástica Mexicana. Sin embargo entre los papeles de trabajo no se advierte ninguna dificultad por parte de los obispos con esta institución. Por un lado, los indios estaban exentos de la jurisdicción inquisitorial, cumpliendo su rol la justicia episcopal. Por otra parte, el encargado de la Inquisición desde su fundación en México, era el mismo arzobispo Pedro Moya de Contreras, lo que hacía, sin duda, más sencilla la relación.[145]

A quien apenas hemos nombrado y será un gran protagonista del concilio provincial es al indio. Es una figura que engloba más de una generalización. Al denominarlo indio no se distingue entre bautizado o no, y se unifica en forma masiva una cantidad de naciones y etnias. Por una parte, no tenemos un solo memorial o presentación oral registrada por alguno de estos grupos o algún individuo indígena. Ni siquiera alza la voz, o es consultado, a la hora

encontramos en Bande Rodríguez (1992), donde se afirma que estas fuentes legales son una "radiografía de la sociedad y la iglesia colonial".

145 Cf. Sobre el rol del Arzobispo como primer Inquisidor, véase Poole (2012), 57–70. Sobre la institución inquisitorial en México, véase Alberro (1988). Sobre la Inquisición y los indios, véase Domínguez Reboiras (2012).

de establecer quien ejercerá sobre él jurisdicción espiritual, si las órdenes religiosas o el clero secular.

Al ser nuestro propósito analizar el desarrollo en la producción de la norma jurídico-canónica, el indio, o su personalidad jurídica como se ha oportunamente escrito,[146] fue abordado en el aula del Tercer Concilio Provincial Mexicano como uno de los temas importantes sobre los que versaron varios conflictos. El concilio provincial reglamentó diversas normas, así como fue interpelado a cómo actuar con ellos por otros actores sociales, desde el trato que se debía dar a aquellos que ya eran cristianos, como a los que todavía vivían en la "paganidad". He ahí el (mayor de los) porqué de dedicar espacio a los conflictos jurisdiccionales vividos por los obispos. Los obispos, por su lugar en la sociedad y en la Iglesia, serán quienes podrán, mediante el concilio provincial, establecer normas a distinto nivel y con diferente grado vinculante que reglamentase el trato que se debía dispensar al indio por parte de las autoridades, pero también por parte del resto de la sociedad. No son ajenas estas problemáticas a la organización social, a las órdenes religiosas, al clero secular, ni a las mismas autoridades seculares.

146 Cf. Llaguno Farías (1963).

2 Apertura y primeros trabajos del Concilio Provincial

La apertura del Concilio, se trasladó, a pedido del Obispo de Guatemala Fray Gómez de Córdoba, del 6 al 20 de enero de 1585. El 18 de enero el Arzobispo expidió una convocatoria exponiendo una vez más la finalidad del Concilio e indicando que la ceremonia inaugural tendría lugar con una procesión que irá del Convento de Santo Domingo hacia el Convento de San Agustín el 20 de enero a las seis y media de la mañana.[1] Para ello invita a los colegios, hermandades y cofradías a que tengan parte en la procesión guardando su lugar so pena de excomunión.[2] El pregón fue leído el mismo 18 de enero en la plaza pública, frente a las "rreales casas de palaçio",[3] donde se celebrarían las sesiones del Concilio.[4]

El 20 de enero, realizada la procesión, se leyó a los presentes en castellano el Edicto de Incoación.[5] En este documento se vuelve a señalar de manera más detallada lo que los anteriores edictos ya especificaban: que el concilio provincial era mandado a celebrar por los sagrados cánones que habían sido renovados en el Concilio de Trento (mandato canónico); que se buscaba la reforma de la Iglesia, la corrección de excesos, la composición de las discordias y controversias (resolución de controversias); la corrección de los vicios (reforma de la moral) y se encaminen las almas a la bienaventuranza del cielo (finalidad teológica). Utilizando el lenguaje simbólico, afirma el Arzobispo, que dándose las condiciones para celebrar el Concilio, habiendo visitado (canónicamente) su grey, buscará ayudar "a la flaqueza humana con sanctos

1 No nos es claro por qué la procesión unió los conventos de Santo Domingo (y el Palacio de la Inquisición adyacente) y el de San Agustín. Desconocemos también si su trayecto incluía tanto la iglesia catedral como la iglesia del convento franciscano. Si sabemos qué puntos de la procesión eran muy espaciosos y se realizaban por entonces frecuentes celebraciones públicas. Cf. Marroquí (1969), vol. 1, 216, vol. 2, 315; Santos Zertruche (2000), 229–230.

2 Cf. ManCarr I, 104–105.

3 Cf. ManCarr I, 105. Sobre las palacio virreinal, hoy llamado Palacio Nacional, Véase Marroquí (1969), vol. 3, 587–595.

4 Cf. ManCarr I, 109.

5 En los Manuscritos seguido a la versión castellana se encuentra la versión latina. Cf. ManCarr I, 105–113.

decretos, que son medios importantes", así los obispos deliberarán, proveerán y definirán lo que sea más apto, disponiendo, ordenando y estatuyendo para el bien de españoles como de los naturales, "agora nuevamente llamados al conocimiento de nuestra sagrada rreligión cristiana". Finalmente, una vez más insistirá el arzobispo en que quien quiera pedir, acusar, denunciar, querellar, avisar o proponer algo al Concilio, lo podrá hacer de palabra o por escrito, que será proveído en justicia con plena seguridad e inmunidad bajo su protección, amparo y brazo real. Así entonces quedaron abiertas las sesiones conciliares.[6]

2.1 La "Instrucción y orden" del Concilio

El 2 de enero de 1585, el arzobispo decretó la "Orden e ynstructión"[7] en la cual determinaba el modo en que se iba a conducir el Concilio Provincial y los oficiales nominados, con sus correspondientes deberes, para la correcta celebración de las sesiones en el aula conciliar. El Arzobispo presidiría la sesión, teniendo los obispos sufragáneos sus sedes a ambos lados de él según el orden de precedencia. Dentro del aula conciliar, a no ser que otros fueran especialmente llamados, sólo permanecerían los obispos y el secretario conciliar, el presbítero y doctor en cánones Juan de Salcedo.[8] Las órdenes reli-

6 "Por el largo y trabajoso camino de los obispos de Guatimala y Chiapa, no se pudo comenzar el Concilio el día de Reyes como tengo avisado a vuestra majestad y así se prorrogó para el día de Sant Sebastián en que se abrió y comenzó con universal contento y aplauso del pueblo" en Carta al rey, del arzobispo de México, gobernador de Nueva España, sobre asuntos de gobierno, de México el 22 de enero de 1585, en Paso y Troncoso (1940), vol. 12, 129–130.

7 Cf. ManCarr I, 98–104.

8 Juan de Salcedo (1546–1625), presbítero criollo nacido en México. De él dirá el Arzobispo en un informe al Rey: "...nacido en esta tierra, de treinta años, licenciado en cánones, y tiene la cathedra de decreto por quatro años, es de buena habilidad y memoria; a estudiado y travajado con necessidad y virtud, tiene presteza y facilidad en la lengua, y a sido algo infamado della, no sé si con verdad; al presente parece tener más reposo; es libre y orgulloso, algo arrogante, a sido siempre recogido y honesto; merece que V. M. le haga merced." En Moya de Contreras (1962). Obtuvo el doctorado en cánones en la Universidad Real de México, donde fue también catedrático y Rector en varias oportunidades. A lo largo de su vida dio pareceres y publicó pequeñas obras de derecho canónico de las cuales apenas tenemos noticias. Véase Medina (1965), 129, 169–174. Llegó a ser Comisario de la Bula de la Cruzada y Deán del Cabildo Catedralicio. Falleció en la ciudad de México. Cf. ManCarr I, XLIV–XLV; Martínez Ferrer (2009), 62–67; Galindo Bustos (2010), 61; Schwaller (1987), 150; González Rodríguez (2008), 38.

giosas, los cabildos catedralicios así como el ayuntamiento de la ciudad de México designaron apoderados para introducir peticiones o para ser llamados al aula conciliar cuando así fuera necesario.

Una de las características de los concilios americanos durante la dominación española, era la presencia de un representante del rey en el aula conciliar, ejerciendo el derecho de Real Patronato. Esta costumbre era una figura jurídica tolerada por el derecho canónico y heredada de la práctica de los concilios provinciales celebrados en la península ibérica, y generaba desavenencias entre las autoridades reales y los obispos durante las sesiones conciliares. Usualmente el representante de la Corona se sentaba al lado del arzobispo y participaba en todas las sesiones. Al momento de celebrarse el Tercer Concilio Provincial Mexicano, quien ejercía los máximos oficios reales era el mismo Moya de Contreras. Era al mismo tiempo virrey interino, presidente de la Audiencia, visitador general y capitán general. Antes del comienzo de la procesión que daría por inaugurado el concilio provincial, el arzobispo se reunió en el palacio real donde se celebraría el concilio con los obispos sufragáneos, los oidores de la Real Audiencia, el fiscal del concilio e hizo declaración de que asistía al concilio provincial como legado de su Majestad y así lo asentó el secretario conciliar, Juan de Salcedo.[9] En un acta separada lo registró el escribano Sancho López de Agurto por parte de la Real Audiencia. Esta segunda acta nos refiere como el arzobispo "dixo y rrazonó" a los obispos sufragáneos de que esta nueva atribución sería para darles todo el favor y ayuda necesaria.[10]

La historiografía reciente ha analizado recurrentemente el rol de Moya de Contreras ejerciendo como presidente del concilio y legado real simultáneamente, dos oficios que eran en la práctica antagónicos. Adelantándonos a lo sucedido durante las sesiones podemos decir que Moya de Contreras fue el principal promotor del concilio en su convocatoria, su desarrollo y para su aprobación. Solamente en el trayecto final podemos observar como el arzobispo se enfrentó con sus sufragáneos al momento de decidir sobre la forma de publicación del concilio.[11] No es fácil hacer un balance con todos los materiales disponibles. Mientras por un lado se ha señalado el papel regalista del arzobispo, quienes revisaron los manuscritos hacia 1770 dudan de esta

9 Cf. ManCarr I, 113–114.
10 Cf. ManCarr I, 114–115.
11 Cf. La controversia se encuentra en ManCarr II, 21–32. Para un análisis de la misma, véase Poole (2012), 291–295.

actitud.[12] Sea cual haya sido su disposición interior y teniendo en cuenta toda la trayectoria conciliar, creemos que esta connivencia de Moya de Contreras sirvió para cohesionar al episcopado mexicano, algo que no sucedía en todos los concilios provinciales, y así poder llevar a buen término la tarea legislativa.

Adentrándonos en el aula conciliar, y a fin de entender la dinámica que en ella se desarrolló, debemos señalar las distintas funciones de los oficiales conciliares de acuerdo a la "Orden e instrucción". La siguiente ilustración nos indica los lugares de los oficiales de acuerdo al reglamento:

Esquema del aula conciliar del Tercer Concilio Provincial Mexicano[13]

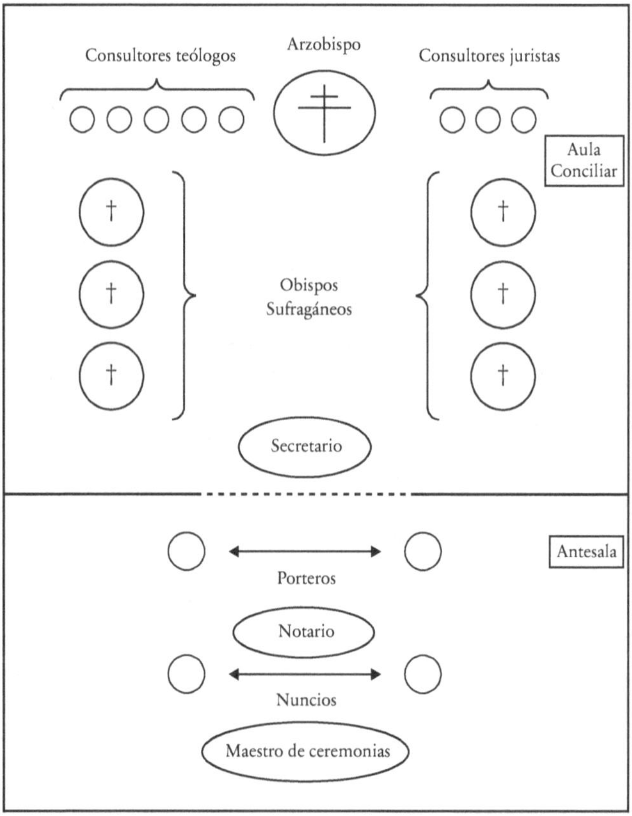

12 Cf. ManCarr II, 32.
13 Otros ejemplos pueden verse en ManCarr II, 791–792.

Frente al Arzobispo, se encontraría el secretario conciliar Juan de Salcedo, que tenía nueve funciones: (1) estar presente en todas las sesiones y actos que desarrollen los obispos en tanto reunidos en concilio provincial; (2) llevar el orden del día y recibir los documentos que se presenten al Concilio; (3) dar fe de las decisiones de los obispos, de sus votos, de los pareceres de los consultores y de todo lo que el concilio fuera a leer, decir o publicar; (4) leer, decir o publicar todo aquello que el concilio decida; (5) ordenar y asignar las tareas al resto de los ministros del concilio; (6) recibir las cartas y poderes de los procuradores, verificar su autenticidad y avisar de que se requiere su presencia; (7) avisar al concilio cuando se presenten dudas que requieran el parecer de los consultores, convocarlos, al igual que a los cabildos, llamarlos mediante el maestro de ceremonias, los porteros o los nuncios; (8) conservar una de las tres llaves del archivo del Concilio, junto con el Arzobispo y el sufragáneo más antiguo; (9) dar fe de todo lo que el Concilio resolviese "judicial o extrajudicialmente, admitiendo decretos destos concilios, o de nuevo descidiendo en glosarlo, y ordenar los decretos, actiones o ssesiones...".[14] Esta última importante referencia, además de indicar uno de los deberes del secretario conciliar, nos señala las tareas específicas que el concilio se proponía.

Como es fácil percibir, Juan de Salcedo, como secretario conciliar se constituyó en testigo directo y protagonista de los acontecimientos llevados a cabo por la asamblea. Las primeras ocho tareas, harán de él una especie de bisagra entre lo que debatieron y decidieron los obispos y el mundo exterior al aula conciliar. Sin embargo, el último deber para el Secretario que señala este reglamento interno, nos indica dos particularidades importantes. En primer lugar, agrega una precisión en la forma de proceder que no está en los edictos: el concilio podrá tomar decisiones judiciales o extrajudiciales, es decir, podrá tomar parte como juez en causas presentadas o resolverlas mediante otro modo. En segundo lugar, aunque más tarde abordaremos la problemática en torno a la autoría de los Decretos, el reglamento advierte el rol principal que Juan de Salcedo llevará a la hora de componer y ordenar los Decretos.

El segundo oficial en importancia, pero que se ubicará fuera del aula conciliar, será el fiscal o promotor del Concilio. Para este oficio se nombró

14 Cf. ManCarr I, 99–100.

a Dionisio de Ribera Flores,[15] presbítero y cura de la Catedral mexicana.[16] Cuando sea llamado para cumplir su oficio, ocupará el lugar más importante, a la derecha del Arzobispo, en el sitial del primer consultor teólogo. Sus deberes serán pedir, anunciar o acusar, actuar en los negocios fiscales, dando vista de los autos. En las procesiones y actos públicos, ocupará el lugar más preeminente.[17] De acuerdo a las actas conciliares, tenemos el registro de tres participaciones. La primera tuvo lugar el sábado 26 de enero de 1585, a seis días de comenzado el Concilio, cuando solicitó que el Concilio Provincial sea intimado nuevamente en las misas mayores de los obispados.[18] Ese mismo día, el Concilio respondió que esto ya estaba hecho, pero "a mayor abundamiento" se le dieron los edictos que solicitó.[19] La segunda intervención tuvo lugar el lunes 11 de febrero de 1585, cuando presentó un memorial que fue leído el mismo día.[20] En este memorial solicita que el Concilio redacte un manual para párrocos para que se administren los sacramentos uniformemente y se evite el uso de todos los otros manuales escritos a mano introducidos por el clero regular y secular, contra lo mandado por el Concilio de Trento. Además solicitaba que el Concilio Provincial estableciera una pena para aquellos que hicieran murmullos, hablaran o debatieran, sobre todo cosas mundanas, durante los oficios religiosos y en los lugares sagrados. El 2 de marzo siguiente, se volvió sobre el Memorial y se asentó que ya se encontraba proveído lo que convenía.[21] La tercera intervención del fiscal tuvo ocasión cuando a instancias de los indios del pueblo de Yurapúndaro presentó una denuncia por vejámenes y maltratos de parte de los frailes agustinos.[22] Esta denuncia fue ampliada el 8 de julio contra otros frailes de la misma Orden pero de los pueblos de Mextitán y de Zalqualtipan.[23]

15 Llegó a México en 1560 luego de haber hecho estudios teológicos y canónicos en Salamanca que completó en México. Fue consultor del Santo Oficio y Canónigo de la Catedral metropolitana. Publicó una obra titulada *Relación historiada de las exeqvias fvnerales de la magestad del Rey D. Philippo II, nvestro señor... en la Casa de Pedro Balli, 1600*. Cf. Medina (1965), 348–354.

16 Cf. ManCarr I, 97.

17 Cf. ManCarr I, 100.

18 Cf. ManCarr I, 142–143.

19 Cf. ManCarr I, 143. Una copia del nuevo Edicto se encuentra a continuación del pedido y su correspondiente respuesta, cf. ManCarr I, 143–148.

20 Cf. ManCarr I, 149–152.

21 Cf. ManCarr I, 152.

22 Cf. ManCarr I, 799–802.

23 Cf. ManCarr I, 803–807.

Dentro del aula conciliar, cuando eran llamados y con lugares especialmente asignados, también estaban los consultores teólogos y juristas designados por el Arzobispo Pedro Moya de Contreras.[24] Todos eran sacerdotes, teólogos o canonistas de renombre en su tiempo, miembros de uno u otro clero. Debían ubicarse a la derecha del arzobispo los teólogos, y a la izquierda los juristas, salvo por el doctor Salcedo que siempre conservará su lugar de secretario. Debían traer las respuestas en los folios que previamente les había entregado el secretario y debían responder solamente a los puntos o dudas que el Concilio les había realizado. De los pareceres que contamos, los hay individuales o dados por un grupo de consultores. Cada uno de ellos seguirá su propio estilo en la composición de su respuesta, y no faltan en ellos citas y referencias a las autoridades teológicas y jurídicas de la época. Se debe resaltar que para resolver la duda planteada se daban varios días a los consultores, lo que hacía posible que consultaran sus respectivas bibliotecas, pudiendo nosotros hoy así conocer sus principales recursos bibliográficos. La erudición y el manejo de la literatura científica de la época son amplios, incluso sobre autores contemporáneos.[25] La mayoría de ellos ocupaban cargos en la Universidad, la Audiencia Arzobispal o en el Cabildo Catedralicio. La lectura de sus pareceres nos brinda una amplia ventana al saber teológico y jurídico en México en el siglo XVI.

Otro de los oficiales que permanecerá afuera del aula conciliar es el maestro de ceremonias.[26] Su trabajo era por demás difícil ya que debía observar que se guarde el orden y la preeminencia en las procesiones entre las distintas autoridades religiosas y seculares. Sobre todo en acontecimientos como un concilio provincial, las procesiones religiosas eran oportunidades para demostrar o acrecentar el lugar que una persona o institución ocupaban en la sociedad. Además de esto, debía preparar todo lo correspondiente a las liturgias de incoación, desarrollo y cierre del concilio, así como tener siempre preparado el altar del aula conciliar.

24 Los consultores teólogos, de acuerdo a su asiento, fueron Pedro de Pravia OP, Juan de Salmerón OFM, Melchor de los Reyes OSA, Juan de la Plaza SI y el Pbro. Ortiz de Hinojosa. Los consultores juristas fueron arcediano Juan de Zurnero, Pbro. Fulgencio de Vicque, Pedro Morales SI y el Secretario, Juan de Salcedo. Los nombramientos en ManCarr I, 97. La descripción de su oficio en ManCarr I, 100–101.

25 Un elenco con las autoridades utilizadas por los consultores se puede encontrar en ManCarr II, XXXV–LIV.

26 Para este oficio fue designado Alonso de Ezija. Cf. ManCarr I, 97.

El resto del equipo de oficiales del concilio que permanecían fuera del aula conciliar eran: el notario,[27] quien como ayudante directo del secretario debía ser su asistente, ir a los pregones y acudir a donde éste lo enviara en su nombre; los porteros,[28] quienes cuidaban desde el exterior que la puerta del aula conciliar siempre estuviera cerrada, que nadie pudiese oír desde afuera, estando vacía se ocupaban del aseo y limpieza, y finalmente, estaban a las órdenes del secretario y del maestro de ceremonias para los que estos podían necesitar. En último término se encontraban los nuncios, quienes colaboraban con el aseo de la sala y, sobretodo, cumplían con avisar lo que el secretario y maestro de ceremonias les solicitaran.[29]

Todos los oficiales conciliares fueron debidamente notificados el 18 de enero de 1585, informados de sus tareas y tomaron juramento de fidelidad y secreto, con lo cual el personal de asistencia a los obispos se encontraba conformado.[30]

Ya hemos hecho referencia a como distintas instituciones eclesiásticas y seculares nombraron apoderados ante el Concilio, de acuerdo a lo indicado por el Arzobispo en el Edicto de Convocatoria. Se debe hacer notar, por lo tanto, la ausencia de precisiones acerca de su lugar en el aula conciliar. Para todos los oficiales del Concilio, la "Instrucción y Orden" señala el lugar que deben ocupar y su prelación. Sin embargo, para los representantes de los cabildos catedralicios, las órdenes religiosas y las autoridades seculares no se establece ningún lugar estable, salvo en el caso de las procesiones y los actos litúrgicos del Concilio. Claramente, entonces, queda perfilado el carácter episcopal de la asamblea, dejando a los demás actores temporales y espirituales, a lo sumo, en el grado de asesores, sin participación directa en el debate conciliar.

2.2 Las "pequeñas" peticiones

Cómo señalamos anteriormente, uno de los fines por los cuales se convocaba al concilio provincial era la "controversiarum compositio". Bajo este término

27 Notario del Concilio fue nombrado el Bachiller Santiago de Esquivel. Cf. ManCarr I, 98.

28 Los porteros fueron los presbíteros Hernando de Espinar y Balthasar Vellerino. Cf. ManCarr I, 98.

29 Los Nuncios fueron los presbíteros Fernando de Bustamante y Lázaro Hernández. Cf. ManCarr I, 98.

30 Cf. ManCarr I, 98.

podían ampararse muchas cuestiones que se fueron suscitando a lo largo de la historia de la Iglesia, como por ejemplo, querellas entre diócesis, procesos penales contra obispos u otros eclesiásticos, resolución de cuestiones disciplinares, etc. En el caso que aquí estudiamos esta finalidad fue bien explicada por el arzobispo en el edicto de convocatoria a las órdenes religiosas, las autoridades religiosas y seculares, y a la feligresía en general, y en el edicto de incoación del Concilio:

> "...Quocirca vos omnes et unumquemque vestrum tenore praesentis edicti monemus et invitamus quatenus si quid erit eorum qui in nostra congregatione agenda sunt aut agi poterunt, quod ad vos attigere existimetis, sacro provinciali concilio, et nobis libere et confidenter proponatis. Nam et ad satisfactionem eorum qui si laesos esse praetendere poterunt, iuris debitam aequitatem pollicemur; et quidquid ad communem, vel privatam utilitatem convenire suggesseritis, attenta consideratione perpendemus..."[31]

Siguiendo entonces el edicto es que introduciremos una breve referencia a las preguntas que se hicieron llegar al concilio. Así, como el texto lo dice, las cuestiones se resolverán bajo la equidad del derecho. A su vez establece que los pedidos que se acerquen al concilio provincial pueden ser de naturaleza privada o común. Es así que las peticiones podrían ser dividas de acuerdo a su contenido, más que por su suplicante, en dos grupos: por un lado, aquellos que presentan pedidos de naturaleza personal o individual, buscando custodiar o reponer un derecho, y por otro lado, aquellos que buscan presentar una problemática social o eclesial colectiva para que sea atendida por los obispos y resuelta, por lo general, a través de un decreto conciliar.

En la apertura del concilio, el 20 de enero de 1585, el arzobispo reiterará su invitación en el edicto de apertura.[32] A pesar de la longitud de la cita, nos

31 Traducción castellana: "...Por lo cual, a todos y cada uno de vosotros por el tenor del presente edicto exhortamos e invitamos a que si alguna cosa de las que en nuestra congregación se tratan o pudieran tratarse, consideráis que sea de vuestro interés, vosotros también libre y confiadamente los propongáis al santo concilio provincial. Pues para satisfacción de aquellos que puedan sentirse afectados, prometemos la devida equidad del derecho; y cualquier cosa que sugeráis convenir a la utilidad común o particular, la atenderemos con atenta consideración;...". Cf. ManCarr I, 26.

32 El tercer concilio provincial mexicano comenzó a las seis horas, treinta minutos de la mañana del 20 de enero de 1585, con una procesión que partió del Convento de Santo Domingo y se dirigió al Convento de San Agustín. Debieron tomar parte en forma ordenada, so pena de excomunión mayor, las órdenes religiosas, colegios, cofradías y herman-

parece importante incorporarla a nuestro texto ya que nos ayudará a contextualizar mejor los requerimientos.

En primer lugar señala que quienes deseen hacer un pedido al concilio debe acercarse a las "cassas reales", lugar conocido por todos, ya que era la residencia del virrey, además de tener una ubicación central frente a la plaza mayor y la Iglesia Catedral:

> "...Y hazemos saber a todos los que en este nuestro sancto conçilio tubieren que tratar, que nuestra congregaçión conçiliar a de ser en las cassas reales de su magestad,..."

A continuación establece de manera amplia qué se puede hacer llegar al concilio en forma de requerimiento:

> "...donde el que quisiere pedir, acusar, denunçiar, querellar, avisar, o proponer alguna cosa pública y común utilidad desta dicha provinçia, cabeças y miembros della, que sea y pertenesca su conosçimiento, remedio y deçisión a este sancto conçilio,..."

Establece asimismo que las presentaciones pueden ser orales o escritas, según le parezca al suplicante, o de acuerdo a su nivel de alfabetización:

> "...libremente lo pueda hazer y tractar, dando rrazón de palabra o scripto, lo que pareçiere neçesario a este fin, que a todos e qualesquier que sean, e a cada uno en particular,..."

También se establece que quien se presente será escuchado, y recibirá la necesaria custodia real:

> "...ofresçemos pública fee de ser oydos y con charidad reçibidos, y mediante justiçia proveído lo que combenga, y prometemos y prestamos plena seguridad e yndemnidad, reçibiéndolos debaxo de nuestra protectión, amparo y seguro rreal, para que con libertad christiana la causa pública no pierda puncto,..."

Finalmente, se enuncian los modales correctos bajo los que los pedidos deben hacerse, teniendo en cuenta el estatuto de los concilios toledanos:

> "...y para que todas estas cosas con zelo de Dios y bien del próximo, prudençia y sano acuerdo, se pueden tractar, seguir y resolver, siguiendo en esta parte la modestia religiosa de los sacros conçilios toledanos, a quien siguió y manda imitar el sacro general de Trento. Queremos y mandamos que ninguno proponga ni siga su pareçer, aviso e doctrina, con protervia y vozes, causando nota y alboroto, ni con disputas falsas, vanas y protervas, huyendo la composición devida, porfíe, antes todo lo que se

dades, en el orden establecido por el maestro de ceremonias del concilio Alonso de Ecija. Cf. ManCarr I, 104–105.

dixere, avisare, disputare, qualificare e resolviere, vaya templado de sancta prudençia y pecho christiano, que ni los oyentes se ofendan, ni a la vista interior en el conosçimiento de la verdad la perturbe cólera y afectos humanos..."[33]

En este contexto y a lo largo de toda la duración del concilio provincial fueron presentadas medio centenar de peticiones. En los manuscritos de trabajo conciliares las peticiones, particulares o generales, las encontramos denominadas como "memoriales". Según el Diccionario de Covarrubias de 1611, un "memorial" es la petición que se le da a un juez, a un señor para recuerdo de algún negocio.[34]

No es el fin del presente estudio el análisis pormenorizado de cada uno de estos memoriales, sin embargo, presentaremos algunos casos dividiéndolos según el carácter particular o general, de acuerdo a uno de los parámetros indicados en el edicto por el arzobispo. Esta división, particular o general, refleja la intención del suplicante en cuanto que solicita justicia para alguna cuestión que no va más allá de lo personal. El mismo criterio se aplica en aquellos casos en el que el suplicante es un sujeto colectivo, como el caso de los habitantes de la Villa de Santa María de los Lagos cuando solicitan la debida atención pastoral.[35] Esta división también se corresponde con la forma en que fueron respondidos los memoriales. Mientras que en los memoriales que tratan temáticas comunes se encuentra usualmente una nota al final del secretario conciliar indicando su posible aceptación, podemos hallar entre los apuntamientos para los decretos, algunas consideraciones que se integrarían en la redacción de la nueva legislación conciliar. Abordaremos ahora los memoriales particulares, dejando para más adelante los memoriales de temática común.

Cómo dijimos, las peticiones podían ser presentadas por escrito o de viva voz. En los Manuscritos de trabajo no hemos encontrado ningún registro de alguna presentación de viva voz, pero sí en cambio, presentaciones escritas.

Pedro Velázquez, que se encontraba preso en la cárcel pública pide al concilio que el fraile franciscano Gaspar Rodríguez le devuelva una piedra cornelina de la India portuguesa, a la que atribuye poderes curativos y que tiene un valor de dos mil ducados.[36] En menos de una página, relata que

33 Cf. ManCarr I, 109–110.
34 Cf. Covarrubias (1611), 1129.
35 Cf. ManCarr I, 207–221.
36 Cf. ManCarr I, 188–189.

estando enfermo próximo a morir recurrió al fraile para confesarse y pedir los últimos sacramentos y en este contexto le entregó la piedra; pasada la enfermedad y encontrándose preso, el religioso no se la quería devolver. El concilio remite el caso con una sola oración al comisario, es decir al superior provincial, de los franciscanos. A primera vista pareciera que el concilio provincial se desentiende del caso, pero si el religioso hubiese sido llamado a comparecer fácilmente podría haber declarado que el concilio era incompetente para interpelarlo, ya que por su estado religioso se encontraba exento de la jurisdicción episcopal. En todo caso, otra interpretación podría ser que el concilio fue la oportunidad para que una persona cuyas libertades estaban legítimamente restringidas, por estar en la cárcel pública, logró hacer llegar su reclamo, no ante el fraile que se negaba a restituir la piedra, sino ante su superior. Así, esta cuestión entre particulares, Pedro Velázquez y el fraile Gaspar Rodríguez cobró una nueva dimensión entrando a la esfera conciliar.[37]

Distinto fue el caso de María Fonseca, mujer viuda y pobre, y sobrina de un difunto canónigo del Cabildo Catedralicio de Michoacán del cual heredó cuatro años de los frutos y rentas de su prebenda que se encontraban al momento embargados por el Doctor Valdez, oidor de la Real Audiencia, para lo cual el clérigo obtuvo una Real Cédula del rey en la que mandaba se le pagara el dinero adeudado entre los años 1574 y 1577 a su sobrina para su sustento. Fue presentada al Obispo de Michoacán, Juan de Medina Rincón, y sin embargo no había sido acatada. María Fonseca, entonces, entabló un pleito contra el tesorero de la catedral, don Pedro de Agurto. Para poder seguir adelante con el proceso, y defenderse en otro pleito que tiene ante la Audiencia del Arzobispado, el Provisor del Arzobispado Doctor Vique, emitió una compulsoria en la que pide le sea devuelta la Real Cédula, que está en poder del Obispo de Michoacán, ya que "su justiçia perece". El obispo en cuestión era Juan de Medina Rincón presente en el concilio provincial. Por intermedio de Leonardo de Salazar, María de Fonseca pidió al concilio provincial que le sea restituida la Real Cédula que le otorga estos réditos. El sábado 30 de marzo de 1585, el Concilio ordenó al obispo que exhiba la Real Cédula para que sea entregada a María de Fonseca y el secretario con-

37 Sobre el tratamiento de cuestiones en el concilios provinciales americanos del siglo XVI, más allá de los decretos conciliares, véase Duve (2010b), traducción castellana Duve (2010d).

ciliar le devolviera al obispo una copia certificada, lo cual fue realizado al día siguiente, domingo 31 de marzo de 1585, dándose por concluido el pedido.[38] Vemos una vez más, como el concilio sirvió de instancia de apelación, allí donde la justicia eclesiástica ordinaria no había podido llegar. Utilizando apenas un procurador para presentar su pedido, esta mujer, que se presenta a sí misma como viuda y pobre, recurre al concilio provincial nada menos que para requerir de uno de los obispos lo que hasta ese momento él mismo le había negado. Así la retención del documento que había sido efectuada en primera instancia, y la falta de respuesta al requerimiento hecho en segunda instancia por el provisor del arzobispado, fueron compensadas en favor de María de Fonseca en cuanto que el concilio fue un medio rápido y eficaz no sólo para que su pedido fuera oído sino también respondido.

En otros casos, comunidades pedían sacerdotes para su atención espiritual y que sean financiados con los diezmos que ya pagaban, el concilio remitía la cuestión al obispado correspondiente.[39]

En el último caso al que brevemente nos referiremos, nos interesa por los actores involucrados y el camino de resolución que el concilio provincial dispuso. Enfrenta a dos actores que entrecruzan sus pedidos teniéndose uno al otro por objeto. Es el caso de la controversia entre los curas del Sagrario de la Catedral de México y el Cabildo Catedralicio mexicano. Cómo ya se ha señalado en otra oportunidad, la actuación del alto clero estuvo lejos de estar a la altura de las circunstancias.[40]

38 Cf. ManCarr I, 195–197.

39 El Bachiller Pisa, clérigo estanciero, pide que de los diezmos que pagan al obispado de Chiapas, se pague el cura que administre los sacramentos a sus hermanos y familiares. Fue tratado al ver la Erección de la catedral (Cf. ManCarr I, 197–198). Vecinos de la ciudad de Nuestra Señora de las Nieves, de Nueva Galicia, piden que de los diezmos que pagan a la catedral de Guadalajara se pague a los clérigos que les envían a administrar los sacramentos. Se oye y se verá. Incluye testimonios. Afirman que el obispo les dijo que esto se resolvería en el Concilio Provincial (Cf. ManCarr I, 198–202). Lo mismo pide Antonio Carrasco para su hacienda mediante apoderado (Cf. ManCarr I, 202–205). El apoderado de los mineros de Nuestra Señora de las Nieves en Zacatecas insiste en la petición de cura a cargo de los diezmos (Cf. ManCarr I, 205–207). Vecinos de Villa de Santa María de los Lagos pidiendo sacerdote que les administre los sacramentos y se sustente de los novenos de los diezmos que paga a la Iglesia de Guadalajara. En el memorial incluyen el testimonio de testigos (Cf. ManCarr I, 207–221). Sobre estos memoriales, véase Román Gutiérrez (2013).

40 Cf. ManCarr I, LIII–LIV.

El concilio provincial tenía entre sus tareas delegadas por el Concilio de Trento la reforma de los estatutos de los cabildos catedralicios.[41] En el caso de la provincia eclesiástica mexicana, todos los cabildos seguían los estatutos y costumbres de la Iglesia primada. Los cabildos catedralicios mediante sus apoderados presentaron en primer lugar un pedido para que se les otorgue a sus miembros cuatro meses de recle o vacaciones.[42] Para decretar sobre este punto, en primer lugar, se pidió un informe al chantre del cabildo de México, Juan de Zurnero, quien a su vez era consultor jurista del concilio provincial.[43] Luego el cabildo eclesiástico presentó testigos, los cuadrantes, y los libros de registros, los cuales fueron contradichos por los mismos obispos, con las pruebas documentales presentadas.[44] Finalmente el concilio provincial decretó que se darían sólo dos meses de recle o vacaciones a las dignidades y canónigos.[45] Antes de finalizar el concilio, los cabildos catedralicios piden que las resoluciones tomadas en capítulos no sean contradichas por los obispos o sus vicarios.[46]

En medio de este debate los sacerdotes, que tenían la cura de almas, hacen su pedido al concilio provincial contra el cabildo catedralicio. Los curas solicitan un aumento en su salario y que se les permita el uso de los ornamentos y objetos litúrgicos que ambos grupos utilizan en sus funciones. Asimismo, piden que no se permita a los miembros del cabildo eclesiástico que tomen a su cargo funciones litúrgicas que pertenecen al Sagrario, ya que con eso quitan parte del sustento a los curas.[47] La petición se transforma en un verdadero pleito judicial en el concilio provincial, donde los obispos requieren a las partes que presenten sus alegatos.[48] La complejidad del proceso lleva a que el concilio deje en manos de don Diego Romano, Obispo de Tlaxcala, la instrucción del proceso.[49] Finalmente el concilio falla a favor de

41 Dejamos el desarrollo de esta tarea fuera de nuestra investigación. Para un estudio sobre la redacción final de los estatutos véase Terráneo (2011); Vidal Gil (2014).

42 Cf. ManCarr I, 437–439.

43 Cf. ManCarr I, 439–448.

44 Cf. ManCarr I, 790–798.

45 Cf. ManCarr I, 779.

46 Cf. ManCarr I, 152–153.

47 Cf. ManCarr I, 820–821.

48 Cf. ManCarr I, 821–834.

49 Cf. ManCarr I, 828, 831–832.

los curas.[50] Esto no impide que el cabildo catedralicio apele la medida a una instancia ulterior.[51] En medio de este proceso, el Cabildo Catedralicio de México presenta un memorial pidiendo se reforme el ministerio de los curas de la misma Iglesia catedral por los abusos que se llevan a cabo. En este caso, el concilio resuelve se haga un traslado al Arzobispo para que el mismo resuelva en su propia Iglesia Catedral.[52]

La enumeración que hemos hecho de esta limitada cantidad de peticiones particulares nos ayuda a arribar a algunas conclusiones en lo que respecta a la tarea conciliar. Frente a los materiales conciliares ya conocidos por la historiografía (léase Decretos, Directorio de Confesores y los Catecismos) los pedidos que hemos visto apenas si han sido referenciados, y su importancia es absolutamente menor comparados con éstos. Sin embargo, nos sirven para adentrarnos en el modo de ejercicio de la potestad jurisdiccional por los obispos. El accionar conciliar frente a las peticiones no está atado a ningún procedimiento, ya sea en la recepción de las peticiones, el tratamiento jurídico llevado adelante, o en la ejecución de las resoluciones conciliares.

Es fácil verificar que el concilio fue una oportunidad para acercar una petición aun en circunstancias desfavorables. El ofrecimiento del Arzobispo de que el concilio escucharía estas peticiones llegó hasta la cárcel pública donde Pedro Velázquez se encontraba, y sin necesidad de procurador logró que su pedido fuera escuchado por los obispos. Lo mismo vale para María de Fonseca, quien mediante un breve escrito presentado por su procurador, logró la devolución de la Real Cédula retenida por un obispo, miembro nato del mismo concilio. En ninguno de estos casos y los demás presentados se advierte el pago de aranceles o tasas de justicia, lo que nos lleva a suponer que el recurso al concilio era gratuito.

Una vez recibido el pedido, en el aula conciliar se siguen diversos caminos. Aunque no tenemos un diario de sesiones, o alguna nota que nos indique el debate que llevaron a cabo los obispos para cada uno de los casos, la variedad de procedimientos para cada petición nos indica que dispusieron de distintos mecanismos adaptados a cada situación. De inmediata resolución parecieron los pedidos de Pedro Velázquez y de las comunidades que solicitaban su propio sacerdote. De algún paso procesal más necesitó el

50 Cf. ManCarr I, 834–836.
51 Cf. ManCarr I, 837–838.
52 Cf. ManCarr I, 154–159.

pedido de María de Fonseca. En cambio, se transformó en un verdadero proceso judicial el pleito entre los curas del Sagrario y del Cabildo Catedralicio de México.

En cuanto a la resolución, cada una de las peticiones tendrá un alcance distinto si tenemos en cuenta a quien iba dirigida y la materia sobre la que versaba. Para poder dar una respuesta a este punto será necesario tener en cuenta no sólo las peticiones particulares sino también el resultado de las peticiones que fueron sometidas a consulta. Se debe destacar que no encontramos ninguna petición denegada por el concilio provincial, al menos en cuanto a las peticiones particulares. Aun las notas del secretario conciliar que declaran que el concilio establece que el pedido debe ser resuelto por cada obispo en su diócesis, podrían haber servido para reiterar con mayor autoridad a los mismos prelados la responsabilidad de la debida atención espiritual.

No podemos decir que la atención por parte de los obispos a las peticiones particulares haya sido una de las principales tareas conciliares, sin embargo, la extensión de todos los pedidos presentados, y sobre todo, los modos y las respuestas dadas a cada una de ellas nos ayudan a completar el panorama de las tareas conciliares llevadas a cabo, y nos acercan a la preocupación que tenían los obispos por la justicia. El cuadro quedará más acabado una vez adentrados en las consultas, y sobre todo, en el desarrollo de la tarea legislativa llevada adelante por el concilio provincial.

2.3 Las dos primeras consultas

Además de los memoriales, particulares o comunes, una serie de dudas se fueron formulando en el transcurso del concilio provincial que no fueron resueltas inmediatamente por los padres conciliares. Por su complejidad teórica o por la envergadura de estos temas fueron sometidas al proceso de consultación de los expertos teólogos y juristas. Ocho fueron las Consultas realizadas, y a pesar de que el procedimiento en cada una de ellas fue cercanamente familiar, el contenido tratado tuvo una gran diversidad. Aunque llevan un número secuencial, algunas de ellas se superpusieron temporalmente, e inclusive en una misma consulta tenemos varios temas incorporados.[53] En este punto nos interesa detenernos en las dos primeras que res-

53 Una visión de conjunto sobre las consultas en Cháves Aguilar (2011).

ponden a situaciones particulares, y sin embargo, los obispos antes de resolver la cuestión, buscaron el consejo de los expertos.

Las dos primeras consultas han sido en general minusvaloradas por la historiografía, a tal punto que escasean los estudios o las referencias a ellas.[54] La Primera Consulta versa sobre una pregunta del Obispo de Guadalajara, Domingo de Alzola, acerca de si un clérigo de su diócesis se encontraba o no excomulgado luego de haber sido apercibido con un precepto penal y haberlo violado, luego de haber interpuesto una apelación.[55] De esta consulta tenemos los pareceres de Pedro de Pravia OP, de Juan Salmerón OFM, de Hernando Ortiz de Hinojosa, de Juan de Zurnero, de Fulgencio de Vique y el parecer conjunto de Melchor de los Reyes OSA, Pedro de Morales SI y Juan de Salcedo. Cada parecer, individual o colectivo, ocupa pocas páginas donde abundan las referencias al *Corpus Iuris Canonici* mayormente, con referencias a su glosa, así como a las leyes del Reino, tanto la Recopilación de las leyes de Castilla como a Las Siete Partidas y a la correspondiente glosa de Gregorio López, por citar las más recurrentes.

Sumariamente, el caso se puede resumir así: los actores primarios son el obispo y un clérigo acusado de escándalo; la materia versa sobre reforma de costumbres; los hechos se desenvuelven durante la visita canónica (secreta) del obispo al cabildo catedralicio y se continúan en la audiencia episcopal a través del provisor, y en el cabildo catedralicio al delegarse la causa a una de las dignidades catedralicias, para que vuelva a juzgar, dado que luego se aclara que el clérigo en cuestión era un prebendado. Las circunstancias y el derrotero que siguió la causa en el ámbito diocesano requerían la opinión de expertos y, así los obispos decretaron que el caso pasara a los consultores para que respondieran.[56]

Aunque el caso presentado afecta a un obispo y a uno de sus prebendados el párrafo introductorio de la pregunta presentada a los consultores afirma que es de mucha importancia y propia del concilio la cuestión a resolver. Los obispos pidieron que sea resuelta "para la quietud de la conciencia de la parte".[57] Aunque esta fórmula parece referirse al clérigo, sin embargo, de

54 Véase Poole (2012), 234.

55 La primera Consulta se encuentra en ManCarr II, 175–233. Ha sido estudiada en Moutin (2009).

56 Los hechos de la causa se encuentran en ManCarr II, 225–229, 230–233 (Duplicado con algunas variantes menores).

57 Cf. ManCarr II, 225, 230 (Duplicado).

acuerdo a los hechos presentados al Concilio este no dejó de interponer apelaciones y suspensiones al proceso considerando que se procedía injustamente con él por parte de su superior. Es el Obispo propio del sacerdote quien introduce la pregunta al Concilio y, por lo tanto, pareciera que fuera su conciencia la que busca quietud. Así, por lo tanto, la pregunta que los consultores parecen responder es respecto al contenido y el modo de ejercicio de la potestad episcopal sobre uno de sus clérigos. Aceptando someter a consulta la cuestión, los obispos declaran implícitamente que es materia propia del concilio provincial al tratarse de un caso de reforma de costumbres. Así los consultores analizaron el alcance de la jurisdicción episcopal y centraron sus argumentos en el derecho canónico clásico y en los cánones de reforma del concilio tridentino.

El miércoles 13 de febrero se vieron los pareceres en el aula conciliar y el lunes 18 del mismo mes, los consultores emitieron un dictamen conjunto,[58] logrado aparentemente luego de un debate oral teniendo en cuenta la diversidad de opiniones dadas por los consultores en sus respectivos pareceres. No dicen que el clérigo sea culpable de un delito sino que es su parecer que "este clérigo incurrió en la excomunión mayor que le impuso su perlado y que les será más seguro tenerse por irregular". Dicho de otra manera, según los consultores el concilio no tiene que juzgar al clérigo ya que el precepto penal del obispo valió, junto con la pena, una vez violado el precepto. Consecuentemente no es el concilio quien establece el modo de levantar la pena sino el mismo obispo, ya que los consultores establecen el dictamen que "para mayor quietud en la dispensación de la irregularidad, deseando el bien de su conciencia, como debe a su estado, ocurra a su prelado que como su pastor y padre usará de piedad y clemencia y quietará su conciencia". Así, indican de esta manera, no sólo el modo de proceder del clérigo, quien debe dirigirse a su obispo para el levantamiento de la pena, sino que indican también al obispo su modo de proceder que debe ser como "pastor y padre" movido de la "piedad y clemencia". El dictamen parece un eco del Concilio de Trento que pedía a los obispos no actuar como verdugos y que la pena de excomunión sea la última medida en ser tomada.[59]

58 Cf. ManCarr II, 229. 233 (Duplicado).

59 Cf. Concilio de Trento. *Sess. 13. De reformatione. Caput I: "Eadem sancta Tridentina synodus in spiritu sancto legitime congregata praesidentibus in ea eisdem sanctae sedis apostolicae legato et nuntiis intendens nonnulla statuere quae ad iurisdictionem pertinent episcoporum ut iuxta*

La Segunda Consulta es aún más breve que la primera.[60] El corregidor de Tlanchinamol, en la provincia de Pánuco, Francisco Torres de Sauçedilla, da a conocer una situación que se presenta en su jurisdicción: los sacerdotes prohíben a los habitantes comer lardo proveniente de ganado vacuno, especialmente derritiéndolo y usándolo como manteca y pide "...que para que seze la culpa que se comete en no poder cumplir lo que en este caso se les manda, se les dé general liçençia para que libremente y sin cometer culpa usen de dicha manteca de bacas...".[61]

Las dudas que plantean los obispos a los consultores son dos, a saber: 1) si se puede comer la grasa derretida de ganado vacuno durante los períodos de abstinencia de carne; 2) si existe privilegio vigente por breve pontificio para comer lardo, es decir grasa animal, para reemplazar el aceite vegetal.

Tres pareceres se presentaron en esta consulta. El primero es firmado por Juan de Zurnero, Pedro de Pravia, Melchor de los Reyes, Juan de Salcedo y Pedro de Vicque;[62] el segundo por los jesuitas Plaza y Morales;[63] el tercero por el doctor Ortiz de Hinojosa.[64] El primer y el último parecer proceden argumentando por autoridad refiriéndose en mayor o menor medida al derecho canónico clásico, sus comentadores, así como a la opinión de Fray Francisco de Vitoria OP, "varón tan insigne en letras y tan remirado en sus opiniones".[65] En cambio el parecer de los jesuitas es más razonado desde la práctica y presenta sus opiniones sin argumentos de autoridad. Brevemente digamos que los tres pareceres concuerdan en tiempos de ayuno se puede comer lardo de cerdo, sin embargo discrepan ya que unos afirman que es por

proximae sessionis decretum illi in commissis sibi ecclesiis eo libentius resideant quo facilius et commodius sibi subiectos regere et in vitae ac morum honestate continere potuerint illud primum eos admonendos censet ut se pastores non percussores esse meminerint atque ita praeesse sibi subditis oportere ut non in eis dominentur sed illos tanquam filios et fratres diligant elaborent que ut hortando et monendo ab illicitis deterreant ne ubi deliquerint debitis eos poenis coercere cogantur. Quos tamen si quid per humanam fragilitatem peccare contigerit illa apostoli est ab eis servanda praeceptio ut illos arguant obsecrent increpent in omni bonitate et patientia cum saepe plus erga corrigendos agat benevolentia quam austeritas plus exhortatio quam comminatio plus charitas quam potestas.", en Wohlmuth (2002), 698–699.

60 Cf. ManCarr II, 234–248.

61 Cf. ManCarr II, 235–236.

62 Cf. ManCarr II, 237–238.

63 Cf. ManCarr II, 239–241.

64 Cf. ManCarr II, 241–245.

65 Cf. ManCarr II, 238.

privilegio pontificio (posición de Zurnero *et alia* y Ortiz de Hinojosa) u otros por costumbre (opinión de Plaza y Morales), sin embargo, discrepan al momento de si esto incluye la manteca hecha de grasa vacuna. Lo que queda claro luego de leer las opiniones es que en la medida que los textos citados lo permiten, los consultores son partidarios de mostrar la benignidad en la interpretación de la ley escrita.

El jueves 28 de marzo, "en el sancto concilio provincial, se decretó *unanimi decreto* que se pueda comer lardo, manteca de puerco, y de la manteca que sacan de las vacas assí en la provincia de Pánuco... como en todo el arçobispado y provincia, y se use dello como hasta aquí por aver privilegio que dura todavía...".[66] Los obispos, por lo tanto, siguen el parecer más amplio y no sólo responden a la duda de Francisco de Torres Sauçedilla, sino que el decreto alcanza a toda la jurisdicción provincial. Sin embargo, más importante nos parece señalar que al decretar los obispos, o más propiamente el concilio provincial, se tornan intérpretes auténticos del privilegio otorgado por la autoridad pontificia.

He aquí, según nuestro parecer, la importancia de estas dos primeras consultas, que aunque parecen tratar temas particulares menores frente a los grandes temas conciliares postridentinos, nos ayudan a percibir cómo los obispos mexicanos entendían el ejercicio de su jurisdicción. En ambos casos escuchan los pareceres de los consultores. En el primer caso, el actuar del clérigo y del obispo se resuelve por el dictamen común de los consultores, pero los obispos no permiten que el caso trascienda la esfera jurisdiccional conciliar. En el segundo caso, decretan y comunican su decisión por carta a los que ejercían la cura de almas de este decreto, resolviendo la cuestión de conciencia con la herramienta del privilegio pontificio oportunamente otorgado, así como también, con el ejercicio efectivo de su autoridad episcopal.[67] Como conclusión anecdótica sobre este último caso, finalicemos diciendo que Fray Luis Gómez, prior del convento de San Agustín en Tantoyuca de Pánuco, responderá indicando como procedió con la correspondencia enviada por el secretario conciliar, Juan de Salcedo, e informará que "bien pareçe ser determinaçión de sancto conçilio, porque se an quitado muchos escrú-

66 Cf. ManCarr II, 237.
67 Cf. ManCarr II, 237.

pulos y ofensas contra Dios nuestro señor que sin falta cometían sin poderse remediar."[68]

2.4 Los memoriales

Casi medio centenar de memoriales fueron sometidos al Tercer Concilio Provincial Mexicano haciendo conocer o pidiendo a los obispos por distintas realidades que afectaban tanto a la Iglesia mexicana como a la sociedad.[69] La presentación de los memoriales no sigue patrones de redacción, lo que nos indica la libertad que gozaban los remitentes al momento de hacer sus presentaciones y la falta de un estilo propio para su redacción. Vistos en su conjunto, podemos advertir casi una falta total de homogeneidad en su estructura. La extensión varía de unos pocos párrafos hasta verdaderos tratados. Algunos no indican fecha de composición ni lugar de procedencia. Uno de ellos presenta al remitente de manera genérica.[70] A pesar de todo esto, estos memoriales nos sirven de información acerca de las variadas situaciones que se vivían al final del siglo XVI mexicano. Sin embargo, sus observaciones deben ser matizadas.[71] De hecho los mismos obispos lo hicieron, al leerlos críticamente aceptando algunas de sus proposiciones, denegando otras.[72]

Presentamos una rápida enumeración de estas peticiones: ya hemos hecho referencia al memorial enviado por el obispo de Filipinas, Domingo de Salazar,[73] así como los dos informes enviados por Pedro de Feria, obispo de Chiapas;[74] el segundo llevaba adjunto un pequeño tratado de Fray Alonso

68 Enviaron tres cartas: la primera al provincial agustino Pedro de Agurto, la segunda a Juan de Mesa, vicario de los Valles; y la tercera al franciscano Fernando Magallón, custodio de Tampico Cf. ManCarr II, 246–248.

69 Una presentación de conjunto de todos los memoriales en ManCarr I, LXVII–LXXV.

70 Cf. "Memorial de un cura del obispado de Tlaxcala sobre los trabajos del ministerio entre los naturales dispersos de esta tierra. s/f", en ManCarr I, 448–450.

71 Algunos criterios y advertencias para la lectura de los memoriales en Gonzalbo Aizpuru (2013).

72 Aunque la historiografía ha señalado la escritura del secretario conciliar como omnipresente al anotar los memoriales, sin embargo existen excepciones. Así en el apuntamiento al segundo memorial de Ortíz de Hinojosa se lee "Pídase al doctor Salzedo desto lo que tiene" (Cf. ManCarr I, 705).

73 Cf. ManCarr I, 352–383 (apuntado en ManCarr I, 699–700). Sobre este memorial véase: Burrus (1960); Poole (2012), 218–222.

74 Cf. ManCarr I, 284–303. 304–306. Cf. Llaguno Farías (1963), 53–57. Luque Alcaide (2008), 162–172.

de Noreña sobre la libertad eclesiástica.[75] De los oficiales del concilio se encuentran un memorial del fiscal, Dionisio de Rivera Flórez,[76] cuatro del consultor teólogo Hernando Ortiz de Hinojosa[77] y seis de consultor teólogo P. Juan de la Plaza SI.[78]

De modo colegiado presentaron siete memoriales el Ayuntamiento de México,[79] uno del Cabildo Catedral de México,[80] uno de parte de vecinos que tenían a sus hijas en monasterios de México,[81] y finalmente uno por parte de los clérigos del arzobispado de México.[82]

Individualmente presentaron memoriales: el conocido fraile franciscano Jerónimo de Mendieta,[83] autor de la "Historia Eclesiástica Indiana"; Pedro Tomás, fundador del Monasterio para huérfanas y pobres de Jesús María;[84] Diego Ximénez de San Román;[85] Diego de Muñón;[86] Pedro Rodríguez;[87]

75 Cf. ManCarr I, 306–352. Un breve resumen en Poole (2012), 217–218.

76 Cf. ManCarr I, 149–152 (apuntado en ManCarr I, 700).

77 Véase: 1° Memorial en ManCarr I, 383–395 (apuntado en ManCarr I, 701–702); 2° Memorial en ManCarr I, 395–399 (apuntado en ManCarr I, 702–705); 3° Memorial en ManCarr I, 399–412 (Apuntado en ManCarr I, 706–707); 4° Memorial en ManCarr I, 413–415 (Apuntado en ManCarr I, 706). En los apuntamientos para la redacción de los decretos conciliares los memoriales se encuentran citados en las ManCarr I, 613, 615, 655. Para un breve resumen, véase Poole (2012), 222–224, Llaguno Farías (1963), 57–64.

78 Para una introducción a los memoriales véase Zubillaga (1961); Llaguno Farías (1963), 46–53. Sobre el seminario: Cf. ManCarr I, 223–227; sobre los ordenandos: Cf. ManCarr I, 228–232; sobre los curas: Cf. ManCarr I, 232–239; sobre los predicadores: Cf. ManCarr I, 239–253; sobre la visita pastoral: Cf. ManCarr I, 253–264; sobre los confesores: Cf. ManCarr I, 265–272. Lo resuelto sobre estos memoriales se encuentra en ManCarr I, 776–780).

79 Cf. ManCarr I, 160–161; 162–164; 165–168; 169–171; 171–172; 172–173; 174–175. En los apuntamientos para la redacción de los decretos conciliares los memoriales se encuentran citados en las ManCarr I, 610. Cf. Luque Alcaide (2008), 175–187.

80 Cf. ManCarr I, 154–159.

81 Cf. ManCarr I, 187–188.

82 Cf. ManCarr I, 454–459.

83 Cf. ManCarr I, 459–464 (apuntado en ManCarr I, 706). Para un estudio sobre este memorial véase: Luque Alcaide (1992); Poole (2012) págs. 225–226.

84 Cf. ManCarr I, 175–181. Sobre el Monasterio de Jesús María y el Arzobispo véase: Poole (2012), 95–100.

85 Cf. ManCarr I, 185–187.

86 Cf. ManCarr I, 187.

87 Cf. ManCarr I, 189–191; 193. En los apuntamientos para la redacción de los decretos conciliares el memorial se encuentran citados en la ManCarr I, 605, 635, 732–733 que tratan sobre la constitución 34ª del Primer Concilio Provincial Mexicano.

Tomás de Espíndola;[88] Francisco de Olivares;[89] P. Juan de Urbina Zárate OP;[90] un cura del obispado de Tlaxcala;[91] Pbro. Christóbal Gentil;[92] Alonso Ruiz;[93] Juan González de Hermosillo;[94] Christóval de Ovando.[95] Prolíficos fueron el Bachiller Bartolomé Díaz de Pisa que presentó tres memoriales[96] y el médico Pedro López que presentó cinco.[97]

También tenemos una serie de pedidos con un objetivo común: el cabildo catedral del arzobispado,[98] el Ayuntamiento de la ciudad de México,[99] la Real Universidad de México[100] y la Orden de Santo Domingo[101] pidieron en memoriales individuales se decrete fiesta de guardar la memoria de Santo Tomás de Aquino que se celebraba el 7 de Marzo.[102]

Los memoriales fueron recibidos y leídos desde las primeras hasta las últimas sesiones conciliares. En casi todos se anotan al menos la fecha de

88 Cf. ManCarr I, 193–194.
89 Cf. ManCarr I, 181–185.
90 Cf. ManCarr I, 434–436 (apuntado en ManCarr I, 706).
91 Cf. ManCarr I, 448–450 (apuntado en ManCarr I, 664).
92 Cf. ManCarr I, 450–452.
93 Cf. ManCarr I, 452–454 (apuntado en ManCarr I, 664).
94 Cf. ManCarr I, 433 (apuntado en ManCarr I, 613).
95 Cf. El pedido se encuentra en ManCarr II, 317. Fue apuntado el 12 de marzo. Cf. ManCarr I, 681. Su duda acerca de la justicia de la conquista fue sometida a evaluación en la 8ª duda de la Cuarta Consulta. Cf. ManCarr II, 315, 331–332, 337, 345–346, 357, 363–364, 422–423. En los apuntamientos se mencionan una vez los memoriales de Miranda y el doctor Paredes de cuales no nos ha llegado noticia. Cf. ManCarr I, 684.
96 Cf. ManCarr I, 194; 195; 197–198.
97 Cf. Memorial sin numerar en ManCarr I, 417–418. Cf. Martínez Ferrer (2002); 1° Memorial en ManCarr I, 418–424 (apuntado en ManCarr I, 707); 2° Memorial en ManCarr I, 424–428 (apuntado en ManCarr I, 707–708); 3° Memorial en ManCarr I, 428–430; 4° Memorial en ManCarr I, 431–432. En los apuntamientos para la redacción de los decretos conciliares los memoriales se encuentran citados en ManCarr I, 596, 598, 599, 611, 657, 670, 671. Para un estudio de estos memoriales, véase Martínez Ferrer (2013b), Martínez López-Cano (2013).
98 Cf. ManCarr I, 784.
99 Cf. ManCarr I, 785.
100 Cf. ManCarr I, 786.
101 Cf. ManCarr I, 786–789.
102 Los obispos aceptaron el pedido. Véase ManCarr I, 789. En los apuntamientos para la redacción de los decretos conciliares los memoriales se encuentran citados en ManCarr I, 599 que tratan sobre la constitución 18ª del Primer Concilio Provincial Mexicano. Para un estudio de este pedido, véase Martínez Ferrer (2004).

su lectura y la resolución tomada. Estas anotaciones señalan en algún caso qué se vio o qué se rechaza, hasta incluir notas marginales y una resolución más extensa. En algunos casos, evidentemente por la importancia de las materias tratadas, nos encontramos con un apuntamiento en el cuaderno separado donde se llevaba el registro de las revisiones a los primeros dos concilios provinciales mexicanos y a las otras legislaciones revisadas. Algún punto de un memorial podía ser aceptado para la redacción de un decreto, o plantear una duda, que luego se sometería al proceso de consulta. En general todos los memoriales fueron presentados por iniciativa propia, sea personal o colectiva, aunque también nos consta la solicitud por parte del concilio provincial requiriendo observaciones sobre alguna temática o pidiendo la aclaración de ciertos puntos.[103]

Sin adentrarnos en las particularidades del caso, nos focalizaremos en un caso que nos ilustrará el modo en el cuál los memoriales eran considerados en el aula conciliar. Pedro Rodríguez, veedor de arte, presentó dos memoriales sobre las imágenes sagradas que se confeccionaban en la Nueva España, indicando que se hacían en materiales pobres y con gran pobreza artística, que no provocaban a la devoción sino al desprecio. Decía que en tiempos del virrey Luis de Velasco, fue nombrado como veedor de arte el ahora obispo de Oaxaca y asistente al concilio Bartolomé de Ledesma OP, para descartar aquellas que no correspondían.[104] En un segundo memorial pide que se cuide también el material en el cual están confeccionadas las imágenes, ya que suelen hacerse de caña de maíz o masa por lo que no duran ni se pueden restaurar, como pasa con las imágenes de madera. Sin mencionar el memorial, en las sucesivas revisiones al capítulo 34º del Primer Concilio Provincial Mexicano son tenidas en cuenta estas peticiones.[105] El resultado lo encontraremos bajo en el título 18 "De rreliquiis et veneratione sactorum et templorum" del Libro Tercero de Decretos.[106]

103 Así el cuarto memorial del doctor Pedro López donde aclara los casos comerciales que había presentado en un memorial anterior y a pedido del concilio los especifica. Cf. ManCarr I, 431–432.

104 Cf. ManCarr I, 189–191.

105 Cf. ManCarr I, 605 (2ª Revisión), 635 (3ª Revisión), 732–733 (4ª Revisión).

106 Cf. ManCarr III, 189–190; DecMar ¶464–465.

2.5 Los "advertimientos" del Obispo de Tlaxcala

El 30 de marzo se vieron "advertimientos" traídos por el Obispo de Tlaxcala, Diego Romano.[107] Los "advertimientos" son una selección de constituciones de algunos concilios y sínodos españoles. Así, Diego Romano señala: en una primera parte, seis constituciones del Concilio Provincial de Sevilla de Diego Deza OP de 1512;[108] indica cuatro constituciones del sínodo de Sevilla de 1490 celebrado por Don Diego de Hurtado y Mendoza;[109] nueve del Sínodo de Córdoba de Alonso Manrique de 1520,[110] una del Sínodo Toledano de Don Juan Tavera de 1536;[111] veinticinco de Sínodo de Guadix de Martín Pérez de Ayala de 1554.[112] En casi la totalidad de los cuarenta y cinco puntos señala el título de la constitución, lo que pareciera sugerir que sólo indica su utilidad para que sean revisados en la discusión en el aula conciliar. En algunos casos abrevia la temática de varias constituciones en un solo punto.[113] En muy pocas ocasiones hace algún comentario o sugerencia: por ejemplo, al advertir la constitución 14ª del Concilio Provincial Sevillano de 1512, agrega: "…Y aquí se ha de añadir qué cosas se pueden hazer y dexar de hazer en tiempo de cessación a divinis"; lo mismo sucede con la constitución 29ª del mismo concilio.[114] También sucede con el Sínodo de Guadix

107 Cf. ManCarr I, 549–560. Para un breve estudio de este documento, véase Luque Alcaide (2008), 147–159.

108 El texto conciliar en Ramiro y Tejada (1855), 67–111. En adelante: Sevilla1512.

109 El texto en: Collectio maxima conciliorum omnium Hispaniae et novi orbis… cum notis et dissertationibus… cura Josephi Saenz de Aguirre, Joannes-Jacobus Komarek, Romae 1694, 382–389.

110 El texto sinodal en: Constituciones sinodales del obispado de Cordoua, por Jacobo Cromberger, Seuilla 1521.

111 El texto sinodal en: Constituciones synodales del arzobispado de Toledo: hechas por el Ilustrísimo y Reverendísimo don Juan Tavera… En la casa de Miguel de Eguía, Alcalá de Henares 1536. En adelante Toledo1536.

112 El texto, con introducción histórica, del Sínodo de Guadix en Asenjo Sedano (1994). En adelante: Guadix1554.

113 El quinto punto advertido sobre el Concilio Provincial de Sevilla de 1512 dice: "5.Yten, poner penas a los que se casan en grados prohibidos, o dos vezes y contra los blasfemos. fol. XVI." Sumariza así las constituciones 36ª a 38ª. Cf. ManCarr I, 550.

114 "…Y pareçe neçessario, que aunque cada benefficiado aya de ser vicario por lo que toca a los indios, que como arcipretazgo aya uno que tenga quenta con los demás y haga lo contenido esta constitución". Cf. ManCarr I, 549–550.

de 1554 donde dice: "1. Todo lo que toca en particular a cada sacramento se declara muy bien."[115]

Finalmente, la última asamblea eclesiástica que reseña es el sínodo diocesano de Granada de Pedro Guerrero de 1572.[116] El contenido de estos "advertimientos" es distinto a los anteriores. El porcentaje de constituciones analizadas es mucho mayor. El obispo de Tlaxcala hace unas breves anotaciones a treinta y seis de cincuenta y seis títulos del sínodo granadino. Al contrario de los advertimientos de las otras asambleas, donde sólo repite el título de las constituciones, aquí son omitidos y señala qué se debe incluir y qué eliminar para la nueva legislación que se está elaborando. Aún más, menciona en algunas ocasiones otras legislaciones como el Concilio de Trento, como primera referencia a tener en cuenta al elaborar los nuevos decretos, y la Recopilación de las leyes de Castilla,[117] así como en dos oportunidades señala el modo en que se ha de concordar el sínodo granadino con el Primer Concilio Provincial Mexicano.[118]

¿Cuáles son los temas que Diego Romano advirtió en estos papeles para considerar en la legislación que se va a elaborar del Tercer Concilio Provincial Mexicano? Teniendo a la vista toda esta sección de los Manuscritos es fácil advertir los siguientes temas: la cura de alma y los beneficios; régimen matrimonial; los deberes de los distintos oficios eclesiásticos; práctica sacramental y las ceremonias litúrgicas; las fiestas y ferias eclesiásticas; los diezmos; los casos reservados al obispo; sobre la institución y régimen canónico de las capellanías; sobre el patronato.

Son escasas las referencias a la condición de los indios, sin embargo deben ser advertidas. Así la ya referida nota a la constitución 29ª del concilio sevillano. También, se apunta la constitución 13ª del sínodo de Guadix que habla "De lo que han de saber y dezir los nuevos christianos quando

115 Cf. ManCarr I, 551.

116 Cf. ManCarr I, 553–560. El texto sinodal que utilizamos es Constituciones Synodales del Arçobispado de Granada. Hechas por el Illustrisimo Reuerendisimo Señor Don Pedro Guerrero Arçobispo de Sancta Yglesia de Granada. Enel sancto Synodo que su Señoría Reuerensima celebro a quatorze dias del mes de Octubre del año M.C.LXXII. En Granada Con licencia Impressas en casa de Hugo de Mena. Año 1573. Sobre el arzobispo Pedro Guerrero y su reforma tridentina véase: Marín Ocete (1970). Granada1572 será la abreviatura que usaremos para este sínodo.

117 Cf. ManCarr I, 556.

118 Cf. ManCarr I, 553.

están en missa".[119] El dato más notable es un giro terminológico usado al referirse, en el mismo sínodo, a la constitución 38ª del Título 2° donde cambia la expresión "diez vecinos Christianos viejos" por "diez vecinos españoles".[120] El cambio no es menor ya que nos refiere una vez más la visión que se tenía de la condición indígena.

En estos apuntamientos apenas si hay referencias a cuestiones de derecho procesal. Solamente hay dos constituciones referidas a esta temática. La primera es la única referencia al ya casi centenario, a esa fecha, sínodo de Toledo de 1490 en la que anota: "1. En la constituçión 23. Pone término dentro del qual ha de sentençiar el juez la interlocutoria y la diffinitiva".[121] La segunda mención corresponde al Sínodo de Granada de 1572, es más extensa y alude a dos constituciones en el libro segundo.[122]

Los apuntamientos del obispo de Tlaxcala fueron incluidos ya en la segunda revisión de los decretos del primer concilio provincial mexicano.[123] Estas asambleas señaladas, especialmente Guadix y Granada, serán utilizados ampliamente por parte de los padres conciliares en la redacción de los nuevos decretos.[124]

Diego Romano no fue el único obispo que presentó apuntamientos. En varias oportunidades en los apuntamientos de Salcedo aparece la referencia a los "apuntamientos del Rmo. Señor obispo de Yucatán", fray Gregorio de Montalvo OP. Dentro de los materiales de los Manuscritos editados recientemente no hemos podido identificar este memorial o apuntamiento, por lo que creemos que se encuentra extraviado como otras piezas documentales. Aunque las referencias son pocas, fueron tenidas en cuenta en elaboración de los decretos.[125] Aparentemente se tratarían de una serie de cuatro puntos en

119 Cf. Const. 13°, Título 6° de Guadix1554. Cf. ManCarr I, 552.

120 Cf. ManCarr I, 551.

121 Cf. ManCarr I, 551. El texto al que se refiere se encuentra en, 12r–13.

122 El apuntamiento del obispo Romano dice: "7. En el título de foro competente. Que ningún clérigo cite a otra persona ante la justicia real ni él responda, párrafo 1°. 8. En el párrafo. 3. eod. tit° que ningún clérigo jure ante la justitia real en causa cruel civil ni criminal so las penas allí puestas." en ManCarr I, 553.

123 En ManCarr I, 593 encontramos la siguiente frase: "...Item se advierta si converná aya vicarios provinciales sobre los ministros clérigos; para que los deba aver ponderó el señor obispo de Tlaxcala el concilio de Sevilla de Deça, ibi jhs." en referencia a punto 3 del apuntamiento de ese concilio. (Cf. ManCarr I, 550).

124 Cf. Luque Alcaide (2008), 147–159

125 Cf. ManCarr I, 594, 596, 597, 601, 613, 659; ManCarr II, 65.

los cuales se citarían una serie de concilios que fueron especialmente considerados en la revisión de la constitución 21 del primer Concilio Provincial Mexicano.[126]

2.6 El "Papel" de Hortigosa

Otro material que se trabajó en el aula conciliar fue presentado por el Arzobispo Moya de Contreras el 14 de marzo y visto el 1º de abril. Nos referimos a un tratado canónico, escrito en latín, dividido en ocho títulos que tratan: 1° sobre el oficio divino, 2° sobre los sacramentos en general, del 3° al 8° de los sacramentos del bautismo, confirmación, eucaristía, penitencia, orden sagrado, matrimonio, extrema unción (bajo un capítulo en el título del matrimonio), respectivamente, y un título sin numerar sobre los estipendios.[127] Su división es claramente esquemática y no queda claro si su carácter es doctrinal o es un material listo para ser promulgado como legislación vinculante.[128]

Varias veces Juan de Salcedo, lo atribuye a Pedro de Hortigosa SI[129] en los apuntamientos.[130] De acuerdo con el examen llevado a cabo por Terráneo es un texto original que tiene como principal fuente el Segundo Concilio Provincial Limense (1567–1568) que gozaba de gran estima y autoridad en la Compañía de Jesús, además de que las pocas citas al Tercer Concilio Limense se deberían a que todavía no se hallaba aprobado. De los 65 capítulos, 59 son de este concilio, ordenando principalmente sus constituciones

126 Cf. "Todo lo que toca este capítulo 21 en sus párrafos está en la margen notados los concilios con que se satisface a los 4 apuntamientos del señor obispo de Yucatán". Cf. ManCarr I, 601.

127 Cf. ManCarr I, 475–548 (transcripción latina y traducción castellana); Véase Terráneo (2010), 425–513 (transcripción latina con las fuentes en paralelo).

128 Cf. Terráneo (2010), 109, Martínez Ferrer (2009), 69.

129 Pedro de Hortigosa nace en Ocaña (España) en 1546, antes de entrar en la Compañía de Jesús, ya estaba doctorado en Artes en la Universidad Complutense. Una vez religioso, estudió teología, donde alcanzó el grado de doctor ya en México. Escribió varias obras teológicas que han quedado inéditas en su mayoría. Ocupó oficios importantes en la Universidad como en su congregación. Falleció en México en 1626. Cf. Sommervogel (1998), O'Neill/Domínguez (2001), Martínez Ferrer (2009), 67–76, Saranyana (1999), vol. 1, 342–351.

130 Véase por ejemplo: ManCarr I, 592. 594. 601 ("el Papel que vuestra señoría ilustrísima, que llamo yo de Hortigosa").

temáticamente y dejando de distinguir entre indios y españoles en la normativa como hasta ese momento era común. Otra de las particularidades que señala es la cita explícita de Concilio de Trento. Terráneo considera a Hortigosa como un autor original en cuanto que no reproduce solamente legislación anterior sino que la sintetiza y hace sus propias propuestas. Aunque muy usado en los primeros apuntamientos de Salcedo, pasa a un segundo plano en las últimas observaciones.[131]

La pregunta que queda por responder trata sobre qué se pretendía con este tratado. Ha sido definido por la historiografía como un tratado de teología sacramental,[132] sin embargo, también se ha señalado la poca influencia que tuvo en la redacción final de los decretos mexicanos.[133] A esto se contrapone la opinión de que se trataba de una "legislación ya terminada, completa en sí misma, lista para ser directamente aprobada".[134] Creemos que esta opinión es la más certera, pero con cierta matización. Parece haber sido un intento temprano del arzobispo por cerrar ciertos temas, o al menos dar una marcada impronta. Finalmente, en el marco de la influencia final que tuvo este "Papel", Terráneo llega a la conclusión, luego de un exhaustivo análisis comparativo entre las asambleas limenses y los decretos mexicanos, que en cinco oportunidades fue tenido en cuenta el Segundo Concilio Provincial Limense, a través del tratado de Hortigosa.[135] A su vez, Martínez Ferrer, señala, a modo de ejemplo, como la obra en algún caso, agregó contenido a los decretos finales, no así la forma.[136]

2.7 La evaluación de los privilegios de los religiosos

La labor en el aula conciliar no estaría completa si no hiciéramos una referencia sumaria al tratamiento que los obispos hicieron durante el concilio provincial del conflicto que tenían con las órdenes religiosas, a raíz de sus privilegios y exenciones.[137] Analizar algunos aspectos de cómo fue abordada

131 En este apartado seguimos a Terráneo (2010), 109–115. 420.
132 Cf. ManCarr I, LV.
133 Cf. Terráneo (2010), 420.
134 Cf. Martínez Ferrer (2009), 69.
135 En este apartado seguimos a Terráneo (2010), 109–115. 420.
136 Cf. Martínez Ferrer (2009), 70–72.
137 Sobre este tema en el aula conciliar, véase Poole (2012), 253–257; Pérez Puente (2010), 126–135.

esta temática nos servirá, en primer lugar, para ahondar sobre el uso que se hacía del proceso de consulta; en segundo lugar, nos aporta importantes datos para poder hacer una cronología de los procesos de redacción de las normas; finalmente, podemos vislumbrar el proceso de toma de decisiones en el aula conciliar en el cual no sólo encontramos la voluntad de los obispos, sino también la influencia de actores extraños a los miembros natos del concilio provincial como el Monarca y las mismas órdenes religiosas.

A poco de comenzado el Concilio, el 16 de febrero de 1585, el concilio provincial mandó que requiriese de las Órdenes de Santo Domingo, San Francisco, San Agustín y de la Compañía de Jesús que presentaran todos los breves, privilegios e indultos emanados de la Sede Apostólica con que contaban para "ministrar doctrina, conversión y administración de los sanctos sacramentos de los naturales".[138] Al día siguiente fueron notificados los superiores religiosos.[139] El 28 de febrero los franciscanos presentaron nueve documentos.[140] También lo hicieron los Dominicos, presentando siete documentos, aunque no consta la fecha.[141] Entre los documentos presentados se encuentran la Bula Omnímoda de Adriano VI y el Breve de Pío V, que confirma los privilegios de los mendicantes después del Concilio de Trento.

La disputa entre estos dos actores, episcopado mexicano y órdenes religiosas, transcendió a la sociedad mexicana. Así, el 2 de abril, los regidores de la ciudad México presentaron un pedido para que el Concilio determine "lo que convenga al serviçio de nuestro Señor y bien de los naturales y quietud de los ministros eclesiásticos" en este "pleito y diferençia" que existe entre los sacerdotes seculares y las Órdenes Religiosas a raíz de la secularización de las parroquias pedida por la Real Cédula de 1583.[142] Es importante hacer notar, que el Ayuntamiento de México cree que el Concilio, por comisión de su Majestad o de oficio, debe entender en la materia. Sin embargo expresa que se debe tener presente al momento de tomar una decisión el trabajo apostólico realizado desde los primeros tiempos por las Órdenes Religiosas.[143]

138 Cf. ManCarr II, 59.
139 Cf. ManCarr II, 60–62.
140 Cf. ManCarr II, 61–62.
141 Cf. ManCarr II, 61.
142 Cf. ManCarr I, 160–161.
143 Cf. ManCarr I, 160–161: "A Vs. Sas. Illmas. suplica la dicha çiudad se sirvan de tener consideraçión a lo mucho y bien que an servido en esta Nueva España las dichas órdenes

Con los documentos presentados, los Padres Conciliares encargaron a fray Gregorio de Montalvo OP, Obispo de Yucatán, y a Domingo de Alzola OP, Obispo de Nueva Galicia, que los examinaran e hicieran sus observaciones. El 8 de mayo presentaron sus conclusiones.[144] A la mención de cada uno de los documentos presentados le sigue una resolución, titulada "Decreto". No hay un análisis exhaustivo, sino que simplemente determinan si los privilegios enunciados en los breves presentados se encuentran vigentes o no. Se puede decir que hacen una interpretación restrictiva de los privilegios de acuerdo a la reducción hecha por Gregorio XIII. De las breves notas que agregan a su dictamen los obispos de Yucatán y Nueva Galicia, surgirán nuevas dudas, que serán anotadas al margen por el secretario conciliar.

Paralelamente al trabajo de estos dos obispos, en el aula conciliar se realizaban las dos primeras revisiones a las constituciones de los dos primeros Concilios Provinciales Mexicanos, celebrados en 1555 y 1565. Las dudas suscitadas en estas revisiones, junto con otras acerca de los breves anteriormente presentados, dieron lugar a la Quinta Consulta,[145] que constó de siete preguntas. Cuatro se refieren a cuestiones de catequesis y sacramentos de los indios, y otra sobre una cuestión litúrgico-disciplinar. Nos detendremos en la sexta y la séptima duda que versaban sobre dos puntos que nos interesan directamente y surgen de las mismas constituciones mexicanas de 1555 y del dictamen de los obispos Montalvo y Alzola:

> 6º duda: "a las Órdenes y consultores digan y rresuelban lo que las dichas Religiones pueden por previlegios que tengan cerca del oyr confesiones y rrescibir órdenes y lo demás que a su ministerio de sus hórdenes haçen *ex privilegii*."
>
> 7º duda: "a las dichas órdenes y consultores se pide el verdadero y jurídico entendimiento de la Omnímoda de Adrián Sesto cerca de aquellas palabras (*intra duas dietas ubinam rresiderit episcopus vel aliquis episcopi ejus offiçialis*) de qué vicario se entiende, si es de solo el provisor o de otro qualquier vicario."[146]

Estas dudas fueron entregadas el 11 de mayo y las respuestas fueron presentadas el 23 del mismo mes. Los dominicos, los agustinos y los jesuitas en su respuesta a estas dos dudas fueron breves, afirmando la existencia de los

y rreligiossos dellas a Dios Nuestros Señor y al mucho fruto que an hecho en la conversión y doctrina de los naturales...".

144 Cf. ManCarr II, 62.

145 Cf. ManCarr II, 435–495.

146 Cf. ManCarr II, 437–438.

privilegios y que no tenían noticia de que hubieran sido revocados. En cuanto a qué "oficial" se refiere la Omnímoda, todos, incluyendo los franciscanos, concordaron en que se refería al Vicario General y Provisor y no a cualquier otro vicario. Esta última cuestión no presentó mayor dificultad, pero en ella radicaba un interés de segundo orden, pero no por ello menor. Si los privilegios aún estaban vigentes, su límite era la presencia episcopal *intra diectam*, es decir, dentro las dos jornadas de viaje. La presencia de un vicario, es decir, un *alter ego* del obispo, reducía el espacio geográfico y jurisdiccional en el cual los religiosos podían ejercer sus privilegios.

En cambio, los franciscanos presentaron una extensa respuesta a la sexta duda.[147] La respuesta de Orden de San Francisco consta de un repaso de los privilegios otorgados por los Papas desde Inocencio IV en 1244 hasta Gregorio XIII, haciendo una interpretación amplia de los mismos. Además de enumerar los privilegios y explicarlos se detienen a definir como interpretarlos, citando un Breve de Pablo IV de 1556. Se afirma que el párroco perteneciente a una Orden no necesitaba las licencias del obispo para administrar los sacramentos, así como podían iniciar procesos contra los delincuentes, sin importar si estaba *intra o extra diectam* tanto en el fuero externo como en el fuero interno. En cuanto al Breve de Gregorio XIII, que revocaba los privilegios de las Órdenes debiendo someterse al derecho común de acuerdo con el Concilio de Trento, afirmaron que no estaban notificados y, por lo tanto, no estaba en vigencia para ellos.

La lectura de toda la respuesta de la Orden de San Francisco, nos recuerda la visión acerca de la realidad eclesial americana.[148] Por un lado estaba la Iglesia de los obispos, dirigida principalmente a los españoles. Ella debía ser conducida por el Derecho común. Paralelamente estaba la Iglesia de las Órdenes mendicantes, que se gobernaba también como la "otra" Iglesia bajo el Romano Pontífice y, por vía del Patronato, bajo el Rey, pero sustraída a la autoridad episcopal.

Esta posición fue en algún caso explícita. Así, el franciscano Jerónimo de Mendieta en su Memorial al Concilio, leído el 12 de marzo, afirmará que en atención a los méritos que han tenido los religiosos al plantar y sustentar la fe y la cristiandad, la necesidad de su ayuda para la conservación de lo que

147 Cf. ManCarr II, 447–464.
148 Cf. ManCarr I, XX–XXI.

está hecho, no se debía ser riguroso en aplicar el Derecho Común con las Órdenes Religiosas. Así los religiosos quedarían en verdadera e inviolable conformidad. Al entrar en los detalles, el misionero afirma que los obispos deberían no visitar las doctrinas sino sólo cuando llegara a sus oídos alguna falta o descuido, y en cambio se debería satisfacer en avisar al superior, "sin hacer estrépito de visita ni tomar información".[149] Sobre este punto, los obispos, luego de escuchar el Parecer, decidieron incluir en una epístola al Papa la revocación de la Omnímoda por los inconvenientes que se suscitaban con el ejercicio que los religiosos hacían de sus privilegios.[150]

Fulgencio de Vique, uno de los consultores, en referencia a la sexta duda, solicitó que se precisara el contenido de la misma ya que los privilegios estaban prohibidos llanamente "por concilio (de Trento), Motu propio y escritores".[151]

En algunos casos, los consultores respondieron en la sexta duda que no eran capaces de dar en tan poco tiempo, o sin consultar los testimonios de los privilegios que al momento el concilio poseía. Los Padres Conciliares les vuelven a solicitar, entonces, sólo a los consultores teólogos y juristas, que evalúen nuevamente la sexta duda.[152]

El consultor conciliar Ortiz de Hinojosa hizo un breve recuento de la concesión y restricción de los privilegios, afirmando que se debe tener por vigente lo dispuesto por Gregorio XIII en el Breve *In tanta rerum*, donde se afirma que los religiosos deben someterse al Derecho Común.[153] En apenas un párrafo, los jesuitas Plaza, Morales y Fulgencio de Vique afirmaron que los privilegios estaban reducidos por el mismo Breve.[154]

Sin embargo, los argumentos presentados por los franciscanos tenían un peso importante. Por un lado invocaban una suspensión de reducción tri-

149 Cf. ManCarr I, 459–464.
150 Cf. ManCarr I, 706.
151 Cf. ManCarr II, 476.
152 "...vean la revocación general de Pio 4º que hizo en confirmación del sancto concilio de Trento, que anda en los concilios, y la rreductión de Gregorio 13, para satisfazer a la sexta duda ya vista, donde se pedía qué era lo que el día de oy pueden las Órdenes cerca de la administración de los sanctos sacramentos, oyr confessiones, recebir órdenes y lo demás que haze *ex vi privilegii*", véase ManCarr II, 477.
153 Cf. ManCarr II, 478–479.
154 Cf. ManCarr II, 477.

dentina,[155] así como decían no haber sido notificados de la reducción general de Gregorio XIII.[156]

Para lo primero, el 28 de mayo, los obispos solicitan a los franciscanos que presenten el Breve de Pío IV citado en la sexta duda de su parecer para hacerlo cumplir en aquello a que estuviesen obligados.[157] El 5 de junio fueron notificados y dijeron que responderán luego del capítulo pleno que celebrarían el 29 de junio siguiente y pidieron no se resuelva hasta tanto ellos no respondiesen.[158] Mientras tanto, los Dominicos presentaron un pedido para que los obispos en sus diócesis otorgasen licencias y facultades para administrar los sacramentos a indios como a españoles, sin perjuicio de creer ellos que el Breve de Gregorio XIII no revocó sus privilegios y exenciones, tal como lo opinaba el concilio provincial.[159] El 3 de junio, los Obispos aceptaron este pedido.[160]

Para el segundo caso, y antes de que se reuniera el capítulo provincial franciscano, el 17 de junio los obispos decidieron llamar a los prelados de las Órdenes para notificarles del Breve de Gregorio XIII. El representante de los franciscanos, dijo no ser prelado sino sólo un vicario y que el provincial se hallaba ausente.[161] El 22 de junio, las Órdenes presentan un escrito solicitando no innovar en las disposiciones acerca del ejercicio como párrocos de sus miembros y dicen que el Breve de Gregorio XIII les fue notificado muchos años atrás y que ellos han seguido administrando las Doctrinas sin escrúpulo, con serenidad y con seguridad de conciencia. Solicitaron que los Obispos no declaren, decreten ni publiquen sin comunicar antes al Rey Felipe II, argumentando que no sólo es Patrón sino Delegado del Papa y que también se debía consultar al mismo Romano Pontífice ya que el mismo Breve afirmaba que ante la duda, sólo él era verdadero intérprete y no otro inferior.[162] Esta posición, como ya hemos visto, era atribuida por fray Pedro de Feria OP a los franciscanos en el Memorial que envía desde Oaxaca

155 Cf. ManCarr II, 454–455.
156 Cf. ManCarr II, 461.
157 Cf. ManCarr II, 480–481.
158 Cf. ManCarr II, 481–482.
159 Cf. ManCarr II, 482–483.
160 Cf. ManCarr II, 483.
161 Cf. ManCarr II, 484–486.
162 Cf. ManCarr II, 486–488.

y que fue leída en el aula conciliar el 1 de julio. El prelado atribuía a buena parte de los franciscanos el enseñar a los indios que los Obispos no tenían jurisdicción sobre los Indios salvo para confirmar, ya que la misma les había sido restringida por el Rey en cuanto vicario del Papa.[163]

Como es fácil advertir se vivió un clima de tensión entre los obispos y las órdenes religiosas. Varias cosas se deben destacar. Los obispos comisionados para hacer la evaluación de los religiosos eran frailes dominicos, por lo tanto conocedores de la actividad evangelizadora realizada por las órdenes religiosas y de la situación del clero diocesano a su cargo. Asimismo, hay una contradicción en el hilo argumental de los franciscanos. Dijeron no haber sido notificados de la reducción efectuada por Gregorio XIII, sin embargo, luego, presentaron otro escrito en el que afirmaban que aunque notificados, ellos no lo cumplían ya que obedeciendo las instrucciones de su majestad, siguieron ejerciendo sus privilegios. Y fue, en ese momento, la autoridad monárquica quien intervino en el debate conciliar. Hacia fines del mes de julio, arriba a México una Real Cédula fechada en Barcelona a 1º de junio de 1585, en la cual se ordenaba a los obispos que "por ahora" se deje a los religiosos como párrocos de las doctrinas.[164] La llegada de esta Real Cédula significó una pausa en el conflicto y limitó a los obispos en las materias a legislar. Consiguientemente, el nombramiento de los doctrineros y su remoción quedaba a discreción de las autoridades reales locales. Sin embargo, la Real Cédula permitía, siguiendo explícitamente el concilio tridentino, la visita canónica a las doctrinas, tal como los obispos querían, aunque no con todo el alcance deseado. Los obispos en sus decisiones volcaron todo lo sucedido, el resultado de la consulta y la Real Cédula recibida, en la revisión de la constitución 9ª del Primer Concilio Provincial Mexicano e

163 "...¿quién a quitado a los obispos destas partes su autoridad y jurisdicçión universal en sus distritos, y restringídosela a sola la confirmaçión? Responden que el Rey la ha restringido...". Cf. ManCarr I, 301.

164 Cf. Recopilación de las leyes de los Reynos de Indias, Libro 1, Título 15, Ley 28. *Que por ahora las Doctrinas queden y se continuen en los Religiosos; y la provision y remoción de ellos se haga por los Virreyes, como se ha vsado en èl Perù, y los Ordinarios por sus personas, ò las de sus Visitadores, los visiten in officio officiando, en quanto à Curas, y no en mas vsando del castigo necessario, y en los excessos personales no procedan y avisen à sus Prelados; y si ellos no los castigaren, vsen los Ordianrios de la facultad, que les dà el Santo Concilio de Trento, sobre los Religiosos no Curas, y acudan à los Virreyes para su remocion, todo sin perjuizio de la jurisdicción Eclesiástica y Secular, y los Virreyes y Audiencias dèn para execucion el auxilio necesario.*

incluyeron esta temática en la carta que redactaron al finalizar el concilio destinada al rey, mientras que las órdenes religiosas, llevaron adelante una serie de apelaciones tanto en España como en Roma. En último caso, esta batalla fue ganada por la Corona, que dejó que obispos y religiosos mostraran sus cartas, gastaran sus argumentos, para finalmente, mediante una única Real Cédula tomar una determinación, no definitiva, aunque si lograba de momento dar por finalizada la pugna.

La comisión de los obispos de Yucatán y Nueva Galicia sobre los privilegios de las órdenes no fue la única. Tenemos noticias, aunque breves, de que esta modalidad fue utilizada en varias oportunidades. Así, la cuestión de los aranceles de indios fue vista por los obispos de Michoacán, Juan de Medina Rincón OSA, y por Gregorio Montalvo OP, obispo de Yucatán.[165] Otra comisión fue formada por los obispos de Guatemala, Gómez de Cordoba O. Hier., y de Tlaxcala, Diego Romano, sobre cómo han de estar los clérigos en las ceremonias sagradas.[166]

2.8 La representación del Indio en el aula conciliar

Si hay un tema que ha sido abordado desde múltiples perspectivas, ha sido la cuestión del indio y la situación a la que fue sometido a partir del proceso de descubrimiento y conquista de América.[167] En lo que atañe al Tercer Concilio Provincial Mexicano, la tesis doctoral de Llaguno Farías fue la primera investigación en hacer un abordaje amplio de la temática con los Manuscritos.[168] Posteriormente surgieron múltiples estudios ya sea sobre el tratamiento de cuestiones particulares que se trataron en el concilio, como las consultas,[169] o sobre temáticas transversales que trascendían al mismo concilio provincial.[170] Nuestro propósito no será aquí hacer una síntesis sobre lo legislado en relación al indígena, sino mencionar las instancias en que el

165 Cf. ManCarr I, 601.

166 Cf. ManCarr I, 600.

167 Cf. García y García (1985b); Durán (2012).

168 Cf. Llaguno Farías (1963). Véase también Navarro (1944).

169 Para otros estudios específicos sobre los decretado en Tercer Concilio Provincial Mexicano, véase Corcuera De Mancera (2005); Lara Cisneros (2005), 209–212.

170 Sobre la capacidad del clero secular para administrar las doctrinas de indígenas, véase Carrillo Cázares (2013).

indio, como sujeto colectivo, estuvo representado en el Tercer Concilio Provincial Mexicano.

Podemos considerar a los memoriales como el primer lugar por donde la temática del indio es tratada en el aula conciliar. Prácticamente la mayoría de ellos, se refieren al indio en alguno de sus puntos. Se abordan en ellos una gran cantidad de temas, que crean una representación del indio, y qué se esperaba de él. Asoma cierta visión pesimista de la capacidad del indio y de la veracidad de su conversión. Pero esta afirmación no debe separarse de otra: el español, incluido el misionero, es responsable por el mal ejemplo que ha dado y sigue dando. Debido a estas causas proponen tratar al indígena como menor de edad, limitando sus capacidades legales,[171] así como su responsabilidad penal.[172]

En cuanto a las temáticas particulares del concilio provincial, tenemos principalmente tres consultas, donde se abordaron temáticas específicas sobre la situación indígena. La Tercera Consulta buscaba responder a la cuestión de si se podía hacer guerra "a sangre y fuego", es decir exterminando y haciendo esclavos, a los chichimecas.[173] Estos eran un grupo de indios, de diferentes etnias que habitaban sobre todo en Nueva Galicia y Michoacán, y con los cuales los pobladores españoles estaban teniendo grandes problemas. Quien hace la pregunta al concilio provincial es el Ayuntamiento de México, en ese entonces presidido por el mismo arzobispo Moya de Contreras.[174] La duda no está sólo respondida por los consultores, sino también por las órdenes religiosas, y se incorporaron los pareceres de autoridades seculares. El 31 de julio decretará el concilio provincial contra la guerra y seguirá la propuesta de las órdenes religiosas. La resolución conciliar, que no entrará a los decretos, pero sí en la carta al rey Felipe II, enviada el 18 de octubre,

171 Sobre la capacidad legal en la doctrina canónica del siglo XVI, véase Duve (2010c).

172 Para todo este párrafo seguimos a Llaguno Farías (1963), 45–69.

173 La Tercera Consulta en ManCarr II, 249–309. Ha sido estudiada en Llaguno Farías (1963), 71–86; Poole (1965); Luque Alcaide (1996); Luque Alcaide (2008), 189–204; Carrillo Cázares (2000); Carrillo Cázares (2011b); Poole (2012), 257–268.

174 "4628. Acta del 22 de marzo de 1585. I Se ordena a los representantes del Ayuntamiento en el Tercer Concilio Mexicano incluyan en sus peticiones, a solicitud del arzobispo-virrey, los siguientes asuntos: a) Que se ponga remedio a los daños que hacen los indios chichimecas. b) Que se reglamente el servicio de los indios en las minas. c) Que se declare a los indios chichimecas enemigos a sangre y fuego.", en O'Gorman (1970), 630.

prohibirá la guerra, sugiriendo otros caminos para la pacificación de los indios.[175]

La Cuarta Consulta también fue sobre la situación del indio en cuanto sometido a los repartimientos.[176] Este tema también fue introducido en el debate conciliar por el Ayuntamiento de México. Se llamaba repartimiento al sistema por el cual los naturales eran repartidos en diversas tareas de trabajo agrícola, doméstico, en la construcción, y la minería. Era un sistema rotativo y pago que pretendía subsanar las injusticias del sistema de encomienda. En este caso también, además de los consultores, tenemos el parecer de las órdenes religiosas, y finalmente un parecer conjunto de las órdenes y los consultores. Los obispos finalmente, con pequeñas matizaciones, condenan las injusticias de la práctica del repartimiento, siguiendo en la mayoría de los casos a los consultores. Quien estuvo en contra de una tajante sanción fue el Arzobispo, quien se inclinaba a incluir la condena en la carta al rey, tal como se hizo, y no por una condena pública.[177] Como señala Poole, aunque no hubo decreto público contra los repartimientos, sus injusticias quedaron en el Directorio para Penitentes y Confesores promulgado por el Concilio.[178]

Cierto parecido temático tiene la Séptima Consulta, resuelta el 8 de agosto de 1585.[179] En ella se reúnen casos muy diversos donde se daban injusticias con los indios sobre todo en prácticas comerciales, de la vida eclesial y diaria. Una vez más, la posición de los obispos, después de escuchar a los consultores y las órdenes religiosas, se inclina por una condena de estas prácticas, que quedarán plasmadas, una vez más, en el Directorio.[180]

En otros estudios se ha afirmado que éste es el punto donde se manifiesta la creatividad u originalidad de las legislaciones americanas.[181] Aunque

175 Cf. ManCarr II, 142–144.

176 La Cuarta Consulta se encuentran en ManCarr II, 310–434. Estudios sobre la misma, véase Poole (1963), Llaguno Farías (1963), 87–102; Poole (2012), 268–282; Pérez Munguía (2013).

177 Cf. ManCarr II, 148–155.

178 Título "(126) Acerca de los repartimientos de los indios a labores, cassas y minas" en ManCarr V (Directorio), 275–280.

179 La Séptima Consulta en ManCarr II, 537–571.

180 Título "(125) Acerca de los indios, vexaciones, agravios e otras injusticias, que contra ellos se cometen" en ManCarr V (Directorio), 269–275.

181 Cf. Esponera Cerdán (1988).

creemos que al menos esta afirmación debe matizarse a los luz de todos los materiales de trabajo del Tercer Concilio Provincial Mexicano y los correspondientes decretos promulgados en Octubre de 1585 por los obispos, se puede afirmar que a las novedosas realidades planteadas en el Nuevo Mundo se dieron respuestas igualmente novedosas en parte con argumentos y recursos traidos de la tradición teológica y jurídica del Viejo Mundo.[182]

La última observación también se refiere a la representación, pero ésta vez, no hacia la imagen que otros tenían del indio, sino a la falta de presencia indígena en el aula conciliar. El indio, entendido como sujeto colectivo, entró de diversas maneras, sea a través de los memoriales, de las consultas y en la misma redacción de los decretos. Sin embargo, no tenemos registro de ningún pedido presentado por un indio de manera individual, ni colectiva. Su voz sólo se oyó de manera mediata por medio de otros, en general las órdenes religiosas o los mismos obispos. Corresponde observar también, que a pesar del conflicto que existía con las órdenes religiosas, el episcopado escucha y sigue la opinión de éstas sin reparos, haciendo, sin duda, un reconocimiento a la experiencia de éstos en la tarea evangelizadora. Dos son las excepciones parciales. El fiscal del concilio provincial, Dionisio de Ribera Flores, presentó dos acusaciones contra doctrineros de la Orden de San Agustín, por abusos cometidos.[183] En ellas afirma que "a venido a mi noticia" y "los pobres indios no osan hablar".[184] Sin embargo, por la forma del escrito, pareciera que el fiscal actuó de oficio, más que por representación o denuncia de los mismos indios.

Al terminar esta descripción de los materiales y actores que en mayor o menor medida influyeron sobre los obispos, nos pareció importante detenernos, aunque sea brevemente, sobre el grado de participación indígena en la elaboración de los nuevos decretos. Hasta aquí los materiales originales surgidos a raíz de la convocatoria al Tercer Concilio Provincial Mexicano y que sirvieron para la redacción de los nuevos decretos.

182 Cf. Schuster (1966); Bravo Lira (1986); Icaza Dufour (1992); Saranyana (2007).
183 Cf. ManCarr I, 799–811.
184 Cf. ManCarr I, 800.

3 Los procesos de redacción de los Decretos

El proceso de redacción de los decretos conciliares fue un trabajo realizado por varios miembros y oficiales del concilio provincial. Ya la Provincia Eclesiástica Mexicana contaba con legislaciones entonces vigentes. El Primer Concilio Provincial Mexicano fue celebrado en 1555 e impreso por primera vez por Alonso de Montúfar, segundo arzobispo de México y presidente del Concilio. Lo hizo sin pedir autorización a la Corona o la Santa Sede, lo que le valió una reprimenda.[1] Esta versión es la que se reimprimió en el siglo XVIII sin variantes textuales.[2] La versión manuscrita, firmada por los obispos participantes en 1555 se encuentra entre los papeles de trabajo del III Concilio Provincial Mexicano,[3] y presenta variantes textuales con respecto a las ediciones impresas, por ejemplo en el número de constituciones. La versión impresa eliminó una constitución para que sea incorporada aparte. Se omite la constitución 22ª y se señala en una nota manuscrita que "este capítulo se pondrá en el manual, y no se escriba aquí".[4] El Segundo Concilio Provincial Mexicano fue celebrado en 1565 y tuvo por finalidad la aceptación formal y puesta en práctica del Concilio de Trento recientemente clausurado.[5] Por la fecha y el espíritu con el que fue celebrado, en este concilio se enmarca el primer ciclo de concilios postridentinos del ámbito del imperio español. Sin embargo, sus decretos renuevan lo mandado en el Primer Concilio Provincial sin cambios significativos.[6] Las prohibiciones reales y requisitos romanos que siguieron a la publicación del primer concilio provincial llevaron a que el segundo concilio provincial no fuese impreso antes de su aprobación por la Corona, algo que nunca se alcanzó. Su primera impresión fue en 1769. Creemos que los padres conciliares utilizaron para la revisión de este concilio la versión manuscrita que se encuentra en el BMM 266.[7]

1 Cf. Lundberg (2009), 94–95.
2 Cf. Lorenzana1768.
3 Cf. ManCarr III, 319–421.
4 Cf. ManCarr III, 349.
5 El texto del Segundo Concilio Provincial Mexicano en Lorenzana1768, 135–208.
6 Una visión de conjunto del Segundo Concilio Provincial en Lundberg (2009), 106–109.
7 Cf. ManCarr III, 257–273.

El propósito central de este capítulo es determinar cuáles y cómo fueron los procesos de redacción de los decretos conciliares mexicanos. Seguiremos los rastros dejados por los redactores de los decretos en los materiales de trabajo conciliares y buscaremos distinguir los distintos procesos que dieron lugar a la formulación de los decretos promulgados del 18 al 20 de octubre de 1585. No es nuestro propósito indicar las fuentes doctrinales de los nuevos decretos. Aquí describiremos los caminos que llevaron a cabo los obispos mexicanos en 1585 para promulgar una legislación, que alcanzó casi tres siglos de vigencia.

3.1 Los apuntamientos del secretario conciliar Juan de Salcedo

De los oficiales conciliares, el único que tenía mandato de estar presente en todas las sesiones era el secretario conciliar Juan de Salcedo. Como afirmaron los padres conciliares en la carta al rey, para las nuevas constituciones se tomaron como base las constituciones de los dos primeros concilios provinciales mexicanos.[8] Se ve así la voluntad de los obispos de renovar y actualizar la legislación que la misma provincia eclesiástica en otros concilios provinciales ya se había dado a sí misma y que era aún aplicada.

En la primera impresión del Tercer Concilio Provincial Mexicano, el Arzobispo Pedro de la Serna destacaba el rol de Juan de Salcedo, a ese entonces, anciano deán de la Catedral de México.[9] Posteriormente, la historiografía desplazó a un lugar secundario al secretario conciliar, para posicionar en un lugar central a los jesuitas Juan de la Plaza y Pedro de Hortigosa.[10]

8 Cf. ManCarr II, 71.

9 "*In qua re licet omnes, qui de iure Concilio interfuerunt communiter infedarunt; sed in ordinansis & disponendis Decretis plus ceteris laborauit Doctor D. Ioannes de Salzedo tunc Secretarius simul & consultor dicti Concilii: Sacrorum Canonum primarie Cathedre moderator, & in illa nunc emeritus, nostrae Metropolitanae Ecclesie meritissimus Decanus, in posterum autem maiorum huius regni Ecclesiarum Pontificalem Sedem pro meritorum cesura occupaturus.*", en Sanctum prouinciale concilium Mexici celebratum anno dni millessmo quingentessmo octuagessimo quinto, apud Ioannem Ruiz, Excudebatq[ue] Mexici 1622, V–VI, (en adelante Serna 1622).

10 Resume hacia 1963 en un solo párrafo toda la disputa José Llaguno en su tesis doctoral: "Según las noticias de Vera, en su Compendio Histórico del Concilio III Mexicano, el padre doctor Plaza es quien formula los Decretos del Concilio. Papel importantísimo, como secretario del Sínodo, desempeña el doctor Salcedo, al grado que Beristáin lo hace autor a él, no sin añadir que el Padre Plaza "trabajó en él con estudio, esmero y aclama-

La historiografía reciente, a partir de los materiales de trabajo que aquí también usamos, vuelve a señalar el rol principal que tuvo Juan de Salcedo. Galindo Bustos reconoce la influencia de los padres jesuitas mencionados, sea a través de los memoriales, o del asesoramiento, pero destaca, uniéndose a la opinión de Henkel,[11] que el peso mayor se le debe atribuir a Juan de Salcedo.[12]

Entre los apuntamientos se encuentran cuatro revisiones de las constituciones de los anteriores concilios mexicanos. Claramente se distingue que estas revisiones fueron sucesivas. Cada una tiene su particular tenor en el estilo, en las fuentes citadas y en el grado de elaboración.[13] La historiografía reciente no ha puesto en duda de que han sido obra de Juan de Salcedo.[14]

José A. Llaguno ha sido el primero en adentrarse en la composición de los decretos.[15] Quien los ha estudiado con mayor profundidad en el pasado inmediato ha sido Jesús Galindo Bustos en su tesis doctoral.[16] Su postulado es que sería erróneo decir que se trata de una copia literal y lo explica distinguiendo dos líneas: por una parte existen fragmentos que tienen uno o varios autores, mientras que otros textos son fruto de la compilación de distintas fuentes. Así, distingue entre decretos "mexicanos", principalmente en los libros primero y tercero, y "no mexicanos", en los libros segundo, cuarto y quinto. Su conclusión es que los decretos son "fruto, más de una modificación o adaptación de otras legislaciones, que de una mera compilación".[17] Llega a esta conclusión luego de comparar tanto la evolución de las constituciones del concilio provincial de 1555 y de los concilios y sínodos

ción universal de los padres, como consta en las Actas de dicho Concilio." El Padre Pedro Ortigosa traduce al latín los decretos." Cf. Llaguno Farías (1963), 42.

11 Cf. Henkel (1984), 104.

12 Cf. Galindo Bustos (2010), 57–68, 289.

13 El proceso general de composición de los Decretos ha sido descripto en Llaguno Farías (1963), 4–5; Galindo Bustos (2010), 80–95; Martínez Ferrer (2009), 45–85; Terráneo (2010), 117–121.

14 Cf. Galindo Bustos (2010), 67, 82; Martínez Ferrer (2009), 48, 52; Terráneo (2010), 119.

15 Cf. Llaguno Farías (1963), 4–5.

16 Muchas son las referencias en su obra a la composición de los decretos mexicanos de 1585. La sección principal es está en la parte primera, capítulo II "La elaboración de los decretos". Cf. Galindo Bustos (2010), 69–95. Martínez Ferrer, en la introducción a su edición de los decretos de 1585, sigue en líneas generales a la obra de Galindo Bustos. Véase Martínez Ferrer (2009), 47–53.

17 Cf. Galindo Bustos (2010), 70–71.

revisados con respecto al resultado final de la redacción final de decretos de 1585.[18] Este trabajo que significó un gran avance en la comprensión de elaboración de los decretos mexicanos, sin embargo, sólo ha basado su análisis en los decretos en los cuales se indicaban como fuentes otras legislaciones anteriores a 1585 en la primera edición impresa de los decretos conciliares de 1622.[19]

Sebastián Terráneo contrastó, en su tesis doctoral, los decretos del Tercer Concilio Provincial Mexicano con su paralelo meridional, el Tercer Concilio Provincial de Lima.[20] Este estudio no introduce modificaciones en la concepción del proceso de redacción.[21] En cambio, gracias a su minuciosa comparación logra determinar dieciocho casos que define de recepción de la norma limense en los decretos mexicanos, así como múltiples casos en los cuales, tanto por la redacción como por el contenido, no encuentra relación directa entre las normas. Concluye que sin duda el concilio de Toribio de Mogrovejo fue tenido en cuenta en la asamblea mexicana pero "del estudio analítico realizado se desprende que disminuye en mucho el aparente influjo cuantitativo que los Capítulos limenses han tenido en México".[22]

Tomando nota de la conclusión de Terráneo acerca de la influencia del Tercer Concilio Provincial Limense, queda entonces por esclarecer la posibilidad de hacer extensiva en mayor o menor grado esta afirmación acerca

18 Cf. Galindo Bustos (2010), 95.

19 CF. Galindo Bustos (2010), 28–29. En la página 77 afirma: "Bien es cierto que gracias al aparato crítico de los decretos mexicanos se puede saber, en 65 por ciento de las veces, el origen de cada norma del concilio. El problema se presenta con el otro 35 por ciento de las normas mexicanas que no están acompañadas por indicaciones de fuentes determinadas. En estos casos tendríamos que echar mano de estos aspectos internos de los textos legislativos para averiguar si se trata de una norma enteramente redactada por Salcedo y sus colaboradores o si fue compilada de otras fuentes. Por último, sería preciso hacer una comparación de todos y cada uno de los 565 párrafos del concilio mexicano para contestar a la pregunta de si los decretos del concilio tercero de México contienen una unidad de estilo, o si bien, como es frecuente en este tipo de compilaciones, abundan no sólo las repeticiones sino también las contradicciones. Este análisis está fuera del objetivo que nos hemos propuesto; pero de todos modos trabajaremos algunos de sus cánones, que a modo de muestra significativa, nos ayudarán a fundamentar nuestras conclusiones".

20 Cf. Terráneo (2010).

21 Terráneo no profundiza en este sentido la temática, pero orienta su investigación desde los apuntamientos mismos para comparar los terceros concilios. Cf. Terráneo (2010), 117–121.

22 Cf. Terráneo (2010), 415–421.

del grado de las influencias de las demás asambleas eclesiásticas y otros cuerpos legales usadas en el aula conciliar.

3.1.1 Las revisiones a los primeros concilios provinciales mexicanos

Las cuatro revisiones de los dos primeros concilios provinciales mexicanos se encuentran entre los apuntamientos sacados a partir de otras legislaciones y forman por su extensión e importancia, uno de los materiales centrales de estos manuscritos. A diferencia de otros estudios, es nuestra opinión que el orden de los apuntamientos es ligeramente distinto. Consideramos que la que ha sido llamada como la primera revisión por la historiografía es en realidad la segunda, por lo que en este trabajo invertimos el orden de éstas. Para llegar a esta conclusión basta comparar el contenido de estas revisiones. En cambio, en acuerdo con la historiografía, la tercera revisión ya contiene las resoluciones de los padres en el aula conciliar. Lo mismo vale para la cuarta revisión, que tiene el mismo contenido formal de la anterior, solamente que con una distribución más prolija y se va concretando la redacción final de los decretos.[23]

La primera revisión,[24] señala el número ordinal de las constituciones de los dos primeros concilios provinciales mexicanos y las ordenanzas de la audiencia episcopal, con un comentario breve, donde se destacan puntos a renovar, así como dificultades. Las citas son en general del concilio tridentino y de breves papales, en la mayoría de los casos de manera muy vaga. Ya diversos autores han señalado que la escritura es diferente del resto de los apuntamientos.

Dos son los argumentos principales para establecer que esta es la primera revisión siguiendo un orden temporal. En primer lugar, al revisar las constituciones en los apuntamientos se señala una duda para que sea sometida a los consultores, o se pide se verifique con el concilio tridentino u otra asamblea. En la segunda revisión ya se encuentran tomadas estas medidas. El segundo argumento se desprende también de la comparación de las sucesivas ediciones. La primera revisión señala en las constituciones 76ª a 89ª del

23 Sobre la elaboración de los decretos, véase Galindo Bustos (2010), 69–95; Martínez Ferrer (2009), 45–62. Un apretado resumen en Terráneo (2010), 117–119.

24 Cf. ManCarr I, 668–681.

Primer Concilio Provincial Mexicano distintas disposiciones.[25] En notas marginales o agregadas al final de las líneas se encuentra la observación "Orden judicial". La segunda revisión a estas constituciones agrega citas de otras legislaciones en algunos casos, se vuelve a señalar que son del "orden judicial", es decir del derecho procesal diríamos en lenguaje jurídico moderno, e indican, por primera vez, que se debe llevar al obispo de Tlaxcala.[26] La tercera y la cuarta revisión simplemente omitirán estas constituciones.[27] En este sentido, mientras que entre las revisiones de los dos primeros concilios provinciales mexicanos se encontraba un apuntamiento sobre las ordenanzas de la audiencia arzobispal, ya que en la segunda revisión sólo se observa que es todo de orden judicial.[28] Como veremos en la segunda sección de este capítulo, el *iter* redaccional de lo concerniente al "orden judicial" tuvo otro redactor, y siguió un proceso autónomo.

Nos queda entonces intentar dar una fecha para esta revisión. En esta primera revisión se establecen las dudas y se indica, en algunos casos, que se remita a los consultores.[29] Entre estas dudas están los privilegios de las órdenes religiosas, pero no se indica nada de la comisión hecha a los obispos de Yucatán y Nueva Galicia. Otro dato circunstancial que contribuye a esta fecha es que no se anota en ninguna oportunidad al Papel de Hortigosa, visto en la sala conciliar el 1º de abril, mientras que en la segunda revisión está este documento incorporado copiosamente. Para completar la datación podemos agregar que se menciona en varias oportunidades a los memoriales del Doctor Pedro López, presentados en el aula conciliar en el mes de febrero.[30] Por lo tanto, con estos datos podríamos indicar que esta revisión fue redactada entre los meses de febrero y marzo de 1585.

La segunda revisión[31] es considerablemente más extensa. Retoma cada una de las proposiciones de la revisión anterior, y las responde o indica el

25 Cf. ManCarr I, 676–677.

26 Cf. ManCarr I, 613–614.

27 Cf. ManCarr I, 653. 757. En esta última cita se lee: "jhs. Deste capítulo 76, hasta el 89 exclusive, es del orden judicial, acá se ordenará."

28 "Lo que toca a las ordenanças del audiencia arçobispal y provisorado, es todo orden judicaial (sic)", en ManCarr I, 615.

29 Véase, por ejemplo, el apuntamiento al capítulo 5° en ManCarr I, 668–669.

30 Se encuentran tres menciones a estos memoriales en ManCarr I, 670–671.

31 Cf. ManCarr I, 591–616.

camino que se ha de seguir. Así es que se incorporan los materiales leídos durante las sesiones, tanto de otras legislaciones, como los memoriales[32] y el Papel de Hortigosa. Aunque no son numerosas, encontramos citas tanto del *Corpus Iuris Canonici*, como de obras para la cura de almas y oficios eclesiásticos. No faltan las referencias a las reales cédulas o la recopilación de las leyes de Castilla. La abundancia de citaciones, por una parte, nos habla del importante caudal de material que se disponía y del uso erudito que se hacía de éste para enriquecer las primeras disposiciones. Pero por otra parte, se debe hacer un uso cauteloso del mismo a la hora de establecer como fuentes a todo este material. La multiplicidad de citas puede ser apabullante. Sin embargo, cuando se estudian al detalle, vemos que muchas son manejadas de manera genérica e incorporadas de manera rápida. Aquí el secretario conciliar hizo un acopio de material que sin duda pasó por un tamiz. El tenor del escrito nos lleva a preguntarnos si acaso esta revisión no fue realizada fuera del aula conciliar. Son varios los elementos que parecerían indicarlo, aunque no son contundentes. Por un lado tenemos un uso frecuente de la primera persona singular como sujeto de muchas oraciones en las cuales se presentan interrogantes.[33] Se recopilan para cada constitución citas de diversa procedencia, aunque mayormente de materiales legislativos. Las anotaciones son propuestas, en las que se señala la importancia de un argumento. Contiene numerosísimas notas breves en los márgenes, muchas en lenguaje coloquial, indicación de que fue revisada más de una vez. Así, repetidamente se encuentra en el margen la palabra "Ojo" para advertir su importancia o que no se debe olvidar en una posterior revisión,[34] o la determinación "A consulta",[35]

32 Son mencionados explícitamente los memoriales de Pedro López (ManCarr I, 596, 598, 599, 611), Ayuntamiento de México del 2 de abril y de Fray Juan Ramírez OP (ManCarr I, 610); de Ortíz de Hinojosa (ManCarr I, 613. 615) y Juan González de Hermosillo (ManCarr I, 613), y la petición para declarar fiesta de guardar la memoria de Santo Tomás de Aquino (ManCarr I, 599).

33 Algunos ejemplos: "Yo digo que se puede poner por párrafo del capítulo 5°…" en ManCarr I, 593; "Lo último, de la tasación de los yndios, no hallo concilio, ni ley del Rey, que lo declare, ni derecho que lo tracte." en ManCarr I, 605; "6°. No lo hallo en concilio. Arbitrario es como el quasi domicilio." en ManCarr I, 606; "El motu propio, no sé dél ni le hallo." en ManCarr I, 614.

34 Véase, por ejemplo, la 2ª revisión del Capítulo 20 del Primer Concilio Provincial Mexicano, donde se anota al margen: "Concilio tridentino, ojo 1°." (Cf. ManCarr I, 600).

35 Cf. ManCarr I, 592.

"Consulta".[36] Otras veces las notas marginales son más extensas y, por lo general, hacen referencia a legislaciones conciliares, sinodales, pontificias y reales, para tener en cuenta en una próxima fase de análisis. Con la información disponible no se puede establecer con seguridad si esta revisión fue realizada en el aula conciliar, o se debe al trabajo de, al menos, un perito experto, sin duda entre ellos Juan de Salcedo. De lo que no se duda es que todavía se está en una fase deliberativa, donde aún no se han tomado las decisiones definitivas.

Esta segunda revisión, como dijimos, es posterior al establecimiento de la comisión episcopal formada por Montalvo y Alzola para la revisión de los privilegios, al examen del Papel de Hortigosa y los apuntamientos del obispo de Tlaxcala, pero anterior a la respuesta de los prelados de Yucatán y Nueva Galicia.[37] Por lo tanto podemos fecharla entre abril y el 11 de mayo de 1585.

La tercera revisión,[38] en cambio, no cabe duda de que fuera hecha en el aula conciliar y contiene las disposiciones de los obispos. Es evidente que el secretario conciliar tomaba notas rápidamente, pero con suficiente tiempo para registrar las disposiciones tomadas. En el texto se observa un uso repetido del "etc." para poder continuar con el contenido de la anotación. Sin duda se parte de la revisión anterior. La mención de otras legislaciones es menor, sin embargo no deja de ser copiosa. Por lo general están completas en el margen, o señaladas de forma general, pero especificadas, seguramente más tarde. En varias oportunidades se sigue indicando al Papel de Hortigosa, pero tenemos sólo una referencia a los memoriales.[39] Ya en esta revisión se percibe un cambio en lenguaje. En primer lugar en los apuntamientos anteriores se anotaba por lo general que "se advierta". En la tercera revisión se abandona este término para usar "Se decreta" o "Se renueva". Se indica también que se abrevie o se haga un decreto "claro" sobre determinadas temáticas. Es aquí donde los obispos ya empezaron a decretar el contenido

36 Cf. ManCarr I, 617.

37 Dice el apuntamiento: "1° Lo primero para este capítulo su señorías reverendísimas de Yucatán y Xalisco an de traer resolución de los breves que an visto..." en ManCarr I, 594; "Para este capítulo 9° es la resolución de brebes que se a de traer por los reverendísimos señores de Yucatán y Xalisco..." en ManCarr I, 595.

38 Cf. ManCarr I, 617–657. 658–660. El folio 326r (ManCarr I, 657–658) posiblemente es una hoja desprendida que se debería ubicar luego del folio 329v del mismo volumen BMM 268 (ManCarr I, 663).

39 Cf. ManCarr I, 655.

final de los decretos. Esta revisión es la más sencilla de fechar dado que en la revisión de la constitución 2ª del Primer Concilio Provincial Mexicano se afirma: "La duda borrada, para el jueves se a de traer vista".[40] La duda mencionada es la Quinta Consulta, a la cual los consultores tenían que presentar, y así lo hicieron, sus respuestas para el jueves 23 de mayo de 1585. Al igual que en la otras legislaciones anteriormente estudiadas, se pasó en limpio esta revisión, ya tomándose las decisiones que faltaban y con el resultado de la Quinta Consulta. Así por lo tanto es fácil advertir que no pudo ser más allá de unos días, como mucho una semana antes del jueves 23 de mayo.

La cuarta y última revisión[41] que poseemos de las constituciones de los primeros dos concilios provinciales mexicanos es una repetición parcial de la tercera revisión. Es una reiteración en cuanto que sigue las disposiciones tomadas por los obispos, sin embargo, al estar resuelta la Quinta Consulta así como otras pequeñas cuestiones que debían traer los obispos, el apuntamiento va determinando el contenido final de los decretos y su ordenamiento. El carácter autoritativo del texto viene marcado ya desde el título que encabeza el apuntamiento,[42] lo que no era así en las revisiones anteriores.[43] Las citas de otras legislaciones, sean eclesiásticas como del orden real, se encuentran hasta la constitución 32ª tanto en el margen como en el cuerpo del texto. A partir de la constitución 33ª ya son escasas las notas marginales. El texto es definitivamente resolutorio. Su redacción es precisa y, en la mayoría de los casos los apuntamientos a cada constitución se encuentran divididos en párrafos. En algunos casos, tenemos un párrafo introductorio y otro para cada subdivisión de cada constitución que, a su vez, dará origen a un decreto o parte de éste en la nueva legislación. En cuanto al lenguaje usado, al referirse a una constitución mexicana que desean conservar usan la

40 Cf. ManCarr I, 617.

41 Cf. ManCarr I, 710–766.

42 "Vistas las constituciones sinodales deste Arçobispado de México hechas en el concilio provincial primero que en esta ciudad celebró el Illmo. don fray Alonso de Montúfar el año de mill e quinientos y cinquenta y cinco años, sobre ellas se decreta, provee y manda lo siguiente:..." en Cf. ManCarr I, 710.

43 Primera revisión: "En las constituciones sinodales provinciales primeras", en ManCarr I, 668. Segunda Revisión: "Del Concilio Primero Provincial Mexicano celebrado año 1555" en ManCarr I, 591. Tercera Revisión: "Texto para renovar del concilio provincial mexicano, 1555" en ManCarr I, 617.

expresión "se rrenuebe", agregando por lo general comentarios a tener en cuenta para los nuevos decretos. En cambio cuando desea que una constitución pierda vigencia, por considerarse ya superflua o porque se opta por otra solución a la problemática se indica que "de dexe", "se quite". Cuando decide sobre la creación de un nuevo decreto, que no está contemplado entre las antiguas constituciones mexicanas y/o a partir de otras legislaciones dice que "se haga decreto que...".[44]

A partir de su texto es fácil definir que es posterior a la clausura de la Quinta Consulta pero anterior a los últimos días de julio de 1585, ya que no hay mención de la importante Real Cédula de Felipe II, dada en Barcelona el 1° de junio de ese mismo año. Sabemos, sin embargo, que fue repasada al menos en dos oportunidades, siendo una de ellas el 17 de agosto de 1585.[45]

Para ilustrar este procedimiento, veamos el uso de la constitución 11ª del Primer Concilio Provincial Mexicano y el *iter* redaccional seguido hacia los decretos promulgados por los obispos mexicanos es 1585, sin desviarnos en las discusiones doctrinales. Esta constitución ordenaba que los sermonarios y los catecismos que eran usados para los indios, debían tener la aprobación de un clérigo o un religioso, y exhortaba a ser cautelosos con las traducciones que realizaban indios, e inclusive españoles conocedores de las lenguas indígenas, ya que la experiencia enseñaba que tanto con unos como con otros se podría encontrar en las traducciones errores doctrinales o de moral.[46] La

44 Por ejemplo el apuntamiento a la constitución 70ª del Primer Concilio Provincial Mexicano dice: "Este capítulo 70 se rrenuebe en susbtancia. El párrafo deste capítulo 70 que tracta de hospitales, se dexe, por que lo (que) cerca desto se decrete, es abaxo en el capítulo 75." en ManCarr I, 755.

45 "Quitose esto del precio en la vista de 17 de agosto de 1585." en ManCarr I, 723.

46 "Capítulo LXIX. Que no se den á los Indios Sermones en su lengua, y que ninguna Doctrina se traduzga en lengua de Indios, si no fuere examinada por Clérigo, ó Religioso, que entienda la lengua en que se traduce. Muy grandes inconvenientes hallamos, que se siguen de dar sermones en la lengua á los Indios, assí por no los entender, como por los errores, y faltas, que hacen quando lo trasladan: Porende estatuimos, y mandamos, que de aqui adelante no se den Sermones á los Indios para trasladar ni tener en su poder, y los que tienen se les tomen, y recojan, y quando algunos buenos Documentos, ó Sermones se les obieren de dar, sean tales, que su capacidad los pueda comprehender, y entender, y vayan firmados de el Religioso, ó Ministro, que se los diere, porque no los puedan falsear, ni corromper. Assímesmo ninguna Doctrina se traduzga en lengua de Indios, sin que primero pase por la censura, y examen de Personas Religiosas, y Eclesiásticas, que entiendan la lengua, en que se traduce, no se confie la tal traducion de solos los Indios, ó Españoles Intérpretes, porque de los contrario se tiene entendido, que puede haber gran-

problemática no era menor y avanzado el siglo XVI no cesaban las dificultades.[47] La primera revisión de esta constitución contiene una sola oración en la cual se señala que se enseñe lo mandado en el catecismo, sin mayores precisiones.[48] Sin duda, no hacía faltas mayores referencias ya que a los pocos días de comenzar el concilio provincial, el 26 de enero, los obispos comisionaron a los consultores teólogos a componer un catecismo.[49] La segunda revisión ya describe los tres catecismos que serían fruto del concilio e indica se vea un decreto del Tercer Concilio de Lima.[50] El contenido de la tercera y cuarta revisión de esta constitución es prácticamente similar. Se indica que sólo se podrá enseñar la doctrina a partir de los catecismos que dará el concilio provincial y establece la pena de excomunión *latae sententiae*

des peligros, y errores en los Mysterios de la Fé, y en la Doctrina Moral, y Evangélica." en Cf. Lorenzana1768, 143–144.

47 Sobre el modo de enseñar la doctrina a los indios, véase Ricard (1966), 96–108; Durán (1992); Durán (1992b). Una perspectiva histórico-jurídica en Duve (2010).

48 "Capítulo 69. Que sólo tengan lo que se ordenare en el catechismo." en ManCarr I, 676.

49 Cf. ManCarr I, 116–118. Los catecismos finalmente fueron compuestos por el P. Juan de La Plaza SJ. Cf. ManCarr I, 118.

50 "Capítulo 69. Este capítulo o se quite por supérfluo, pues a de aver tres catecismos, y por ellos y no por otros an de ser doctrinados los yndios, o que se remita al cathecismo, y deste catecismo vide Lima actione. 2.c.3º." en ManCarr I, 612. El texto limense referido es el siguiente: "De cathechismi editione et versione. Ut Indorum populi in relligione christiana adhuc rudes salutari fidei doctrina commodius imbuantur ac tutius atque eandem ubique unius doctrinae formam inveniant, placuit, vestigiis generalis Tridentini concilii insistendo, propium cathechismum huic universae provinciae edere, quem omnes Indi pro suo captu doceantur ac memoriter, saltem pueri, teneant, diebusque Dominicis et festis in publico conventu ecclesiase repetant, vel illius certe aliquam partem, prout opportunum videbitur ad caeterorum utilitatem, recitent. Praecipit ergo sancta synodus omnibus Indorum parochis in virtute sanctae obedientiae, et sub poena excomunicationis ut catechismo hoc ipsius authoritate editio, quibuscunque aliis exclusis, deinceps utantur, et secundum eum plebem sibi commissam instruere curent. Et quoniam ad Indorum salutem non solum rerum sententiarumque consensus, sed ipsa etiam sermonis conformatio plurimum confert, prohibet etiam praeter versionem ipsiuds authoritate factam atque editam, tam in precibus rudimentisque doctrinae christianae, quam in cathechismo, in liguam Cuzquensem vel Aymaraycam aliam traductionem a quoquam fieri, aut aliter facta, quemquam uti, atque ut idem fructus ad caeteros etiam maneat, qui diverso a supradictis idiomate utuntur, mandat episcopis omnibus, ut in sua quisque diocessi quamprimum curet catechismum eundem per idoneos et pios interpretes in reliquas linguas suae dioceseos verti, eamque interpretationem ab episcopo sic approbatam ab omnibus sine controversia recipi, non obstante qualibet contraria consuetudine." en ManCarr II, 634.

a quien esto violare, reservando a los obispos, y no los clérigos o religiosos como lo estipulaba el Primer Concilio Provincial Mexicano en la constitución revisada, la aprobación de las traducciones a lenguas indígenas.[51] Como señala Terráneo, la revisión de las constituciones 1ª y 4ª del mismo concilio provincial, dieron lugar al párrafo introductorio del decreto del Tercer Concilio Provincial Mexicano titulado "De doctrina christiana traddenda rudibus", señalando inclusive la influencia de lo apuntado a partir de las constituciones limenses.[52] Se debe completar esta conclusión con el agregado de la revisión de la constitución 69ª verificable al final del nuevo decreto.[53] Finalmente debemos señalar que ninguna de las tres constituciones mexicanas se

51 3ª Revisión: "Capítulo 69. Este capítulo 69 se quita, porque sólo se a de enseñar por el cathecismo que este santo concilio aprobare, y quando convienere traducir alguna otra cosa, que se a de dar a yndios, sea con aprobación y licencia del prelado, so pena de excomunión latae sententiae contra el que lo contraro hiziere, y esto solo se decrete." en ManCarr I, 651. 4ª Revisión: "Capítulo 69. Este capítulo 69 se quite, y se haga decreto que diga que la doctrina christiana sólo se a de enseñar por el catecismo que este sancto concilio aprobare, y quando conviniere traduzir alguna otra cosa que se aya de dar a los indios, sea con aprobación y licencia del prelado, so pena de excomunión mayor latae sententiae al que lo contrario hiziere, y esto solo se decrete." en ManCarr I, 755.

52 Cf. Terráneo (2010), 126–131.

53 El texto final del decreto dice: "El mayor cuidado de los pastores, a ymitaçión de Christo summo pastor, debe ser occurrir a las neçessidades de las ovejas más flacas y desamparadas; y conforme a esto a procurado este sancto conçilio, viendo la multitud de gente ruda y destituyda de remedio que ay en estos reynos, applicar todos los medios que se an podido hallar, para que los niños, esclavos, yndios, y las demás personas de poca capaçidad, sean ynstruydas en la doctrina christiana, y para que no perezcan de hambre por falta de sustento spiritual, y por ser en gran manera conveniente la unidad y conformidad de la doctrina, a ordenado y aporbado un catechismo universal para todo este arçobispado y provinçia en el qual se contiene la summa de lo que los christianos son obligados a saver, y la explicaçión dello. Y assí ordena y manda, que por este cathecismo, y no por otro, se enseñe la doctrina en las yglesias, escuelas y collegios de niños: y que todos aquellos, a cuyo cargo está el enseñarla, sean obligados a tenerle y enseñar por él, so pena de excomunión mayor; no obstante qualquier costumbre que aya en contrario, y para que todos partiçipen de la mesma doctrina, se encarga a los prelados que con toda brevedad procuren que se traduzgan en aquellas lenguas de indios que cada uno en su diócesi viere que son más communes y necesarias. Y a la traductión que por su mandato se hiziere se da la misma authoridad que al catechismo: prohibiendo el usar de qualesquiera otras versiones o traductiones que estubieren hechas, o se hizieron de nuevo, so la mesma pena de excomunión." En ManCarr III, 48–49; DecMar ¶11. El subrayado es nuestro e indica la correspondencia con la revisión de la constitución 69ª.

encuentra en el aparato de notas del Tercer Concilio Provincial Mexicano publicado en la primerad edición de 1622.

3.1.2 La consideración de otras asambleas

En este proceso de redacción se ve claramente, como las constituciones de los primeros concilios provinciales mexicanos sirvieron de base para la discusión. A su vez, hemos mencionado el uso de otras legislaciones dentro de este proceso, enriqueciendo el proceso de redacción. De la misma manera, estas otras legislaciones tuvieron una consideración paralela, de menor importancia y suplementaria en el proceso de redacción a las normas mexicanas revisadas. En la tercera revisión a las constituciones mexicanas, Juan de Salcedo anota en una oportunidad: "Vide los concilios anotados en el annotamiento mio."[54] La cita ya nos señala que eran varios los registros que el secretario conciliar llevaba. Tomadas las resoluciones a partir de la legislación vigente y vinculante dada por la provincia eclesiástica mexicana en 1555 y 1565, y decretados en substancia los nuevos decretos, los obispos volvieron sobre las otras legislaciones para completar la nueva legislación. En la misma revisión, en otra constitución dice: "...para ello se vean los concilios de Lima, Quiroga y Granada, ubi supra, en tres apuntamientos."[55] Si tomamos los apuntamientos generales a los concilios y sínodos separándolos de los concilios provinciales mexicanos y los memoriales tenemos tres los grandes apartados de legislación revisados: 1) los concilios y sínodos ibéricos y el IV concilio provincial de Milán; 2) el Tercer Concilio de Lima; 3) y los apuntamientos del obispo de Tlaxcala.

La mayoría de estas asambleas son posteriores al concilio de Trento, y cabe preguntarse, teniendo también en cuenta esto, porqué se han revisado y con qué finalidad.[56] Nuestro análisis no contextualizará cada uno de estos sínodos y concilios. Nos focalizamos aquí en la lectura que en el Tercer Concilio Provincial Mexicano se hizo de esto textos y el registro que poseemos de su influencia en la formulación de los nuevos decretos. En los apuntamientos

54 Cf. ManCarr I, 619.
55 Cf. ManCarr I, 621.
56 En el apuntamiento del obispo de Tlaxcala se señalan algunas pocas constituciones de concilios provinciales y sínodos anteriores al Concilio de Trento, pero que casi no han tenido impacto en la nueva legislación mexicana.

de Salcedo a estas asambleas podemos observar que se siguió un patrón parecido al usado al revisar los dos primeros concilios provinciales mexicanos. De cada uno de estos cuerpos de legislación se hizo una lectura continua, a partir de la cual se emitía un breve apuntamiento, guardando cierta similitud con la primera revisión a las asambleas mexicanas. Se indicaba el número de constitución, y a veces el título y/o su importancia para la nueva legislación que luego sería usado para intercalar su contenido en las revisiones a las constituciones de los primeros dos concilios provinciales mexicanos. Una segunda lectura de la misma asamblea se hizo posteriormente donde se salía un nuevo apuntamiento, con algunas características semejantes a la tercera revisión de las asambleas mexicanas. Este segundo apuntamiento sería pasado en limpio en otro folio dando lugar a nuevos decretos. Se puede verificar entonces una doble influencia de estas legislaciones conciliares y sinodales no mexicanas. La primera influencia fue mediata, es decir, a través de su primera revisión, agregando cuestiones doctrinales o de estilo en el proceso de revisión de las constituciones mexicanas. La segunda influencia será inmediata, en cuanto que sirvieron directamente para la redacción de nuevos decretos. Sin embargo, esta adopción de estas legislaciones será con visión crítica. Seguimos el orden en que se encuentran en los Manuscritos, pero que no refleja necesariamente su grado de influencia.[57]

El concilio provincial de la Arquidiócesis de Compostela, celebrado en Salamanca entre 1565 y 1566 por el arzobispo Gaspar de Zúñiga y Avellaneda,[58] se encuentra anotado en tres oportunidades de acuerdo a los Manuscritos de trabajo. La primera es una amplia selección de decretos en los cuales se anota su número, generalmente su título, a veces traducido, y luego se hace una observación que puede ser de una sola palabra o de varias oraciones.[59] Se anotan los decretos cinco a cuarenta y dos de la *Actio Secunda*, y del uno al treinta y ocho de la *Actio Tertia*. Por lo tanto, se podría decir, que fue revisado casi en su totalidad. La primera revisión tiene el carácter de aviso de algunas pocas notas más extensas. La mayoría está acompañada de un

57 Cf. Galindo Bustos (2010), 93–94.

58 El texto de este concilio en Ramiro y Tejada (1855), Vol. 5, 214–316. Sobre la influencia de este concilio provincial sobre el aparato de fuentes de la primera edición de 1622, véase Galindo Bustos (2010), 185–188. Acerca de este concilio provincial, véase Rodríguez Amaya (1951), Fernández Terricabras (2010).

59 Cf. ManCarr I, 687–689.

"Videatur" o "Véase". Por ejemplo, al decreto cuarenta de la *Actio Secunda* se agrega: "40. Que en estas yglesias del patronazgo no gozan los prebendados de lo que gozan los que quieren estudiar en otras yglesias. Véase lo que el señor reverendísimo de Tlaxcala dize sobre esto".[60]

En la segunda[61] y tercera[62] anotación que tenemos del Concilio Provincial compostelano queda claro que son dos versiones consecutivas de una serie de disposiciones que se tomaron en el aula conciliar. En la segunda anotación el apuntador está escribiendo rápidamente las decisiones de los obispos a ocho decretos. Así, las citas están algo desprolijas, y deja, por ejemplo, un punto abierto, para que "se vea mañana en presentia de su señoría ilustrísima", dando lugar a entender que el arzobispo o algún sufragáneo que no estuvo presente ese día en el aula conciliar.[63] La tercera anotación contiene casi las mismas disposiciones que la segunda, escritas de una manera más prolija y completa, y ya no se observa la nota recientemente referida. En total se toman ocho disposiciones a partir de los decretos de concilio compostelano. Por ejemplo, acerca de la constitución doce de la *Actio 2ª*, ya la primera revisión anotaba su temática ("12. Véase, y que mugeres no se azoten in publica processione."[64]), y sobre ella, en la segunda y tercera revisión se anota: "A la letra el capítulo 12, actione 2ª. del compostelano";[65] lo cual queda reflejado, aunque no literalmente, en los decretos mexicanos.[66]

La autoridad de los concilios toledanos en la Iglesia latina se extendió más allá de los dominios hispánicos. Recordemos que incluso el Concilio de Trento toma disposiciones de estos concilios para su reglamento.[67] Varias

60 Cf. ManCarr I, 688. El decreto compostelano indica la necesidad de continua formación del obispo y señala las condiciones para que a un clérigo se le otorgue licencia para estudiar en una universidad foránea si no hubiera estudio general en la diócesis.
61 Cf. ManCarr I, 661–662.
62 Cf. ManCarr I, 769.
63 Cf. ManCarr I, 662. El tema tratado versa sobre quién habría de elegir al apuntador en el cabildo eclesiástico.
64 Cf. ManCarr I, 688.
65 Cf. ManCarr I, 662. 769.
66 Cf. Libro III, Título XV, De celebratione missarum et divinum offiorum: "Las públicas y generales supplicaçiones y proçessiones…" en ManCarr III, 183; DecMar ¶444.
67 Cf. Concilio de Trento, Sess. 2, Decretum de modo vivendi et aliis in concilio servandis: "*In sententiis vero dicendis iuxta Toletani concilii statutum in loco benedictionis considentibus domini sacerdotibus nullus debeat aut immodestis vocibus perstrepere aut tumultibus perturbare*

asambleas toledanas fueron revisadas para la redacción de los nuevos decretos. Procederemos en orden cronológico, empezando por el concilio provincial celebrado en 1565, primero posterior al Concilio de Trento. Este concilio provincial tuvo la particularidad de estar precedido no por el metropolitano, Bartolomé de Carranza, sino por su sufragáneo Christobal de Rojas y Sandoval, obispo de Córdoba.[68]

En los materiales de trabajo del Tercer Concilio Provincial Mexicano encontramos cuatro apuntamientos acerca del concilio provincial al que referimos. El primero es una revisión de aproximadamente la mitad de las constituciones en las cuales se resume la temática, por lo general en brevísimas palabras.[69] Aunque tienen el modo de resoluciones, sin embargo, su propósito es indicar su utilidad para los nuevos decretos. Las otras tres revisiones contienen seis decisiones en total, aunque las seis no son mencionadas en todas ellas. La primera versión es la más breve y sólo tiene tres puntos.[70] En las otras dos versiones se omite el tercer punto, que señala brevemente una disposición sobre el oficio del fiscal.[71]

La segunda y la tercera versión, retoman los dos primeros puntos de la primera, y agregan tres disposiciones más. Nos valemos de cierta precisión terminológica que se va dando en cada una de estas versiones, así como la progresiva prolijidad en su redacción, para ordenarlas de esta manera. Así, una disposición en el segundo apuntamiento hace referencia a los "clérigos *non presbiteri*",[72] mientras que en el segundo apuntamiento se refiere a los ordenados "*in sacris non prebisteri*".[73] La primera de estas afirmaciones inclui-

nullis etiam falsis vanis ve aut obstinatis disceptationibus contendere; sed quidquid dicatur sic mitissima verborum prolatione temperetur ut nec audientes offendantur nec recti iudicii acies perturbato animo inflectatur." en Wohlmuth (2002), 661.

68 Para el contexto histórico, actas y estudio, véase Fernández Collado (1996), 21–72, 119–152; para los concilios provinciales españoles inmediatamente posteriores a Trento, véase Fernández Terricabras (2000), 123–148. Sobre la influencia de las asambleas toledanas sobre el aparato de fuentes de la primera impresión de 1622, véase Galindo Bustos (2010), 177–185. En adelante, en la citación abreviaremos para esta asamblea usando Toledo1565.

69 Esta primera revisión se encuentra en ManCarr I, 690–691.

70 Para la primera revisión, véase ManCarr I, 658; para la segunda, ManCarr I, 662; y para la tercera, ManCarr I, 770.

71 Dice la resolución: "Para el tit. De officio fiscalis se vea el capítulo 12. actione 2ª. del Toletano" en ManCarr I, 658.

72 Cf. ManCarr I, 662.

73 Cf. ManCarr I, 770.

ría a todos los clérigos menos a los presbíteros; en la segunda afirmación, en cambio, quedarían excluidos los clérigos que poseían órdenes menores.

Un buen ejemplo de uso que se da a los concilios toledanos en el proceso de redacción de los nuevos decretos se puede constatar al ver la norma que ambos concilios emanan acerca de la creación de los seminarios:

Concilio Provincial de Toledo, 1565	III Concilio Provincial Mexicano, 1585
Quia in hujus Prouinciae locis, et ecclesiis non eadem est, nec esse potest erigendi Seminarii facultas: Episcopi Seminaria erigere non praetermittant, habita tamen ratione eorum, queae a decreto Tridentino tradita fuere; et aliorum, quae huic erectioni juxta cujusque loci facultate, et conditionem commodiora sint; quo semel erecta ad adolescentium institutionem eum progressum habeant, qui Ordini Ecclesiastico sit aptior.[74]	Queriendo el sancto conçilio de Trento que el pueblo christiano estubiesse bien proveydo y basteçido de doctrina saludable y de ministros doctos y bien instruidos, que lo pudiessen enseñar; ordenó que en cada Dióceçi se hiziese y fundasse algún seminario donde se criassen y enseñassen en toda virtud y sçiencia lo qual hasta agora no ha tenido effecto por falta de comodidad en este arçobispado y provinçia, para que con el discurso del tiempo no se olvide tan sancta obra y tan neçessaria en estas tierras, por la mucha mies y pocos obreros que ay para ella, este sancto conçilio ordena y manda que cada prelado en su obispado, con la mayor brevedad que pudiere, dé orden cómo se consiga el intento de el sancto conçilio, y se instituyan los seminarios conforme a la facultad que en cada obispado ubiere, de manera que pueda conservarse y permanecer para adelante.[75]

Las similitudes en los textos quedan patentes. Ambos excusan a sus antecesores y a sí mismos de la no aplicación del decreto tridentino sobre la creación de los seminarios. En uno y en otro texto se reconocen la importancia y necesidad de los seminarios y se establecen como condición para la creación, por una parte, que puedan ser sostenidos y, por otra parte, que se pueda brindar una formación de calidad a los jóvenes. La dependencia de un texto con respecto al otro es evidente. Sin embargo, también hay diferencias. En el decreto mexicano se reconoce la dificultad de una aplicación inmediata

74 Cf. Fernández Collado (1996), 152.
75 Cf. ManCarr III, 121–122; DecMar ¶262.

y queda más patente el rasgo intelectual de la formación que daría el seminario. El texto mexicano no es sólo dispositivo, sino que ilustra, por ejemplo, mediante la paráfrasis bíblica la necesidad de los ministros. He aquí un claro ejemplo del modo de acercarse a las fuentes de los decretos. La constitución toledana no es mencionada por el aparato crítico de la edición mexicana de 1622 o posteriores a pesar de tener un peso fundamental. Por otra parte se mencionan el concilio tridentino, el limense y varias disposiciones de los concilios milaneses de Carlos Borromeo.[76] No es el objeto de esta investigación contrastar las fuentes de los decretos de acuerdo a los apuntamientos con el aparato de fuentes de la edición de 1622 o posteriores. Sin embargo, el caso nos sirve para llamar la atención de cómo los padres conciliares mexicanos se inspiraron en una medida y redactaron un decreto con su peculiar estilo, y la diferencia con el aparato de fuentes que se utilizó a partir de su primera impresión que, sin embargo, en este caso poco tuvo que ver en la composición. En su investigación, Terráneo compara las normas paralelas, mexicana y limense, y llega a la conclusión de que no ha sido determinante.[77] La referencia a Trento es sin duda doctrinal, más que indicar la fuente textual del decreto.[78] Si se quiere señalar la inspiración del decreto mexicano de acuerdo al uso de las palabras, debería indicarse en todo caso, tanto doctrinal como textual, la cita evangélica.[79]

Dos son las asambleas presididas por el Cardenal Gaspar de Quiroga que fueron revisadas en el aula conciliar del Tercer Concilio Provincial Mexicano. La primera fue un sínodo diocesano celebrado en 1580.[80]

76 Martínez Ferrer, al actualizar la citación del aparato crítico impreso del Tercer Concilio Provincial Mexicano cita la obra dada a la imprenta en 1599. Cf. Martínez Ferrer (2009), 381, nota 184.

77 Cf. Terráneo (2010), 230–232.

78 En el manuscrito original se encuentra equivocadamente la siguiente referencia "Sess. 26. c.8." Cf. ManCarr III, 121; DecMar ¶262. La cita corregida ("Sess. 23. C.18.") acompaña a la traducción latina que se encuentra en el Archivio Segreto Vaticano. Cf. ASV, Congr. Concilio, Concilia 55 A, fol. 100.

79 Cf. Lc. 10,2; Mt 9, 38–39.

80 Para el texto de esta asamblea, véase: *Constituciones sinodales hechas por el illvstrissimo y reverendissimo Señor, Don Gaspar de Quiroga, Cardenal de la Sancta Yglesia de Roma, del título de Sancta Balbina, Arçobipo de Toledo; Primado de las Españas, Chanciller mayor de Castilla; Inquisidor General en todos los Reynos y señorios de la Magestad del Rey Don Philippe nuestro señor, y de su consejo de Estado, &c. Impressas en Madrid en casa de Francisco Sanchez. Año de M.D.L.XXXIII.* (En adelante Toledo1580).

Así como en las demás asambleas reseñadas, contamos con tres revisiones. La primera es la más extensa y se encuentra dividida en dos partes en los materiales de trabajo.[81] Se anotan más de la mitad de sus constituciones, indicando el número de constitución y la correspondiente observación. La diferencia entre esta revisión general y las de las asambleas ya vistas radica en que aquí con una breve frase se señala su utilidad para la nueva legislación. Al margen, en la mayoría de los casos se anota la temática de la constitución con una o dos palabras.

Como en las otras asambleas tenemos dos listas breves de resoluciones con el mismo contenido, diferenciándose en su prolijidad tanto de escritura como de estilo. La primera se encuentra cruzada por una raya.[82] La segunda, como dijimos, repite el temario pero con mayor prolijidad.[83]

Dos son las disposiciones que se toman. En la primera disposición se pide que sea añadido que los examinadores a las órdenes requieran al candidato como primera medida que presente la constancia original con firma y sello del prelado, de la orden precedentemente recibida antes de examinarlo. Esto fue incorporado en los decretos en dos breves párrafos.[84] La impresión del año 1622 no indica esta referencia.[85]

Valgámonos de la segunda disposición para hacer notar que estas disposiciones no siempre entraban en la redacción final de los decretos mexicanos. La constitución sinodal toledana octogésima sexta ordena que a las mujeres que habitaban en las "casas públicas" se les permita bajo pena de excomunión asistir a misa los días mandados y escuchar un sermón con la esperanza de lograr un cambio de vida.[86] La resolución mexicana pidió que esta constitución se agregue "a la letra" agregándose lo resuelto en este tema por el concilio lateranse y el Breve de Pio V, y que el decreto redactado sea integrado en el título *De celebratione missarum et divinorum officiorum*. En los decretos

81 La primera parte en ManCarr I, 691–694; la segunda en ManCarr I, 686–687.

82 Cf. ManCarr I, 663.

83 Cf. ManCarr I, 770.

84 Libro I, Título 4º, *De aetate, et qualitate ordinandorum et praeficiendorum. Decretum Quintum. De examine ordinibus praemittendo*. Cf. ManCarr III, 66; DecMar ¶55–56.

85 Cf. Serna1622, pág. 11v–12.

86 Cf. "Que las mujeres de casa públicas se confiessen, y oygan missa, y algunas vezes sermon. Constitución 86" en Toledo1580, 53v–54.

mexicanos no hemos podido dar con este decreto ni en el Directorio de Confesores. Si este caso fue una decisión de los padres conciliares que no tenemos registrada, o pasada por alto por los redactores, tal vez por olvido, tenemos material insuficiente para indicarlo.

La última asamblea toledana a la que haremos referencia es el concilio provincial celebrado también por el Cardenal Gaspar de Quiroga. El hecho particular que aquí nos interesa señalar es que las actas manuscritas que se encuentran entre los manuscritos de trabajo son las enviadas a Roma para su aprobación pontificia o *recognitio*.[87] Las actas son una copia manuscrita y no reflejan los cambios que fueron solicitados para antes de darlos a la imprenta.[88]

No tenemos de este concilio provincial una revisión general como en los otros casos. Lo que no quiere decir que no se haya realizado ya que es ampliamente referido en las revisiones de los concilios mexicanos. Pero como en los otros casos, tenemos breves notas recogidas en dos apartados que reflejan en el primero la anotación rápida;[89] la segunda es más prolija y refleja cambios interesantes que vale la pena referir.[90] La primera disposición que estos apuntamientos reflejan dice:

> "A la letra el capítulo 8° actione 2ª, citando en el margen al concilio Tridentino sess. 24, c. 14. de reformatione 2°."

Como vemos, la disposición es simple y, en principio, no dejaría espacio para agregados, supresiones, u otro tipo de modificaciones. Sin embargo, vale la pena comparar la norma toledana con su correspondiente decreto decreto mexicano:

87 Para el contexto histórico, actas y estudio, véase Fernández Collado (1996), 73–117, 155–186. Véase también Fernández Terricabras (2000), 149–172. Sin embargo, el texto que utilizaremos será el que se encuentra en ManCarr II, 816–866, por las razones que daremos en el cuerpo del texto.

88 Sobre la aprobación del concilio provincial de Toledo de 1582, véase: Fernández Collado (1996), 105–116. En esta edición se encuentran señaladas a pie de página las diferencias entre el texto enviado desde Toledo y el que finalmente se dio a la imprenta con la cambios impuestos por Roma.

89 Cf. ManCarr I, 663.

90 Cf. ManCarr I, 770.

Concilio Provincial de Toledo, 1582	III Concilio Provincial Mexicano, 1585
Actio 2ª. VIII. Ne episcopi vel alii quicumque pro beneficiorum collatione institutione vel fundacione pecunias accipiat.	Libro tercero. Titulo I. De offiçio episcoporum et vitae puritate. Decretum quartum. De visitatione suae provintiae.
Nullus praelatus sive eo inferior collator, pro cuiuscunque prebendae, beneficci aut capellaniae collatione institutione vel nova etiam fundatione, pecuniam, vel quod pecunia estimetur, exigere ac ne a sponte quidem dantibus possit accipere.[91]	Assí mismo ny los prelados llebarán cosa alguna de dinero o preçio ni permittan que sus juezes lo lleven, por la collaçión de las órdenes, beneffiçios, prebendas, capellanías, o instituçión dellas, ni por dar reverendas, dimisorias, o testimoniales, o por el sello o por otra qualquier causa perteneciente a las cosas dichas, ni por las dispensaçiones que se les comettieren, com lo manda el sancto conçilio de Trento; y debaxo de las penas en él contenidas.[92]

Más allá de allá de las diferencias de estilo por una cuestión de traducción, vemos que el decreto mexicano es mucho más amplio tanto en la cantidad de palabras, pero sobre todo en los detalles. Por un lado hace extensivo el decreto no sólo a los obispos sino también a sus delegados. Es, también, mucho más específico en los actos por los cuales los obispos no pueden recibir dinero. Es claro que el decreto mexicano prohíbe no sólo que el obispo reciba dinero, sino también, que imponga una tasa. El ejemplo nos sirve para demostrar que cuando los apuntamientos refieren que un decreto de otra asamblea se incorpore "a la letra" a la nueva legislación no significa necesariamente que esto deba ser textualmente. El legislador mexicano, aunque adopta una norma de origen forano, desarrolla un nuevo texto para lograr una mejor tipificación. De hecho, el siguiente párrafo, que versa sobre la audiencia episcopal, en los decretos mexicanos amplía el alcance de la regla.[93] La cita tridentina que se indica en el apuntamiento fue incluida al margen de este segundo párrafo, por lo que creemos que se trató de prohibir la práctica del regalo pecuniario o dádiva tanto para la colación de oficios con *cura animarum* como en las audiencias episcopales.

El parecido es mucho más significativo, en cambio en la constitución que trata de las beatas, es decir de las mujeres solteras o viudas que hacían voto de

91 Cf. ManCarr II, 833.
92 Cf. ManCarr III, 126; DecMar ¶275.
93 Cf. ManCarr III, 126; DecMar ¶276.

castidad y viviendo en su casa particular llevaban el hábito de una orden religiosa. Aquí también se dice que se tome "a la letra". Ambas legislaciones, la toledana[94] y la mexicana,[95] son bastante similares en su contenido y forma.

Distinto es el caso de la segunda disposición de este apuntamiento. En la primera redacción se señala que se tome la constitución 19ª de la Actio 3ª junto con real cédula que, al parecer, el arzobispo traería al aula conciliar para decretar lo que convenga. Dicha disposición toledana establecía las preeminencias de los obispos en las reuniones del cabildo catedralicio, tanto litúrgicas como administrativas, y la obligatoriedad de convocar al obispo para cualquier tema que le resultara importante. En cambio en la segunda versión se sigue partiendo de la misma constitución, pero se indica que se cite el concilio tridentino al margen, indicando con precisión la cita, y sin mencionar disposición real alguna. Así quedó registrado en los decretos mexicanos.[96]

La ciudad de Milán fue uno de los lugares donde se puede verificar el intento de implementación de la reforma tridentina a través de los sínodos y concilios, gracias a la obra del arzobispo Carlos Borromeo. Entre los apuntamientos del tercer concilio provincial mexicano, varias veces se hace referencia al primer concilio provincial postridentino de Milán de 1565.[97]

Al igual que la asamblea toledana de 1582, no contamos hoy con una revisión general, sino con dos breves apuntamientos. A diferencia de los anteriores apuntamientos aquí hay dos grupos de notas, tomadas sin prolijidad y, en algún caso, incompletas.[98] Son un total de ocho párrafos. En estos queda manifiesto el intento de armonizar distintas fuentes ya que se mencionan varias asambleas eclesiásticas. Más evidente aun es que los decretos que se formularían a partir del concilio milanés no ocuparían un rol central ya que al finalizar varios párrafos se pregunta en qué título quedaría incorporada la resolución. La mayoría de los textos se refieren a la vida en los

94 Cf. Toledo1580, *Actio 3ª, c. 45. De feminis, quae votum simplex virginitatis emittunt, quid observadum*, en ManCarr II, 854.
95 Cf. ManCarr III, 172; DecMar ¶411.
96 Cf. ManCarr III, 97–98; DecMar ¶186.
97 Sobre el concilio milanese de 1565, véase Palazzini (1965), Vol. 3, págs. 113–116.
98 Cf. ManCarr I, 667–668, 687.

monasterios de monjas. No se puede afirmar que estos apuntamientos hayan ejercido un rol predominante en la redacción de los decretos mexicanos.

La importancia del Tercer Concilio de Lima sobre los decretos mexicanos ha sido destacada suficientemente por la historiografía reciente. Tanto desde el aparato de fuentes[99] como desde la perspectiva textual,[100] tenemos constancia del uso e influencia del Tercer Concilio Provincial de Lima en la redacción de la nueva legislación. Terráneo matiza la influencia del concilio de 1582–1583 señalando la influencia de las constituciones, de manera tácita, del Segundo Concilio Provincial Limense celebrado entre 1567 y 1568. Asimismo señala la moderada influencia del "Papel de Hortigosa" como vehículo de comunicación entre la "tradición conciliar limense" y el Tercer Concilio Provincial Mexicano.

Aquí nos ocuparemos únicamente de los apuntamientos que tenemos sobre la asamblea presidida por Toribio de Mogrovejo. Entre los papeles conciliares, inmediatamente antes de las actas del Concilio Provincial de Toledo de 1582 se encuentra un ejemplar de las actas del Tercer Concilio Provincial Limense en latín.[101] En esta investigación, a diferencia de las obras ya referidas que utilizan la edición de F. L. Lisi,[102] preferimos inclinarnos por usar estas actas. Fundamentalmente porque la edición crítica finalmente refleja el texto aprobado por Roma y las actas que se encuentran en BMM, editadas con los materiales de trabajo conciliares, es el texto más cercano que poseemos al que usaron los obispos mexicanos en 1585.

Tres son los apuntamientos que poseemos del concilio peruano. El primero, como en el resto de los casos, es una revisión general.[103] Es una de las revisiones más extensas en la que prácticamente se anotan todas las constituciones con el constante "Véase" y alguna nota más.

La segunda revisión es breve, pero creemos que se ha perdido la mayor parte, ya que la parte que poseemos concuerda con el principio de la tercera revisión, que es más extensa.[104] Esta revisión es mucho más amplia que la de

99 Cf. Galindo Bustos (2010), 155–175.
100 Cf. Terráneo (2010). Una comparación entre las dos jurisdicciones y sus respectivos terceros concilios en Menegus Bornemann/Ornelas Hernández (2013). Sobre el contexto y la originalidad del Tercer Concilio Limense, véase García y García (1987).
101 Cf. ManCarr II, 627–754 (con traducción al castellano).
102 Cf. Lisi (1990).
103 Cf. ManCarr I, 681–686.
104 La segunda revisión en ManCarr I, 660; la tercera en ManCarr I, 767–769.

los otros concilios, lo que nos demuestra la atención que se prestó a esta documentación. A partir de este último apuntamiento surgieron veintiún decretos mexicanos. Al igual que en las otras asambleas, se toma la idea expresada en el texto anterior y se le da otro tono. Como ejemplo de transcripción textual véase el último párrafo la constitución 22 de la Actio 3ª del Tercer Concilio Provincial Limense y el Libro I de los Decretos del Concilio Provincial Mexicano:

III Concilio Provincial Limense *De studio clericorum* *Cap. 22*	III Concilio Provincial Mexicano Libro I. Título *Decimo Tercius.* *De maioritate, et obedientia*
"...*Nullus vero ignotus et peregre veniens clericus insigne illud assumat aut gestet quod nostri becam appellant; neque supra pileum clericalem galerum amplum vel sericum ferat, prout Episcopis vel prebendatis vel graduatis moris est neque vero se aut doctorem aut magistrum aut licenciatum aut bachalaureum nominet seu subscribat, sub centrum aureorum poena, nisi prius praelato legitimum titulum ostenderit, ne fallaci ostentarione imperiti laedantur, et seducantur*."[105]	"3. Assí mismo se ordena y manda, que ningún clérigo, de qualquier qualidad que sea, se nombre ni firme bachiller, liçençiado, maestro o doctor, en facultad alguna, en los lugares donde manifiestamente no constare que es graduado; sin que primero aya mostrado y exhibido ante el prelado los títulos del tal grado, so pena de çient pesos de oro común applicados a obras pías, gastos de justiçia, y denunçiador por partes yguales; quedándose en su vigor las penas que por la ley del reyno contra los tales están establecidas."[106]

En el apuntamiento se pide se indique la ley del reino que lo prohíbe, pero en el manuscrito mexicano no se indica ninguna cita, ni de real cédula, ni del concilio limense.[107] Cómo es fácil advertir existe un paralelo entre ambas legislaciones, pero el legislador mexicano es más concreto y adapta la norma, que en este caso no venía del Viejo Mundo, sino de una realidad a la que usualmente se la considera paralela. Es evidente que la distancia podía propiciar abusos para que muchos pudieran adjudicarse títulos que no habían alcanzado. Esa era la situación algo común y en ambos casos penalizaban con

105 Cf. ManCarr II, 667–668.

106 Cf. ManCarr III, 98; DecMar ¶188.

107 La cita de la Real Cédula sí fue agregada a la primera edición impresa: Recopilación de las Leyes de Castilla, Libro 1, Tít. 7. ley 5. *Que ninguno se gradúe por rescripto, salvo siendo examinado por estudio general; y aunque tengan provisiones para llamar Doctor, o Licenciado no osen de ellas*. Cf. Serna1622, 29.

cien pesos oro. Sin embargo la norma mexicana, como es común, va más al detalle.

Los apuntes a legislaciones españolas presentadas por el Obispo de Tlaxcala, Diego Romano, fueron revisadas en el aula conciliar, como parte del proceso de redacción de fuentes anotado por el secretario conciliar, Juan de Salcedo.

Existen dos revisiones extensas y sucesivas de estos apuntamientos.[108] La primera de ellas comienza después de los apuntamientos a los memoriales del doctor Ruiz y de un clérigo de Tlaxcala, habiendo sido el primero recibido el 27 de junio.[109] Por lo tanto creemos que el apuntamiento fue realizado posteriormente a esa fecha. Son notas rápidas, que contienen resoluciones siguiendo de manera salteada pero ordenada los puntos establecidos por el obispo de Tlaxcala en su apuntamiento. Claramente se ve que registran las decisiones tomadas por los obispos pero de manera apurada, dejando sin concluir a veces las frases e indicando de manera genérica las citas de otros documentos.

El segundo apuntamiento, en cambio, es una versión más prolija de la relación anterior, donde se leen extendida y claramente las resoluciones de la asamblea. Las citas se encuentran completas y los párrafos mejor dispuestos. Queda claro que son resoluciones para la redacción de nuevos decretos. Encontramos por un lado la expresión que "se haga decreto" al comenzar las resoluciones y en los siguientes párrafos, aunque no se repite la expresión, el modo imperativo indicando qué tomar y dónde ubicar las nuevas resoluciones. En otras oportunidades se indica que se añada lo que la constitución referida dice a lo arriba decretado. En estos casos, se refiere a las revisiones del primer o segundo concilio provincial mexicano.

Veamos como ejemplo de la segunda posibilidad una constitución tomada del Concilio Provincial de Sevilla de 1512. En base a esta constitución se dice que se debe introducir un decreto en el título *De sententia excommunicationis* que contenga "a la letra" "el folio 9°, 2ª columna".[110] Luego indica

108 La primera revisión se encuentra en ManCarr I, 665–667; la segunda en ManCarr I, 770–774.

109 Cf. ManCarr I, 454.

110 Cf. Concilio Provincial de Sevilla del año 1512, "*XIV. Quid observari debeat circa celebrationem Officium Divinorum, et administrationem Sacramentorum tempore Interdicti*" en Ramiro y Tejada (1885), 82–83.

que se tome "porque es resolución muy cierta en derecho y doctrina común" lo contenido en la Breve Instrucción de Bartolomé de Medina[111] acerca de que se puede hacer o dejar en hacer en tiempo de cesación *a divinis*. Estas dos disposiciones constituirán lo contenido, casi textualmente, en los párrafos finales del título 10 del Libro Quinto de los Decretos del Tercer Concilio Provincial Mexicano.[112] Finalmente ordena que la siguiente constitución sevillana[113] se incorpore "a la letra" para otro decreto.[114] Lo que finalmente queda reflejado en el tercer párrafo del Título 12 *De Remissionibus et Poenitentiis*, aunque de una manera más simple y haciendo una referencia genérica a los confesores que poseen licencia del obispo fallecido, y sin hacer referencia a los casos reservados como la constitución sevillana.[115]

En síntesis, podemos decir que se hizo un uso variable de estas legislaciones conciliares y sinodales pretéritas. Tanto el contenido doctrinal como disciplinar, así como el lenguaje, fueron tenidos en cuenta por el redactor. Sin embargo, creemos haber dejado en evidencia el uso crítico que se hace no sólo de estas legislaciones en su conjunto, sino también de aquellas normas que desean incorporar. Creemos que por su selectividad estas normas eran apropiadas y reelaboradas incorporando la mexicanidad, es decir, la localidad.

3.1.3 Balance del proceso de redacción de Juan de Salcedo

Después de haber hecho el análisis de los apuntamientos llevados por Juan de Salcedo, podemos ofrecer el siguiente cuadro para sintetizar lo expuesto y comprender la interacción de los distintos materiales de trabajo y la cronología de su incorporación en el proceso de redacción:

111 Cf. Medina, Bartolomé de (1581) *Breve instruction de como se ha de administrar el Sacrame[n]to de la penitencia: dividida en dos libros compuesta por el padre maestro fray Bartholome de Medina...; En la qual se contiene todo lo que ha de saber, y hazer el sabio confessor para curar almas, y todo lo que deue hazer el penite[n]te para conseguir el fructo de tan admirable medicina.* Huesca: Impressa con licẽncia, en casa de Ioan Perez de Valdiuielso.

112 Cf. ManCarr III, 227–228; DecMar ¶567.

113 Cf. Concilio Provincial de Sevilla del año 1512, "XV. *Quod Parochi possint exercere suum Officium tempore Sedis vacantis, absque alia licentia ad hunc effectum*" en Ramiro y Tejada (1855), 83.

114 Cf. ManCarr I, 771.

115 Cf. ManCarr III, 229; DecMar ¶570.

Esquema cronológico de la composición de los decretos

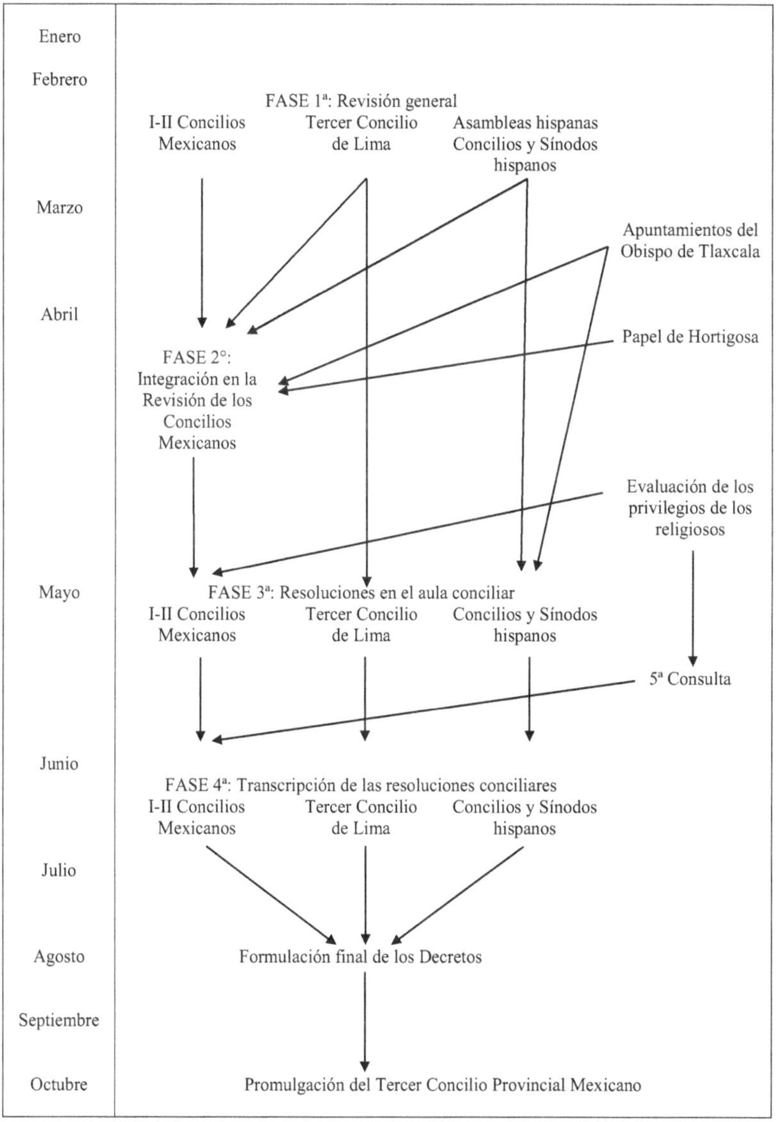

Podemos distinguir cuatro grupos de hojas o cuadernos. El primer grupo es la revisión de los primeros dos concilios provinciales mexicanos. El segundo grupo lo constituye la revisión del Tercer Concilio Provincial Limense. El tercero es la revisión de los concilios y sínodos hispanos respectivamente. En todos los registros encontramos el mismo orden. Primero el Concilio Compostelano de 1565; luego de la sede de Toledo, tenemos el concilio provincial de 1565, el sínodo diocesano de 1580 y finalmente el concilio provincial de 1582; la sección continua con el concilio provincial de Milán de 1565. A partir de la fase resolutoria, se incorporan los concilios y sínodos apuntados por el obispo de Tlaxcala, es decir, el concilio provincial de Sevilla de 1512, el sínodo diocesano de Sevilla de 1520, el sínodo diocesano, también de Sevilla, de 1490, el sínodo de Córdoba de 1520, el sínodo diocesano de Toledo de 1536, el sínodo de Guadix de 1554, y finalmente el sínodo de Granada de 1570. El cuarto grupo son los memoriales, incluido el "Papel" de Hortigosa, que fueron leídos durante toda la celebración del concilio.

A partir de estos cuatro grupos tenemos cuatro fases para la elaboración de los decretos estructuradas en base a las revisiones de los dos primeros concilios provinciales mexicanos.

La primera fase será la revisión general de los concilios mexicanos, del tercer concilio limense y de los concilios europeos, advirtiendo si era conveniente o no incorporar la nueva legislación. Aquí se debe hacer la salvedad de mientras que se estudia renovar las constituciones mexicanas, de las otras legislaciones se estudia su conveniencia, no su renovación o recepción. El lenguaje utilizado en estas revisiones es claramente distinto. De acuerdo con nuestro análisis, fueron realizadas entre febrero y marzo y antes de ser leídos el Papel de Hortigosa y los apuntamientos traídos por el Obispo de Tlaxcala.

La vista de estos materiales sirve de bisagra para segunda fase que será la integración de este material en una subsecuente relectura de los concilios provinciales mexicanos. Fue hecha entre el mes de abril y el 11 de mayo, ya que se señala que se esperaban las resoluciones de los obispos de Yucatán y Nueva Galicia sobre los privilegios de las órdenes religiosas.

Con la evaluación terminada por esta comisión se formuló la Quinta Consulta el 11 de mayo y se pasó a la tercera fase, en la cual los obispos tomaron y decretaban, siguiendo una vez más el orden de las constituciones mexicanas previas, siendo completadas con algunas decisiones a partir de los otros concilios y sínodos revisados, tanto del Tercer Concilio Provincial Limense como de las otras asambleas europeas, incluyendo las señaladas en el apuntamiento del obispo de Tlaxcala. Esta tercera fase fue terminada antes del 23 de mes de mayo cuando los consultores dieron sus respuestas a la Quinta Consulta.

Finalmente con las respuestas de los consultores sobre la Quinta Consulta, comienza la cuarta fase, que tendrá lugar durante el mes de junio y julio, cuando se transcriben estas decisiones y se comienza, a partir de ellas la formulación definitiva de los decretos, que será finalizada a más tardar en los primeros días del mes de septiembre.

Gracias al registro descripto podemos conocer el *iter* redaccional que se siguió para los decretos que finalmente fueron promulgados a partir de este proceso de redacción. En el apéndice presentamos un cuadro indicando aquellos decretos de los que podemos conocer el proceso de composición. A partir de este cuadro se pueden visualizar los decretos que surgieron a partir de los apuntamientos del secretario conciliar. Claramente se puede observar que hay secciones completas que fueron elaboradas. En resumen podemos decir que, para el Libro Primero, los decretos 3° a 6°, del primer título y el título segundo, surgen casi en su totalidad de estos apuntamientos. De los títulos 3° a 6° del mismo libro se puede señalar solamente algunos de ellos, pero en una cantidad importante. En el Libro Segundo, el único título redactado, aunque en su totalidad, es el 3° "*De feriis*". En los libros Tercero y Cuarto, en cambio la mayoría de los títulos pueden ser explicados a partir de las notas del secretario conciliar, con las excepciones que veremos al analizar el aporte de los sacerdotes de la Compañía de Jesús, Juan de la Plaza y Pedro de Hortigosa. En el Libro Quinto, también en los títulos 3°, 4° y 6° a 12° se puede encontrar las referencias a su composición, para la mayoría de los párrafos en los apuntamientos de Salcedo. Además, en algunos casos como el título 4° del Libro Quinto "*De hereticis*", podemos observar la evolución en la redacción entre un estadio anterior y el decreto final.[116] Una de las enmiendas más largas e importantes del texto manuscrito promulgado incorpora en el primer párrafo de este título la siguiente frase, que nos señala la visión de los obispos sobre los indios: "los naturales indios nuebas plantas en la Sta. yglesia."[117]

116 Compárese el decreto en ManCarr III, 211; DecMar ¶531, con el borrador en ManCarr I, 780–781.
117 Cf. ManCarr III, 234.

Lo dicho hasta ahora no va en contra de que los demás decretos no puedan tener los mismos antecedentes legislativos, sino que simplemente no se pueden explicar a partir de estos apuntamientos. Creemos que éste es el argumento de mayor peso a la hora de establecer que Juan de Salcedo no fue el único redactor de los decretos. Sin duda ejerció un rol importante. La reconstrucción de lo analizado hasta ahora lo demuestra.

Fuera de los títulos mencionados, tienen su origen en estos los apuntamientos otros párrafos de otros títulos. Esto demuestra que fueron varios los redactores, con diferentes responsabilidades y gravitación en el resultado final. Hubo intercambios, aun tal vez coordinación. Además de la responsabilidad en la formulación de los decretos señalados, de acuerdo al reglamento conciliar, debió ser tarea de Juan de Salcedo disponer ordenadamente los materiales propios y ajenos. En los siguientes apartados de este capítulo nos adentraremos en quiénes fueron y qué realizaron otros redactores.

3.2 El "Orden Judicial" del Obispo Don Diego Romano

En los apuntamientos de Juan de Salcedo a las constituciones mexicanas en todas sus fases de revisión encontramos repetidamente la indicación "Orden Judicial" a algunos puntos. A medida que se avanza en las revisiones vemos que estas constituciones contienen apuntes más breves o directamente se omiten.

En la primera fase de revisión, luego de apuntar el Primer Concilio Provincial Mexicano, se apuntan las "Ordenanzas de la Audiencia Arzobispal".[118] La sección se encuentra encabezada por la siguiente nota: "Este pliego, que se sigue de las Ordenanças del audiencia, a de verlo el Reverendísimo de Tlascala para el orden judicial."[119] Se anota en la constitución 87, también del primer Concilio Provincial Mexicano, que el secretario (Juan de Salcedo) lo consulte al provisor del Arzobispado y consultor conciliar Florencio de Vicque, y que luego se acuda al obispo de Tlaxcala. En la segunda fase, las indicaciones de que determinada constitución pertenece al orden judicial son más copiosas[120] y en una de ellas dice: "Es todo del orden

118 El texto de estas Ordenanzas se puede encontrar en Lorenzana1768, 172–178.

119 Cf. ManCarr I, 678.

120 Afín de apuntalar nuestra afirmación reproducimos aquí las citas: ManCarr I, 613: "Capitulo 76. Es tocante al orden judicial, desde este capítulo 76, hasta el 80."; ManCarr I, 614:

judicial y aranzel cometido a su señoria Illma. De Tlaxcala."[121] Al final de esta revisión se vuelve a repetir en sustancia lo ya dicho en lo referente a las ordenanzas de la audiencia arzobispal y provisorato. Ya en la tercera y cuarta revisión, que como dijimos tienen un carácter dispositivo, sólo tenemos tres menciones, aunque significativas, haciendo referencia al obispo de Tlaxcala y al "orden judicial". En dos de ellas se le encomienda la redacción de notificaciones judiciales llamadas cartas de excomunión, que iban a ser leídas al comienzo del tiempo litúrgico de cuaresma y debían ser comunes a toda la provincia eclesiástica.[122] Es aún más significativa la ausencia de notas a las constituciones 76ª a 88ª en este apuntamiento[123] que se explicitó en una nota que decía que pertenecían estas constituciones al orden judicial.[124] Lo primero, entonces que habría que identificar es dónde se encuentra el orden judicial en los decretos mexicanos promulgados en 1585. Fácilmente se puede ver que se trata del título 8° al 13° del libro I y todo el Libro II. Los temas allí tratados no constituyen ciertamente un manual de derecho procesal canónico novohispano, pero si un detallado conjunto de reglas para los oficiales judiciales, tanto para su elección como para su actuar y vigilancia.

Todas estas indicaciones se ratifican al verificar los pocos párrafos que tienen su *iter* redaccional en las constituciones de los dos primeros concilios provinciales mexicanos. Como ya hemos señalado son sólo algunos párrafos, que por lo general se ubican entre los últimos de cada título, como añadidos. Por otra parte, muchos de los decretos ubicados fuera de la sección del "orden judicial" se inician con un párrafo introductorio, por lo general de carácter doctrinal, y luego siguen con una numeración ordinal a partir del

"Capítulo 82. Es del orden judicial, y el 83 también", "Capítulo 84... y lo que toca al officio del juez provisor es de orden judicial...", "Capítulo 86. Se decida, y es de orden judicial.", "Capítulo 87. Es todo del orden judicial y aranzel cometido a su señoría Illma. de Tlaxcala. Vide supra capítulo 81", "Capítulo 88. Es de orden judicial, allí se decidirá que el obispo visite las cárceles las Pascuas".

121 Cf. ManCarr I, 614.

122 Cf. Apuntamiento a la constitución 5ª y 14ª del Primer Concilio Provincial Mexicano que hace referencia al las cartas de excomunión para españoles que se publicaban el primer domingo de cuaresma. Véase ManCarr I, 619. 623. 712.

123 Cf. ManCarr I, 653.

124 Véase ManCarr I, 757: "jhs. Deste este capítulo 76, hasta el de 89 exclusive, es del orden judicial, acá se ordenará."

segundo párrafo. Toda esta sección tiene un párrafo introductorio en el que se enuncia el carácter de auxiliares de la justicia episcopal para todos los oficiales judiciales, especialmente los provisores y jueces. El resto de los párrafos, excepto en el título 3° "*De feriis*" del Libro segundo, carece de este primer párrafo introductorio doctrinal, o de arenga, y en cambio son netamente de carácter dispositivo, y se encuentran numerados ordinalmente desde el primero de cada título.

Ya Galindo Bustos en su tesis doctoral ha señalado el influjo ejercido que Diego Romano, obispo de Tlaxcala, habría tenido en la composición de los decretos, principalmente por sus apuntamientos y por la disposición temática de los decretos mexicanos que siguen, en gran medida, el orden del sínodo de Granada de 1572.[125] De hecho la sección que aquí consideramos de "orden judicial", es la más semejante entre sínodo granadí y el concilio mexicano.[126] De la comparación entre una y otra asamblea, en esta temática, Galindo Bustos ve, creemos que acertadamente, una relación directa, en la cual el redactor mexicano, hace propias las disposiciones del sínodo de Granada.[127] Sin embargo, Galindo Bustos, al igual que para el resto de los decretos, sigue estableciendo el rol primordial y único de autoría al secretario conciliar Juan de Salcedo.[128]

Es nuestra opinión, en cambio, que el "orden judicial" se debe atribuir personalmente a Don Diego Romano, es decir, la sección que se inicia en el título 8° del Libro I hasta el final del Libro II, excluyendo el Título 3° de este último. En primer lugar, los apuntamientos de Juan de Salcedo dan una claridad meridiana en cuanto que el concilio acometió a Diego Romano la redacción de esta sección. Por otra parte, la diferencia temática y lingüística con el resto de los decretos la individualizan desde el punto de vista textual. La transcripción casi textual sistemática del texto del sínodo de Granada en los nuevos decretos es un proceso distinto al realizado por Juan de Salcedo para el resto de los decretos. Finalmente, la unidad temática, el derecho

125 Cf. Galindo Bustos (2010), 132–136. Aunque consideramos acertados muchos de los puntos establecidos por el autor, no coincidimos en que lo señalado en ManCarr I, 666–667 sea indicio de la adopción del esquema granadino, sino sólo el apuntamiento de este concilio.

126 Cf. Galindo Bustos (2010), 140.

127 Cf. Galindo Bustos (2010), 146–149.

128 Cf. Galindo Bustos (2010), 151.

procesal canónico propio mexicano, necesitaría de alguien con experiencia en el fuero judicial para que la nueva legislación sea conveniente y aplicable.

¿Por qué se acometió, entonces, a Diego Romano? Los testimonios directos para responder a esta pregunta no los poseemos. Sin embargo, encontramos sugerentes argumentos de conveniencia. Lamentablemente no se dispone, al igual que de la mayoría de los miembros del concilio provincial, de una biografía completa del prelado de Puebla. Sabemos que nació en Valladolid hacia 1535 y realizó estudios en la misma ciudad y en Salamanca, graduándose en la última en derecho canónico con el grado de doctor, donde habría sido compañero del arzobispo de Lima Toribio de Mogrovejo.[129] Fue miembro del cabildo catedralicio de Granada y provisor del obispo reformador tridentino Pedro Guerrero, e Inquisidor.[130] Justamente por estos últimos dos oficios, además de su formación académica, se puede decir que era una persona experimentada en las cuestiones de derecho procesal y, por lo tanto, una persona apropiada para llevar adelante el encargo conciliar de redactar las normas que contendrían las disposiciones del derecho procesal. No hay ningún indicio de que haya recibido alguna cooperación de otro canonista. Lo que queda por determinar es el grado de autonomía que Don Diego Romano tenía al momento de redactar los decretos. Ya vimos que incorporó párrafos tomados de los apuntamientos de Salcedo. Pero, ¿tomaron los obispos decisiones en el aula conciliar que le indicaban el contenido de los decretos, o tuvo una autonomía formal y material para la incorporar lo que le parecía conveniente? En último término, sabemos que el "*placet*" final lo tenían los obispos como cuerpo colegiado, pero nuestra pregunta se orienta al proceso de redacción más que a la autoridad de los decretos finalmente promulgados.

Galindo Bustos ya advirtió la coincidencia temática, y de distribución de los títulos que indicamos que pertenecen al "orden judicial". A partir de comparar los nuevos decretos mexicanos con el sínodo granadí no es difícil determinar el origen de muchas normas de esta sección.

129 Diferentes datos biográficos sobre Don Diego Romano y la influencia granadí en México en Díaz de la Guardia y López (2013).

130 Las breves biografías que hemos encontrado de Diego Romano, casi idénticas, son las siguientes: Castellanos de Losada (1865), 502–503; Bermúdez de Castro (1746), 288–291; González García-Valladolid (2003), 352–354. Más actual, y con más información de archivo: Salazar (2005), 73–88.

La falta de apuntes de Don Diego Romano para la redacción de los decretos no nos ayuda a determinar el grado de influencia de los concilios provinciales mexicanos previos o de las normas de la audiencia arzobispal. Por lo tanto, sólo vemos conveniente el uso de método comparativo.

En la sección dedicada al "orden procesal" se sigue la estructura del Sínodo de Granada, con algunos cambios en la distribución en los títulos y dentro de sus párrafos. Pero, Don Diego Romano, al transcribir las normas mantiene la forma en la redacción y contenido, pero las adapta, cuando es necesario a las particularidades mexicanas. Así, adapta el horario que el concilio provincial indicará para las audiencias públicas, ampliándolo. Lo mismo sucede con el uso de la moneda para las penas en las cuales sustituye los ducados usados en Granada por los "pesos de tipuzque". Omite, también, las normas que se refieren a prácticas judiciales y penales no mexicanas,[131] o las referidas a moros.[132] Otras modificaciones importantes se refieren al cambio de legislador ya que en el sínodo diocesano éste es el obispo para su diócesis, en cambio, en el concilio provincial es el episcopado para la provincia. Aunque podría parecer un detalle semántico menor, sin embargo, Don Diego Romano prestó atención a este detalle cambiando muchas veces la primera persona plural, o "plural mayestático", del sínodo granadí para utilizar la tercera persona plural, y referirse explícitamente a "el obispo de la diócesis", "el prelado", "los obispos".

Es más significativo cuando introduce normas, con explícita referencia al Concilio de Trento. Mientras que en la constitución granadí hace referencia a la tradición jurídica, en el decreto mexicano encontramos que prefiere apoyarse en la norma tridentina.[133] Más significativo es el caso en el que incorpora un nuevo párrafo a raíz de cambios sustanciales introducidos por la asamblea tridentina, como por ejemplo, la colación del oficio de provisor sólo a sacerdotes.

Ya dijimos que omite párrafos granadíes cuando no son necesarios de acuerdo a la realidad de la provincia mexicana. Pero también los omite de acuerdo a la idea del aula conciliar de afirmar la autoridad episcopal al eliminar un párrafo del granadí que hace de los fiscales visitadores de los

131 Por ejemplo, véase Granada1572, I, 11, ¶4, sobre las ejecuciones públicas.

132 Cf. Granada 1572, I, 9, ¶20.

133 Cf. Libro I, título 8°, "*De officio iudicis ordinarii, et vicarii*", en ManCarr III, 77–78; DecMar ¶92.

obispos, restringiendo así a la persona del prelado diocesano toda su autoridad, algo que podemos observar también en otras materias como el derecho penal o en el matrimonial.[134]

En cuanto a las normas mexicanas incorporó entre sus resoluciones las constituciones 78ª a 88ª del primer concilio provincial mexicano, pero creando un nuevo párrafo que introduce en el lugar que le parece más adecuado dentro de la transcripción del sínodo granadí. Es fácil de advertir ya que en el primer manuscrito de los decretos se encuentran en el margen anotadas estas constituciones.[135]

Finalmente, como ya dijimos, incluye al final de su transcripción aquellas disposiciones que provienen de los apuntamientos de Salcedo, a no ser que las intercale en un lugar donde haya correspondencia de materia. Los párrafos que no existen en el concilio granadí y provienen de los apuntamientos de Salcedo, en algunos casos comienzan con la fórmula "Ytem ordena y manda este sancto conçilio..." que no se encuentra, ni aun como una fórmula similar, en el sínodo granadí, y que es habitual en los decretos surgidos de los apuntamientos del secretario conciliar. Podría esto indicar que estos párrafos se entregaban ya redactados y no sufrían ninguna modificación.

Los apuntamientos de Juan de Salcedo y la disposición del "orden judicial" por parte de Don Diego Romano explican como ya hemos visto la mayoría de los nuevos decretos promulgados en 1585. Sin embargo, todavía algunas secciones, no menores en importancia por la temática que tratan, han tenido otro itinerario distinto a los ya explicados.

3.3 Los aportes de Juan de la Plaza y Pedro de Hortigosa

La historiografía señaló en su momento la importancia de los padres jesuitas Juan de la Plaza y Pedro de Hortigosa en la composición de decretos. Pedro de Hortigosa contribuyó con su "Papel", como lo llamaba Juan de Salcedo. Juan de la Plaza presentó varios memoriales y contribuyó con la redacción

134 Cf. Granada1572 I, 10° ¶25: "Los dichos fiscales adonde los uviere se hallen presentes en los tiempos de las visitas que hizieren nuestros visitadores, y hagan denunciaciones delo que supieren, y los llamamientos y las demas cosas que por ellos les fuere mandadas, so la pena que por ellos les fuere impuesta".

135 Por ejemplo: "Ex constitutionibus Mexicanis sub Archiespiscopo Montúfar, c. 80." en ManCarr III, 81; DecMar ¶106.

completa de otros materiales conciliares como los Catecismos y el Directorio de Confesores.[136] En el caso de los catecismos, el trabajo fue divido inicialmente entre los consultores teólogos, sin embargo, Juan de la Plaza presentó unos catecismos, elaborados personalmente, que fueron aceptados por los padres conciliares.[137] El Directorio fue también confiado al jesuita Juan de la Plaza.[138] A lo largo de los apuntamientos, encontramos numerosas referencias en las que se indica que se le comunique que determinada materia sea incluida en el Directorio.[139]

De acuerdo con las notas de Juan de Salcedo, los obispos dedicaron toda la asamblea conciliar del jueves 18 de julio y gran parte de la del día siguiente a leer los memoriales de Juan de la Plaza,[140] y dispusieron que a partir de ellos, y teniendo en cuenta el concilio tridentino redactara una serie de decretos.[141] Sin embargo, el renombrado teólogo jesuita no estuvo comisionado solo, sino que se le encargó la tarea junto con el rector del colegio jesuita de México, que no era otro que Pedro de Hortigosa.[142] La esquela estaba dirigida a ambos de la siguiente manera: "Ilustres señores y padres míos, rector y doctor Plaça, de la Compañía de Jesús".[143]

Lo que queda claro, es que los memoriales del padre Plaza surtieron un impacto importante en los obispos que comisionaron al jesuita que redactara decretos a partir de ellos. De allí que comunicaran a los dos jesuitas, Juan de la Plaza y Pedro de Hortigosa, que compusieran decretos siguiendo determinadas instrucciones, principalmente que sean breves. Teniendo en cuenta estas instrucciones y el contenido de los memoriales, podemos atribuir a estos dos religiosos parte de los títulos correspondientes al oficio de los obispos,[144]

136 Sobre su participación en el concilio Provincial, véase Martínez Ferrer (2009b).
137 Sobre la autoría del catecismo, véase Burrus (1958); Durán (1992b).
138 Sobre el Directorio de Confesores, véase: Martínez Ferrer (1996); Luque Alcaide (1993); Luque Alcaide (2008), 112–123; Poole (2004b); Cummins (1988); García Hernández (2005).
139 Cf. ManCarr I, 656. 743. 751. 758. 763.
140 Cf. ManCarr I, 776.
141 Cf. ManCarr I, 775–780.
142 "...Conforme a esto, vuestra paternidad con nuestro padre rector ordenen y compongan..." en ManCarr I, 779.
143 Cf. ManCarr I, 780.
144 Cf. Libro III, Título 1°: "De officio episcoporum et vitae puritate", "Decretum primum: De his, quae ad propriam Episcopi personam pertinent"; "Decretum secundum: De cura subditorum, et propriae familiae"; "Decretum Tertium: De doctrinae cura" en ManCarr III, 118–123; DecMar ¶254–266. Sobre los deberes episcopales véase Casas García (2004).

de la predicación,[145] del oficio de los curas.[146] Como vemos la cantidad de decretos, o párrafos, indicados no es significativa, sin embargo, los temas que debían redactar eran centrales dentro del marco de la reforma tridentina. De allí, que no nos resulta difícil entender por qué la historiografía atribuyó tan importante rol a los padres jesuitas.[147] Por otra parte, al comparar los estilos de redacción de cada uno de los dos sacerdotes se puede ver que el resultado final incluye, aunque moderadamente, el ardor de Juan de la Plaza manifestado en los memoriales, con la precisión técnica de Pedro de Hortigosa, expresada en su tratado.

145 Cf. Libro I, Título 1°: "De summa Trinitate, et fide catholica", "Decretum primum. De fidei professione"; "Decretum secundum. De praedicatine verbi Dei" en ManCarr III, 45–48; DecMar ¶2–10.

146 Cf. Libro III, Título 2°: "Decretum primum. De ofiçio parochi et doctrinae cura."; "Decretum secundum. De administratione sacramentorum" en ManCarr III, 130–132; DecMar ¶286–290.

147 El destacado protagonismo de los jesuitas, incluido el consultor jurista Pedro de Morales SI, parece haber sido fomentado en la misma Compañía de Jesús. El 20 de noviembre de 1585, el hermano coadjutor Teófilo Ciotti escribió al P. Francisco Benci: "*Li tre Patri* (Hortigosa, Plaza y Morales) *un'anno intero han durato in far et ordinar tutti li capitoli che in tre sessioni se publicaron che li detti remi. Vescovi no han fatto altro che confirmar ogni cosa senza cassar lettera né parola. Il quale, se si confirma per il summo Pontefice et Re di Spagna, sarà di grandissimo servizio de Iddio et utilità de tutta la Nuova Spagna et reformacion de le Religioni et preti etc.*" en Zubillaga (1959), 691. Mas descriptiva aun, es la carta anua correspondiente al año 1585: "De lo qual han dado muestras, este año, en los exercicios litterarios que, muchas veces, se han offrecido delante de los señores obispos, que en esta ciudad, se congregaron a consilio; y siempre quedaron muy satisfechos de la doctrina y modo con que se enseña en la Compañia. 12. Y, especialmente, se hizieron tres actos públicos: dos de theología, uno dellos, en nuestra casa; y el otro, en la misma sala del consilio, que defendieron los de casa, con universal aprobación de todos; y unas declamanciones y premios, juntamente, que se distribuyeron; aviendo los studiantes de nuestras schuelas compuesto, sobre algunas materias graves, tocantes al concilio; de que rescibieron particular gusto los prelados. 13. Mostraron mucho todos ellos la estima que tienen de la Compañía, en servirse della, más particularmente, en todo lo que se les ofresció, para el buen despacho del consilio. Para el qual elegieron, por consultores, dos padres nuestros. Y cometieron a la Compañía el hazer el cathecismo, para spañoles y yndios; una direction de confessores, que ordenó el consilio que se hiziese. Y tanbién quisieron que uno de los nuestros pusiese en orden y stylo, todo lo que en el concilio se avía determinado; quando muy agradescidos del trabajo que en ello se puso, y desseosos de tener, cada uno, en su obispado, Padres de la Compañía que les ayudasen." en Zubillaga (1968), 79–81.

3.4 Las consultas

Con estos aportes, creemos que se cierra el grupo de personas que hicieron aportes a la redacción de los decretos. Sin embargo, debe tenerse en cuenta que el trabajo llevado a cabo por los consultores en el concilio sirvió de base para el contenido de algunos decretos. El recurso a los consultores, si tenemos en cuenta la duración del concilio fue frecuente y no una formalidad. Este uso de la consulta a expertos buscando asesoramiento, no era inusual entre los eclesiásticos ni en el ambiente jurídico en general. Las autoridades, tanto para el gobierno como para la administración de justicia, buscaban el consejo de expertos en cuestiones dudosas o difíciles. Pedro Moya de Contreras, al nominar a los consultores teólogos y juristas, logró reunir a los principales intelectuales del mundo novohispánico. Eran catedráticos universitarios, misioneros con una larga trayectoria entre los indígenas, oficiales de justicia, dignidades de cabildos catedralicios o antiguos superiores de órdenes religiosas. Todos con grados académicos obtenidos tanto en España, como en las recientemente creadas universidades americanas. Representaban en grado eminente lo mejor de la intelectualidad, sin desconocer las realidades cotidianas o nuevas del tiempo secular en el que vivían. La diversidad de opiniones que encontramos en los distintos pareceres, sobre todo cuando las circunstancias son muy particulares además de mostrarnos sus discrepancias, son indicios de que su saber no era meramente especulativo o desconectado de la realidad, y que conocían una amplia gama de conductas humanas y recursos jurídicos que estaban a disposición.

La influencia de las consultas en los procesos de redacción pueden ser diferenciadas bajo dos respectos: mediata o inmediata. La influencia mediata se puede advertir fácilmente en el caso de la Quinta Consulta, ya referida varias veces. La historiografía la ha resumido bajo el título de “Dudas sobre las primeras ocho constituciones del Primer Concilio Provincial Mexicano”. Efectivamente, mientras los padres conciliares revisaban esta legislación de 1555 surgieron diversas cuestiones que necesitaban de actualización y evidenciaban la evolución doctrinal que se había dado entre ambas asambleas, pasados sólo treinta años, y la necesidad de concordar prácticas prehispánicas de los indios con su nueva situación religiosa. Así se consultó sobre la edad mínima del matrimonio, el problema de los indios bautizados sin suficiente instrucción religiosa, sobre la conveniencia de establecer penas espirituales, sobre el precepto de confesión y comunión anual, así como sobre la confesión por intérprete. Las últimas dos dudas de la Quinta Consulta fueron sobre la ya referida cuestión de los privilegios de las órdenes religiosas.[148] Decimos que esta influencia es mediata ya que clarificaba dudas sobre ciertos puntos de los nuevos decretos que se estaban redactando, siendo un paso en el proceso de redacción. La influencia de las respuestas debe ser analizada caso por caso para poder graduar su importancia. Además, en este caso, todas las dudas se resolvieron en el marco de los decretos redactados a partir de los apuntamientos de Juan de Salcedo.

Distinto es el caso de la Sexta y Octava Consulta.[149] Estas se inician a partir de los memoriales presentados que versaban sobre la moralidad de ciertas prácticas comerciales.[150] En la Sexta Consulta se presentan veinticuatro casos sobre diversos tipos de contrato donde se estipulaba de un modo u otro una tasa de interés, por lo que la consulta versará sobre si eran o no, estos contratos usurarios y, por lo tanto, ilícitos. Por los registros que tenemos se presentaron a los consultores teólogos y juristas los veinticuatro casos el 18 de mayo para que los trajeran resueltos el 3 de junio.[151] Tenemos dos pareceres. Uno es conjunto: lo firman Juan de Zurnero, el doctor Ortiz de Hinojosa, el agustino Melchior de los Reyes, Juan de la Plaza y Pedro de Morales.[152] El dominico Pedro de Pravia los respondió in extenso,[153] al que adhirió Fulgencio de Vicque.[154] No fueron unísonas las respuestas de los consultores. Finalmente los padres conciliares fijaron que en un título de los decretos se tratara sobre la usura asentando los principios más generales y hubiera una sección que más en detalle verse sobre la temática en el Directorio de Confesores,[155] al que los decretos remiten para las dificultades que

148 Las dudas formuladas en la Quinta Consulta las podemos encontrar en ManCarr II, 435–438.

149 La Sexta Consulta en ManCarr II, 497–535. La Octava Consulta en ManCarr II, 572–589. Acerca sobre la moral comercial y el Tercer Concilio Provincial Mexicano, véase: Cummins (1986); Martínez López-Cano (2005), Martínez López-Cano (2008), Martínez López-Cano (2013); Staples (2013).

150 Cf. Memorial (primero) del doctor Pedro López. Sobre tratos de plata, grana y otros géneros, sobre prácticas médicas, y otros males públicos, en ManCarr I, 418–424.

151 Cf. ManCarr II, 530.

152 Cf. ManCarr II, 522–530. Aunque también firma este parecer Ortíz de Hinojosa, tenemos su parecer individual en ManCarr II, 530–534.

153 Cf. ManCarr II, 505–522.

154 Cf. ManCarr II, 535.

155 Cf. Libro Quinto. Título V. *De usuris*. Véase: ManCarr III, 213–216, DecMar ¶532–537.

los sacerdotes encuentren sobre esta temática al administrar el sacramento de la confesión. Así en este caso, vemos que hay una relación más directa entre las consultas y la redacción final de los decretos. De ahí que digamos que la influencia de las consultas pueda ser calificada como inmediata sobre los decretos conciliares, ya que no fue parte de los procesos de redacción ya descriptos, sino que parece haber seguido un camino paralelo. El caso se puede inferir de la Octava Consulta, resuelta el 2 de agosto, sobre la influencia en los mismos decretos. En los apuntamientos de Salcedo sólo encontramos esta referencia:

> "Capítulo 56. Aquí a de entrar, después deste decreto del segundo provincial mexicano 1565, cerca de los tratos, y aquí lo de la plata y lo demás de baratas etc..."[156]

La anotación, como vemos, es muy genérica, y sólo recuerda, en el contexto de los contratos que los clérigos pueden realizar, que se incorpore lo resuelto en las consultas. En la disposición final de los decretos, la usura y las actividades comerciales ilícitas a los clérigos serán tratadas separadamente.

Dejando para otro estudio pormenorizado la cuestión de la moral mercantil en el siglo dieciséis hispanoamericano, podemos advertir como el episcopado mexicano hace propia una temática que unos pocos años después será objeto, también, de la legislación real, y atendieron a prácticas temporales, que afectan el tejido social, y por lo tanto espiritual de su grey. Estamos ante los límites sinuosos del derecho y la teología moral, en dos esferas en las cuales parecería no haber contradicción o conflicto, sino que una a otra se nutren y se complementan. Ostensible prueba de esto es la remisión, tanto en el principio como en el final del título "*De usuriis*" en los decretos, al Directorio de Penitentes y Confesores promulgado por el concilio provincial.[157]

Sólo nos queda por indicar quién pudo haber redactado este decreto con las consultas a la vista. No hay ninguna indicación en los manuscritos de trabajo. Sólo nos queda entrar al campo de las suposiciones, donde una vez más emerge Juan de Salcedo, en su rol de secretario conciliar y consultor jurista, para llevar a cabo esta tarea.

156 Cf. ManCarr I, 647.

157 Cf. Título "(123) Los casos de este santo concilio" en ManCarr V (Directorio), 253–269.

3.5 La ultimación de los decretos conciliares

La redacción de los decretos conciliares fue un proceso llevado adelante a través de varios trabajos simultáneos y bastante disímiles. La descripción no estaría completa si no hiciéramos referencia a la disposición que se dio a los decretos. Ya la historiografía indicó atinadamente la similitud entre el ordenamiento del sínodo granadí de 1572 y del Tercer Concilio Provincial Mexicano.[158] De acuerdo al reglamento conciliar podemos suponer que Juan de Salcedo llevó a cabo esta tarea, o al menos la haya liderado, aunque se debe señalar que el reglamento solamente indicaba que el secretario conciliar debía "...ordenar los decretos, actiones o ssesiones...".[159] En cuanto al procedimiento, no tenemos ninguna referencia textual en los materiales de trabajo que indique cuándo y porqué se decidió este orden. En apuntamientos de Salcedo, en la cuarta y última revisión, en notas marginales se encuentran algunas referencias en las que se indica bajo que títulos irán los párrafos que se están redactando.[160] Nos inclinamos a afirmar que esta decisión tal vez fue tomada cuando estaban avanzadas las sesiones conciliares.

Según consta al final del manuscrito original de los decretos conciliares firmados por los obispos, antes de su promulgación se hizo una lectura corrida de los decretos confrontando con los apuntamientos llevados a cabo por Salcedo, incorporándose palabras o frases entre los renglones y los márgenes. Así lo declaran los obispos y hacen las enmiendas finales al texto conciliar.[161] Estas correcciones no creemos que influyan en el contenido

158 Cf. Galindo Bustos (2010), 134–141, 305–307.

159 Cf. ManCarr I, 99–100.

160 A modo de ejemplo, véase ManCarr I, 757.

161 "En México diez y siete de octubre de mill e quinientos y ochenta y çinco años el sancto conçilio provinçial mexicano canónicamente congregado, dixo que después de firmados estos decretos, rrecorriéndolos con los apuntamientos que para su decisión se hizieron fue neçessario añadir algunas palabras e sentencias que faltaban, que se pusieron entre rrenglones, y en los márgenes, y por averse firmado antes no se salvaron, y asi mismo algunas erratas, que lo uno y lo otro, antes de las dichas firmas no se a puesto. Que para que por ellos no aya duda en la letra, añediduras y borrados rrenglones, partes y sílabas, y en juicio y fuera dél, mandó que se sacasse todo en este auto y se firmase en forma y fee del presente secretario, que es lo siguiente..." en ManCarr III, 233. En conversaciones personales sostenidas separadamente con el Dr. Luis Martínez Ferrer y el Dr. Sebastián Terráneo, ambos afirmaron que en los decretos que ellos han estudiado han encontrado en algunas ocasiones variantes significativas entre el último esquema de redacción y la versión final de los decretos.

doctrinal. Si, en cambio, daban más precisión al texto, evitando desprolijidades en el nivel lingüístico.[162]

3.5.1 Los votos ex discordia

Entre los materiales de trabajo conciliares tenemos una sección llamada "Quaderno donde se asientan los votos que los Reverendísimos piden y quieren se escriban y assienten ex discordia".[163] Este conjunto de folios contiene diez votos "*ex discordia*", es decir, en desacuerdo. Son el registro, llevado por el secretario conciliar Juan de Salcedo, de aquellos puntos sobre los cuales el concilio provincial tomó una decisión y uno de sus miembros desea dejar registrada su opinión contraria.

El primer voto que se encuentra registrado no se refiere a los decretos sino a la prohibición de predicar que se impuso sobre el dominico Juan Ramírez. El fraile había predicado sin la autorización respectiva contra los repartimientos y las autoridades seculares que se beneficiaban de él. El concilio provincial le había retirado el permiso para predicar por el escándalo sucedido. Domingo de Alzola, obispo de Nueva Galicia y antiguo miembro de la orden dominicana, se oponía a la prohibición de predicar impuesta.[164]

Los otros nueve votos son oposiciones a decisiones tomadas sobre determinados decretos. Además de adentrarnos en algunas de las discrepancias que hubo entre los obispos nos permiten conocer cuando fueron votados esos decretos. Así fray Gómez de Córdoba, el 4 de junio, se opuso a que se permita a los clérigos los juegos de azar por cualquier suma de dinero.[165]

El 14 de mayo el arzobispo Moya de Contreras hizo su oposición a tres decretos. En primer lugar se oponía a que se imponga la pena de excomunión *latae sententiae* a los clérigos que ejercieran el comercio en sus partidos sino que se dejaran las penas establecidas por la constitución de 1555; en

162 Son en total 27 enmiendas. La primera enmienda corresponde al texto preparado por Diego Romano, y sería más bien ortográfico (Libro 1°, Título 11). La segunda agrega la fiesta de santa Catalina Mártir. (Libro 2°, Título 3°). Las quince siguientes son del Libro 3°. Una sola pertenece al Libro 4°. Las últimas diez son del Libro 5°. Como se puede observar, la mayoría de ellas corresponde a textos dependientes de los apuntamientos de Juan de Salcedo.

163 Cf. ManCarr II, 11–19.

164 Cf. ManCarr II, 11–13.

165 Cf. ManCarr II, 14.

segundo lugar, a establecer que los religiosos no pudieran tener haciendas a diez leguas de donde ejercieran la cura de almas, el arzobispo deseaba que no se estableciera pena alguna sino que se dejara esto al criterio del prelado del lugar; finalmente, en el orden judicial, protestó el arzobispo la mención de la decretal "*Si contra unum*", como referencia a la recusación del provisor.[166]

El siguiente voto "*ex discordia*" fue del obispo de Oaxaca, Bartolomé de Ledesma OP, en el que adhería al parecer del consultor teólogo Pedro de Pravia OP sobre la venta de plata, que se trató en la Sexta Consulta.[167]

Nuevamente el arzobispo protestó también contra la resolución de los sufragáneos acerca de la segunda duda de la Séptima Consulta sobre los repartimientos en los que concordando en que eran injustos y que se debía agravar el pecado, disentía en que se cargara a la conciencia del gobernador, sino que sólo se le notificara para que provea de que cesen los agravios que de los repartimientos surgían.[168] El sexto voto "*ex discordia*", del 21 de agosto, vuelve sobre la constitución 56ª del concilio provincial de 1555 acerca si se indicaba pena de excomunión *latae sentenciae* a los clérigos tratantes, habiendo votado los obispos que no comprendiese a los que no causaban escándalo, se opuso el obispo de Guatemala, Gómez de Córdoba. Este caso nos sirve para comprender que repetidas veces, más allá de las registradas, reveían los obispos el contenido de los nuevos decretos a promulgar.

El 27 de agosto, los obispos discutieron sobre la incorporación de la constitución 16ª de la *Actio 4ª* del Tercer Concilio Provincial Limense.[169] Todos los Obispos votaron por copiarlo a letra excepto el Arzobispo Moya de Contreras que dijo que a pesar de haber examinado la cuestión y haber llegado a una conclusión, esta inclusión no lograría nada sino que causaría escándalo entre el pueblo y que se debería pedir al Rey que consultase al Papa,[170] sobre todo a partir de la Real Cédula emitida el 1 de junio anterior,

166 Cf. ManCarr II, 15–16.

167 Cf. ManCarr II, 16.

168 Cf. ManCarr II, 16–17.

169 Cf. III Concilio Provincial Limense, Cuarta Sesión, Capítulo XVI: "*Ne praeter Episcopi collationem, parochiam quisque suscipiat. Caput 16. Nullus posthac parochiam Indorum absque episcopi collatione suscipiat vel administret. Qui aliter susceperit, etiam si propio rectore parochia destituta sit, anathemate feriatur. Idem a regularibus observetur quos praeter ordinarii facultatem curam gerere parochiae nullatenus jura permittunt, cum praesertim matrimonia ab iis copulata (nisi appostolico privilegio fulciantur quod hactenus nullum agnovimus) irrita et invalida prorsus sint.*", en ManCarr II, 684–685.

170 Cf. ManCarr II, 18–19.

donde el monarca mandaba dejar en las Doctrinas a los Religiosos "por ahora" pero sujetos a la visita por parte de los Obispos y que en caso de que se debiera corregir la conducta personal del Religioso doctrinero, se debía avisar al Superior del mismo.[171]

El 5 de octubre, el arzobispo Pedro Moya de Contreras, en el último voto "*ex discordia*", se oponía a que se sancione a jueces seglares con excomunión *latae sententiae* sino que se les corrija conforme a derecho.[172]

Si consideramos el volumen del cuerpo de decretos promulgados, estos diez votos "*ex discordia*" podrían parecer poco significativos. Pero reflejan las últimas resoluciones y el contrario parecer de alguno de los miembros del concilio contra las determinaciones tomadas en el pleno de la asamblea. Para nuestra investigación lo más significativo es que nos muestra el protagonismo de los obispos en la composición de los decretos y el análisis detallado que hacían de los mismos no sólo de la temática, sino también a nivel textual y del vocabulario.

3.5.2 La disputa por la publicación

Mientras se ultimaba la redacción de los nuevos decretos conciliares surgió una controversia entre el arzobispo Moya de Contreras y los obispos asistentes al concilio. En su carácter de representante de la Corona ante el concilio provincial, el arzobispo pedía que los decretos no sean promulgados, sino que se aguardase la aprobación del rey. Esto significaba dos cosas para los prelados sufragáneos. En primer lugar, los decretos conciliares no podían ser aplicados inmediatamente, con lo cual el fruto del trabajo de los obispos quedaría en suspenso a la espera de la aprobación para ejecutarlos, que solía durar años. En segundo lugar, y ligado a lo anterior, la misma autoridad

171 Cf. Recopilación de las leyes de los Reynos de Indias, Libro 1, Título 15, Ley 28. *Que por ahora las Doctrinas queden y se continuen en los Religiosos; y la provision y remoción de ellos se haga por los Virreyes, como se ha vsado en èl Perù, y los Ordinarios por sus personas, ò las de sus Visitadores, los visiten in officio officiando, en quanto à Curas, y no en mas vsando del castigo necessario, y en los excessos personales no procedan y avisen à sus Prelados; y si ellos no los castigaren, vsen los Ordianrios de la facultad, que les dà el Santo Concilio de Trento, sobre los Religiosos no Curas, y acudan à los Virreyes para su remocion, todo sin perjuizio de la jurisdicción Eclesiástica y Secular, y los Virreyes y Audiencias dèn para execucion el auxilio necesario.*

172 Cf. ManCarr II, 19. El Decreto al que se refiere se encuentra en Libro III, Título "De inmunitate ecclesiarum et clericorum", en ManCarr III, 191; DecMar ¶470.

episcopal, quedaba subyugada una vez más a la voluntad del rey, y de sus delegados, tanto en España, como en México. Así, los obispos sufragáneos, liderados por Gómez de Córdoba, ordinario de Guatemala, llevaron adelante una negociación con el arzobispo, amenazando con no firmar los decretos, lo cual dejaría estéril la mayor parte de los diez meses de trabajos conciliares. Finalmente, luego de varias reuniones, se decidió promulgar los nuevos decretos en una celebración que se llevaría a cabo a partir del 18 de octubre en la catedral mexicana hasta el domingo 20, fiesta de San Lucas Evangelista.[173]

Aquí es donde se observa el talante de la personalidad de Pedro Moya de Contreras. Como arzobispo de México, convocó y dispuso todo lo necesario para que el Concilio Provincial llegara a buen término. Logró reunir a los intelectuales de su época y movilizar a los prelados para que asistieran en la ciudad de México durante diez meses a arduas sesiones de trabajo. Por el contrario, como Virrey, Presidente de la Audiencia Real y del Ayuntamiento de México, y Visitador, guardó los derechos del Real Patronato hasta el punto de arriesgar el trabajo conciliar realizado. Sin aparente contradicción, coordinó las tareas de eclesiástico y funcionario real. Esta paridad, tan difícil de conjugar, aun asombraba también a quienes prepararon el Cuarto Concilio Provincial hacia 1770.[174]

En todo caso, tanto estos acontecimientos, junto con el conflicto posterior con la llegada del nuevo Virrey, apenas unos días después de terminado el concilio provincial, nos muestran la determinación del episcopado mexicano en defender el afianzamiento de su autoridad y de jurisdicción en un tema muy delicado como era la nueva legislación promulgada en el concilio provincial.[175] Días después de la ceremonia de clausura del Concilio, arribó el nuevo virrey, el Marqués de Villamanrique, con lo que las hostilidades entre los obispos y las autoridades reales se avivaron. No ahondaremos en los

173 Todos estos acontecimientos se encuentran documentados en ManCarr II, 21–32.

174 "Nota. Si la repugnancia, oposición y protestas del Señor Arzobispo a la publicación del Concilio fueron verdaderas o precisamente políticas, con respecto a su empleo de Virrey, puede inferirse del texido todo de este punto, y aun de todo el concilio, constante en estos tres tomos" en ManCarr II, 32. Otra interpretación en Semboloni (2013).

175 "Con la venida del Virrey, que truxo provisión del Rey, para que el concilio no se exequutasse, hasta que el Rey lo vea, se han turbado estos señores obispos. No sé lo que succederá." en Carta del Padre Plaza al P. General, Claudio Aquaviva desde México, 4 de diciembre de 1585. Zubillaga (1959), 727–728.

acontecimientos posteriores que la historiografía ya ha señalado.[176] Baste decir, que hasta diciembre de ese año, los obispos estuvieron impedidos de abandonar la ciudad de México para retornar a sus diócesis y se sucedieron diversos altercados públicos entre autoridades seculares y eclesiásticas.[177]

Difícil es hacer un juicio sobre qué grado de autonomía tenían los obispos y hasta donde la Corona sujetó a los prelados bajo su cetro. Nos queda claro que los obispos asistentes, promovidos a instancias del mismo monarca, buscaban la mayor autonomía posible en el ejercicio de la jurisdicción episcopal. Así, el 2 de agosto, fray Domingo de Alzola OP, presentó en el Aula Conciliar la Bula de la Cena, que contenía varios casos de excomunión reservada para aquellos que impidieran el ejercicio de la potestad espiritual, la cual se decretó se guarde.[178] Su contenido fue incorporado al Directorio de Confesores.[179] Durante la celebración conciliar no se advierten interferencias significativas del poder real. El arzobispo, cabeza eclesiástica del concilio provincial, y simultáneamente por nombramiento de Felipe II, virrey, presidente de la Audiencia y Visitador, pudo honrar sus oficios y deberes, sin aparente contradicción legal y moral. Aun con la inminente llegada del nuevo virrey, se celebró, sin estrépito la promulgación del concilio provincial con asistencia de la Real Audiencia.[180] Los acontecimientos

176 Para un estudio detallado de los acontecimientos analizados en este apartado y las controversias posteriores a la clausura del Concilio acerca de su publicación y ejecución, véase: Poole (1968), Poole (2012), 291–307; Ortiz Treviño (2003); Pérez Puente (2009); Martínez Ferrer (2009), 87–95.

177 Además de los acontecimientos referidos en la bibliografía señalada para esta sección, vale la pena la transcripción de la siguiente cita para ilustrar el clima inmediatamente posterior a la finalización del concilio: "Fuera de esto, por estar el virrey y la audiencia algo rebueltos con los obispos del concilio, que este año se tubo en México, porque había autos de una parte a otra etc.; temiéndose el padre rector de que (el padre Torres) había de hazer alguna valentía, le previno no hablase en público dello; pero, no obstante eso, salió un día a la plaça y haciendo su prohemio de que bien sabía que aquel sería el postrer sermón; pero que, aunque le hechasen a Hespaña y le cortasen la cabeça, no dejaría de decir la verdad, que era: que el virrey y todos los oidores estaban descomulgados por la bula de la cena etc. El descargo que dio después, fue que no se le acordaba que le habían advertido. El virrey y la audiencia han callado; pero créese que manet alta mente repostum." en Carta del provincial Antonio de Mendoza SI al General, de Puebla en 15 de febrero de 1586, en Zubillaga (1968), 116–117.

178 Cf. ManCarr I, 561–579. Sobre la Bula de la Cena en la opinión de juristas del siglo XVII, véase: Bravo Lira (1984).

179 Cf. ManCarr V (Directorio), 117–120.

180 Cf. ManCarr II, 30–32.

posteriores, como la incautación de todos los ejemplares manuscritos, las apelaciones contra varios de los nuevos decretos, la retención de los obispos en la ciudad de México, han sido considerados por la historiografía al momento de valorar el alcance del concilio.[181] El proceso de aprobación romana y ante el Consejo de Indias, la dilación en la publicación de los decretos conciliares para su ejecución, y la larga longevidad jurídica que posteriormente gozaron, son otras instancias a justipreciar. Todos estos acontecimientos no pueden ser analizados aisladamente, y tal vez no exista una respuesta en términos de quien ha resultado triunfador en esta disputa que involucraba una multiplicidad de contendientes y situaciones.

3.6 Los Decretos del Tercer Concilio Provincial Mexicano

Los frutos documentales del Tercer Concilio Provincial Mexicano fueron una serie de escritos de distinto valor y alcance. En primer lugar tenemos los decretos conciliares promulgados en la ceremonia del 18 al 20 de octubre de 1585 en la Catedral mexicana. Sin embargo, los decretos no entrarían en vigencia hasta dada la *recognitio* romana y la aprobación real, lo que sucedió antes de terminar la centuria, y de su impresión que no llegaría hasta el año 1622. Junto con los decretos conciliares se aprobaban los estatutos de la Catedral Mexicana, un Directorio para Confesores y Penitentes, tres Catecismos, un Ritual de Sacramentos y los aranceles para la provincia eclesiástica mexicana. La suerte de cada uno de estos documentos ha sido distinta. Salvo por los decretos conciliares que finalmente lograron su primera impresión casi cuarenta años más tarde, los demás documentos quedaron en los archivos y fueron gradualmente impresos ya como piezas de investigación, más que como instrumentos pastorales.[182]

181 Cf. Poole (2012), 310–312.

182 Los estatutos catedralicios salieron a la imprenta en el mismo libro que salieron los decretos en 1622. Los catecismos fueron por primera vez impresos en el siglo XVIII. El Directorio fue redescubierto por los investigadores en la segunda mitad del siglo XX y será recién impreso al comenzar este milenio (Cf. Martínez López-Cano / Domínguez (2004); ManCarr V (Directorio), IX–XXI). Del ritual no se conservan copias manuscritas conocidas y no se tienen datos de que haya sido alguna vez impreso. Del arancel para la provincia eclesiástica tenemos el original manuscrito entre los materiales de trabajo (Cf. ManCarr III, 237–253). Acerca de los instrumentos pastorales, véase Luque Alcaide / Saranyana (1991).

Además de estos documentos, el concilio provincial envío dos cartas, una al rey Felipe II y otra al Romano Pontífice Sixto V. Consideramos que deben ser tenidas en cuenta como frutos conciliares, ya que son prolongaciones del trabajo conciliar, aunque de un carácter no público, ya que no estaban dirigidas a los fieles, o a alguna comunidad en particular, sino a las máximas autoridades, tanto real como eclesiástica, a fin de promover la acción del concilio provincial.

3.6.1 La carta al Rey

Mientras sesionaba el concilio, el secretario Salcedo fue llevando un cuaderno aparte donde anotaba aquellas decisiones que no entraban en los decretos.[183] A partir de muchos de estos puntos, se escribió una larga carta a Felipe II, fechada el 16 de octubre de 1585.[184] Parte importante de la carta son tres memoriales, cada uno focalizado en un tema de gran importancia: el rol de los religiosos y la jurisdicción episcopal; la erección o reglamento de los cabildos catedralicios; y finalmente, diversas cuestiones que sobre todo tenía que ver con el ejercicio del real patronato y el conflicto con las autoridades reales, especialmente los jueces seculares.

La argumentación utilizada en la carta es por lo demás interesante. Los obispos reportan al rey las situaciones que por defecto o por abuso necesitan remediarse. Hacen hincapié en la importancia del rol que los prelados tienen en la función de "descargar la conciencia" del monarca al preocuparse por el bienestar de las iglesias y expansión de la fe entre los naturales. Así, por esta misión común que tienen, aun en diversos roles, presentan a Felipe II una variedad de circunstancias que trató el concilio provincial, por lo que piden que el monarca sea solícito para lograr la aprobación de los decretos y demás documentos aprobados por el Concilio. Dicen los obispos necesitar esto "por falta de sanctas leyes, orden y provisión"[185] dándose conflictos con las autoridades reales, tal como lo explicaran en los memoriales que acompañan la carta, así como con las doctrinas de los religiosos. El tono respetuoso de la carta no se debe interpretar como filial o adulador. Está cargada de expre-

183 Cf. ManCarr II, 156–172.

184 Entre los materiales de trabajo tenemos dos copias de la carta. Véase ManCarr II, 69–108 y 112–156. Sobre esta carta, véase Poole (2012), 240–245; Martínez Ferrer (2009), 86–87.

185 Cf. ManCarr II, 72.

siones fuertes, como cuando hace referencia a la protección y gobierno de los indios:

> "...Y poniendo freno a la insolensia, avariçia, ampare y conserve en paz y justicia a estos naturales, que llaman y piden la poderosa mano de v. magestad cuia manutensión, abrigo y bien spiritual y temporal nuestro señor y la santa sede apostólica a v. magestad tiene encargado, y que algunas cosas piden despacho de su santidad..."[186]

Esta transcripción, aunque se podría optar por otras no tan breves, nos parece indicar la bravura de los obispos. Mientras denuncian la causa moral de quienes someten a los indios, también advierten la responsabilidad espiritual y temporal de la Corona en su protección, dada la comisión de la Santa Sede para la evangelización de los indios, sostén jurídico de la presencia española en el continente americano. No se amendrentaron, entonces, los obispos para señalar culpas y responsabilidades a ambos lados del Atlántico.

Pero nos queda por indagar por qué los obispos se decidieron a escribir al rey. Ingenuo sería pensar que sólo es una formalidad. Además de responder a la Real Cédula del 1º de junio del mismo año, los obispos informan sobre aquellas materias en las cuales desean que el rey juzgara. Los prelados hacen valer su posición como episcopado mexicano, es decir, como expertos conocedores de la situación local, responsables de la administración espiritual y eficaces colaboradores de su majestad. Entendido esto, es fácil advertir que las quejas contra la administración secular, virreyes, audiencia y jueces, se vuelven tan recias. Los obispos dicen ser también ministros del rey en su tarea espiritual y, se ven entorpecidos en el ejercicio de su deber. Esta carta de los obispos nos sirve para entender desde otra perspectiva la misma problemática del Patronato Regio, al cual los obispos no denuncian, sino que piden al rey su justo ejercicio. Esta carta es escrita al rey por el episcopado mexicano, es decir como cuerpo, es un complemento al resto de los materiales conciliares. Mientras que con los Decretos, los Estatutos catedralicios, el Directorio de Confesores y Penitentes, los Catecismos y el Ritual serían para los obispos instrumentos para lograr un impacto inmediato en el ordenamiento jurídico, la práctica sacramental, y la enseñanza religiosa; esta carta al rey, con sus tres memoriales, será un ulterior camino en que se buscaba la intervención del Patrón, Felipe II, para una mejor administración y justicia en sus dominios.

186 Cf. ManCarr II, 73.

3.6.2 La carta al Romano Pontífice[187]

Los obispos escribieron a Sixto V, recién electo Romano Pontífice, una carta el 18 de octubre, el mismo día que empezaría la promulgación de los decretos.[188] En ella, felicitaban al nuevo pontífice por su elección y le daban noticia de la celebración del concilio provincial que estaba terminando. A esta carta, adjuntaron otra, también con destino a Roma, en la cual suplicaban por diversos temas para que conceda indultos y auxilios apostólicos. Este segundo pliego se encuentra extraviado. Por el cuaderno que llevaba Juan de Salcedo podemos saber que se proyectaba pedir a la Santa Sede provea acerca la efectiva reducción de los privilegios de los religiosos.[189] Como resultado de la segunda consulta que se otorgue sin término y para toda la Nueva España la posibilidad de consumir en tiempos de abstinencia lardo, mantecas, de cualquier tipo de carne.[190] Avisan también acerca de la publicación de la Bula de Cena que harán los obispos en sus diócesis, ya que porque "por la necesidad mayor que ay del auxilio desta sancta bula en estas tierras más que en otras por estar la jurisdictión eclesiástica más oprimida".[191] Pedían también sobre cofradías que buscaban la exención de la visita del ordinario por ostentar, según estas argumentaban, los privilegios de la Iglesia de San Juan de Letrán y otras cofradías de Roma.[192] También piden que se aclare sobre si el obispo puede y debe en los monasterios sujetos a una orden religiosa, examinar a la monja a la cual se le va a dar el hábito.[193] Sobre este mismo punto, teniendo en cuenta el memorial de Ayuntamiento de México sobre la libertad para profesar de las monjas, piden a la Santa Sede que provea sobre este punto debido a los inconvenientes que ha habido.[194]

Poole evaluó, comparando ambas cartas, que los obispos buscaban el liderazgo del rey, y por eso le suplican sobre cosas más cotidianas y fundamentales, dejando las cuestiones menores al Papa. Si esta visión es correcta,

187 Sobre esta carta, véase Martínez Ferrer (2009), 87; Poole (2012), 246–247.

188 La carta enviada al Romano Pontífice se encuentran en ASV, Segr. Stato, 38, ff. 506–507. La copia de la misma que se conserva en los Manuscritos se puede ver en ManCarr II, 109–112 (con su traducción al castellano).

189 Cf. ManCarr II, 157–158.

190 Cf. ManCarr II, 157.

191 Cf. ManCarr II, 163.

192 Cf. ManCarr II, 165.

193 Cf. ManCarr II, 170.

194 Cf. ManCarr II, 171.

tal vez, no se deba a una cuestión de liderazgo o debilidad para imponerse de la Iglesia mexicana, como afirma Poole. Tal vez, se pueda explicar desde el *modus vivendi* del Real Patronato. Los obispos, que estaban en "estado religioso oprimido", suplican a la autoridad que más efectiva y rápidamente los pueda escuchar y llevar adelante su pedido. Que persigan la publicación de la Bula de Cena, sin duda no es un dato menor, pero hasta tanto eso suceda y pueda ser ejecutable, otras situaciones necesitaban remedio, y por eso recurrían al monarca. Es de notar, que el concilio provincial reconocía como instancias superiores sólo al monarca y al romano pontífice, sin mediar otra institución intermedia.

3.6.3 El texto original castellano en la Bancroft Library

Dos son los registros manuscritos que poseemos de la versión de los decretos conciliares tal como fueron promulgados por los obispos entre el 18 y el 20 de octubre de 1585. El primero se encuentra inserta en el BMM 266 folios 33r–147r y ha sido señalada por la historiografía reciente como la versión definitiva.[195] El segundo es un traslado de estos decretos y se encuentra en BMM 267 folios 1r–89r.[196] Esta segunda versión contiene diferencias con la primera, atribuidas por lo general a errores del copista.

Centraremos nuestro análisis en la versión que leyó Salcedo en la Catedral. Varias caligrafías se encuentran en el texto. Creemos que no necesariamente esto señala la pluralidad de redactores, sino que se puede también atribuir a diversos escribanos que fueron transcribiendo los decretos una vez que estuvo fijado el texto y la distribución final. Los decretos están redactados en castellano, aunque los títulos se encuentran en latín. Como ya dijimos se encuentran divididos en libros y títulos. Algunos pocos títulos tienen una división en decretos. Ya ha sido señalada la posible división de los decretos en *arenga*, *dispositio* y *poena*, aunque no siempre se encuentran las tres partes en la redacción final. Esta estructura no es original del Tercer Concilio Provincial Mexicano sino heredada de la tradición canónica.[197] Es interesante señalar que recoge citas en margen izquierdo de cada folio. Encontramos citado

195 Véase ManCarr III, 41–234. Una descripción más completa de estos documentos en Martínez Ferrer (2009), págs. 53–59. Galindo Bustos (2010), 45–48.

196 Cf. ManCarr IV, 7–216.

197 Cf. Galindo Bustos (2010), 71–77.

mayoritariamente al Concilio de Trento. En menor medida, la Sagrada Escritura, el *Corpus Iuris Canonici*, las leyes de la Recopilación de Castilla y en algún caso, alguna Real Cédula. Por lo general estas citas son explicitaciones de legislaciones mencionadas en el cuerpo del texto. Los títulos de los decretos, los pocos que cuentan con ellos, se encuentran también en este margen. En el margen encontramos unas manecillas sin duda introducidas más tarde ya que indican junto con un número las apelaciones introducidas contra determinados decretos después de la celebración litúrgica de octubre de 1585.

La segunda copia manuscrita que poseemos del concilio fue hecha el mismo 16 de octubre. Todo indica que fue una copia hecha de manera rápida, con la consecuente comisión de errores.

3.6.4 El original latino en el Archivio Segreto Vaticano

En los fondos de los archivos de la Santa Sede se encuentra un ejemplar en lengua latina del Tercer Concilio Provincial Mexicano.[198] Por su contenido es fácilmente deducible que es una traducción de los decretos aprobados en 1585 por los obispos. La historiografía ha determinado que el ejemplar es traducción de Pedro de Hortigosa SI y fue la copia que se sometió al proceso de *recognitio* a la Congregación del Concilio.[199] Como ha sido señalado, el latín es sencillo, siguiendo fielmente el castellano. Reproduce en una misma disposición el texto en libros y títulos, así como las citas marginales.

Sin embargo, hay elementos que nos hacen dudar de que se trate de la traducción manuscrita de Pedro de Hortigosa SI, sino en cambio de una copia del mismo. Para establecer esta duda nos basamos en los "errores" que el copista realizó y en ciertas particularidades del texto. Así, al momento de copiar, habría unido dos párrafos, a los que luego separó con una línea marginal que indica el punto donde deben separarse, y en el margen anota el título del decreto.[200] En otras oportunidades equivoca el texto al saltearse

198 Cf. ASV, Congr. Concilio, Concilia, 55.

199 Indicamos los estudios que más recientemente han tratado sobre este manuscrito: Martínez Ferrer (2009), 72, 94–95, 101–109; Galindo Bustos (2010), 48–49. Sobre el proceso de aprobación, véase: Fornés Azcoyti (2005); Martínez Ferrer (2009), 109–126; Martínez Ferrer (2013c). Acerca de la opinión de los autores de la Escuela de Salamanca sobre la aprobación de los concilios provinciales en materia de fe, véase Baciero González (1992).

200 Así en el folio 8, reintroduce la división del decreto "*De doctrina christiana traddenda rudibus*".

una palabra o línea, por lo que tacha lo copiado erróneamente, para introducir el texto correcto a continuación, estando lo tachado en alguna línea posterior; otras veces parece que comete errores simplemente por descuidos.[201] Nos parece poco probable que se haya enviado un documento con estas desprolijidades para su aprobación. Pero lo que más nos hace dudar del origen mexicano de este ejemplar se encuentra en las últimas páginas. En tres oportunidades se indica el timbre oficial del concilio, que debía custodiar Juan de Salcedo.[202] En todas estas oportunidades se añade el símbolo "⊕" ¿Si el manuscrito fue escrito en México al terminar el concilio provincial, no hubiera llevado acaso la marca del sello original del concilio? Lo mismo podría decirse de las firmas de los obispos y oficiales conciliares. No se encuentran las firmas originales sino transcriptos sus nombres. Todo esto nos hace dudar entonces de que sea el mismísimo documento escrito por Pedro de Hortigosa, sino más bien, una copia, hecha fuera del ámbito mexicano, sea en España o en Roma, en el curso de los trámites para la aprobación del concilio provincial, antes de que intervinieran los curiales romanos.

Un estudio que queda pendiente es sobre el lenguaje y el estilo utilizados en este manuscrito. La historiografía ya citada hace referencia a que el latín debió ser mejorado, o que el texto fue vuelto a traducir al latín por los oficiales romanos a una versión que se encuentra extraviada. ¿Por qué habría sido posible que Hortigosa, hombre reputado de culto y de buena prosa hubiese traducido un texto no agradable a Roma?[203] ¿Podrá decirse que los obispos intentaron usar un lenguaje latino asequible al clero mexicano, no necesariamente erudito para facilitar la aplicación del concilio provincial?[204] Dejamos estas cuestiones abiertas. Expertos en filología latina y cultura mexicana del siglo dieciséis podrán despejarnos oportunamente de nuestras dudas.[205]

201 Véase, por ejemplo, los folios 15r, 53r, 58r, 62, 82v, 117r, 122v, 134v, 149v.

202 Folios 234v, 237r, 240v. Se indica en los folios "*Loco sigilli*".

203 Cf. Terráneo (2010), 112.

204 Sobre el uso del latín en este manuscrito, véase Napoli (1991), Martínez Ferrer (2009), 101–126.

205 La importancia de los jesuitas como traductores locales ha sido referida en Burke (2007), 15.

4 Conclusiones acerca de la producción legal en el Tercer Concilio Provincial Mexicano

La promulgación de los decretos realizada el 20 de octubre de 1585 por los obispos mexicanos en el acto de clausura del concilio provincial en la Catedral mexicana conjuntó los distintos procesos de redacción en una única y armónica norma legal. El proceso de aprobación fue completado en instancias ulteriores que incluyeron enmiendas en el texto conciliar, tanto en Roma como en España. Por lo tanto, fuera de México, los distintos procesos y sus redactores quedaron traslapados por la disposición final del texto. Se podría decir que transcriptos los decretos, desaparecen no sólo diferencias en las caligrafías originales con respecto del manuscrito original, sino que se profundiza la independencia del documento conciliar de sus redactores. El desarrollo que hemos seguido hasta aquí se adentró en los procesos de redacción inherentes a la producción de una determinada ley canónica, como lo fue el cuerpo de decretos del Tercer Concilio Provincial Mexicano. Para concluir esta investigación, nos interesa destacar aquellos aspectos que caracterizaron en su conjunto a estos procesos de redacción. De ellos podemos encontrar vestigios en la formulación final de los decretos. Analizarlos es esencial para comprender la producción legal, es decir el modo en que la ley, distinguiéndola de la costumbre u otros órdenes normativos, se originó en la Provincia Eclesiástica Mexicana en la temprana edad moderna. Al referirnos a la ley lo hacemos en el sentido más estricto del término, como "norma escrita y promulgada por la autoridad, que deviene en legislación propiamente dicha".[1]

Los mismos obispos mexicanos, en los párrafos iniciales del Título *De vi decretorum huius concilii, et publicatione eorum* del Libro Primero de los decretos nos señalan las características de la producción legal llevada a cabo:

> "Porque la diversidad de los tiempos y variedad de las neçessidades que en ellos ocurren, como la experiençia va descubriendo, obligan muchas vezes a mudar las leyes antiguas y ordenar nuevos decretos; aunque las contituçiones hechas en los dos conçilios provinçiales que se celebraron en esta çiudad de México; el primero, año

1 Cf. Tau Anzoátegui (1992b), 28.

de myll y quinientos y çincuenta y cinco; y el segundo, el año de mil y quinientos y sesenta y çinco, son tan loables y sanctos, que había más neçessidad de ynsistir en la execuçión dellos que en hazer otras de nuevo; no se a podido excusar, para el remedio de los ynconvenientes de los tiempos presentes, y para la reformación del presente estado de este arçobispado y provincia, el hazerse nuevos decretos que para esto an paresçido convenientes. Y porque la multipliçidad de las leyes no fuesse causa de confussión; este sancto conçilio a ordenado, que tomándose de las constituçiones antiguas todas las que según la ocurrençia de agora son convenientes, y añadiéndose las que de nuevo se an hecho, de las unas y las otras se hiziese un cuerpo, en que cada uno pueda ver y entender las obligaçiones de su estado."[2]

A partir del texto citado explicaremos las características de la producción legal y la función de la ley en el Tercer Concilio Provincial Mexicano.

4.1 El episcopado mexicano, autor de los decretos

Aunque compuesto de varias oraciones, el centro del párrafo se refiere explícitamente a "este sancto concilio".† Y se dice de él que "(h)a ordenado"† la composición de los nuevos decretos. Inmediatamente nos detendremos en el resto del párrafo, pero aquí se debe señalar que es el concilio provincial, y sus miembros, es decir los obispos mexicanos, quienes son los autores de los decretos. A lo largo del estudio de los cuatro procesos de redacción que hemos verificado, podemos observar el protagonismo que tuvieron los obispos, como grupo colegiado, en la toma de decisiones sobre el contenido, así como sobre la formulación de los decretos. Prueba de esto son los escritos presentados, en tanto aportes personales, por los obispos, inclusive los ausentes, los votos *ex discordia* asentados por el secretario conciliar, las sucesivas revisiones a los decretos, incluyendo la última sobre el texto ya firmado. No

2 Cf. ManCarr III, 55; DecMar ¶25. El párrafo citado será utilizado repetidas veces en el presente capítulo. Para evitar una engorrosa lectura en la citación será indicado cada vez que sea usado con el símbolo "†". Este párrafo fue compuesto en el proceso de redacción llevado a cabo por Juan de Salcedo a partir de la constitución 93ª del Primer Concilio Provincial Mexicano: "Capítulo 93. Este capítulo 93 se rrenuebe quanto a su publicación, declarando que si al prelado en su diócesi le paresciere conveniente publicarlo otras más vezes, en parte o en todo, en sínodo o fuera dél, lo pueda hazer. Y porque estas sinodales primeras del año 1555 y las del concilio provincial mexicano del año 1565, se an visto y decretado lo que dellas a parescido convenir, se decreta que baste tener este presente concilio provincial, pues en él van incorporados los dos pasados. Y para este decreto se vea la prefación que en su sínodo haze Quiroga, notando los sínodos que sus antecessores hizieron, y cómo cierra con el authoridad del suyo", en ManCarr I, 760.

solamente, entonces, por una cuestión formal, o de dogmática jurídica, sino desde un punto de vista práctico debemos considerar al episcopado mexicano de 1585 como los verdaderos autores de los decretos conciliares.[3]

Se impone como necesaria la distinción entre autores y redactores. La autoría fue del episcopado mexicano, como sujeto colectivo reunido en concilio provincial en 1585. Desde un punto de vista de la canonística, el concilio provincial fue legítimamente convocado por su arzobispo y participaron la mayoría de los obispos.[4] Desde un punto de vista fáctico, los registros de las sesiones conciliares, aunque no son un diario de sesiones, sin embargo, dejan en claro como las decisiones eran tomadas por los mismos obispos, tanto para finiquitar un tema, como para tomar las medidas intermedias, sea realizar una consulta o requerir documentación, entre otras. La disputa por su publicación y puesta en ejecución entre septiembre y diciembre de 1585, nos es una prueba más de la disposición y animosidad de los obispos por hacer valer el trabajo que llevaron adelante.[5]

En cambio, llamamos redactores a quienes llevaron adelante uno o varios de los procesos de redacción que concluyeron en los decretos promulgados. Así hemos identificado a Juan de Salcedo como responsable del proceso de redacción que revisó las constituciones de los dos primeros concilios provinciales mexicanos; al obispo Diego Romano como el redactor del "orden judicial"; los jesuitas Juan de la Plaza y Pedro de Hortigosa, a partir de los memoriales del primero redactaron importantes decretos; y finalmente, a través del proceso de consulta, podemos adjudicarlo, salvo mejor parecer, nuevamente a Juan de Salcedo. Sin embargo, nos parece importante destacar las dinámicas llevadas adelante en el conjunto de los procesos, para poder así

3 No encontramos posible aplicar al Tercer Concilio Provincial Mexicano la afirmación sobre los concilios y sínodos medievales que hace García y García: "Aunque pueda ser paradójico, el texto de unas constituciones conciliares o sinodales no es en primer lugar el fruto de las discusiones de la respectiva asamblea de un concilio o de un sínodo diocesano respectivamente, sino más bien a la inversa: primera se redactan las constituciones y después se leen en la respetiva asamblea de un concilio o de un sínodo, donde a veces reciben modificaciones y a veces no, y con ellos se promulgan en la asamblea conciliar o sinodal. No tenemos pruebas para todos y cada uno de los casos, pero sí hay suficientes para varias de estas asambleas." en García y García (1997), 292.

4 Recordemos que sólo Antonio de Hervías, obispo de Verapáz no participó ni envío delegados al concilio provincial. Los otros dos obispos ausentes, Domingo de Salazar y Pedro de Feria, además de nombrar delegados, enviaron memoriales.

5 Cf. Poole (2012), 291–295.

obtener un panorama acerca de cuestiones generales relacionadas con la composición de los decretos conciliares.

4.2 Los recursos para la redacción de los decretos

En primer lugar, en estos procesos de redacción hay un uso de distintas fuentes, entre las cuales se ha destacado la revisión y utilización de otras legislaciones conciliares.[6] ¿Cómo se puede caracterizar al influjo de toda la normativa conciliar y sinodal utilizada? El concepto de recepción, en tanto que un inferior (el concilio provincial mexicano) recibe una serie de normas emanadas por un ente legislador superior no es aplicable si tenemos en cuenta los procesos de redacción tal cual los hemos descripto.[7] Por una parte, el Concilio de Trento había sido aceptado formalmente ya por el Segundo Concilio Provincial Mexicano de 1565.[8]

Esta asamblea formaba parte del universo normativo canónico, y además civil en virtud de una Real Cédula de Felipe II. Ya Galindo Bustos ha seña-

6 Las ya muchas veces mencionadas importantes investigaciones de Galindo Bustos (2010), Terráneo (2010) y Martínez Ferrer (2009).

7 Terráneo lo sintetiza de esta manera: "Por recepción desde el punto de vista canónico, se entiende el hecho de aceptar como vinculante en el propio ordenamiento la totalidad o alguna parte de las normas de otro ordenamiento ajeno... la recepción se realiza de modo crítico... este procedimiento puede ser directo o indirecto... Hay recepción directa cuando está realizada sin intermediación. La recepción, además, es un concepto análogo por los diversos significados que puede presentar y que permiten justificar sus usos." en Terráneo (2010), 15–16. Por el sentido de las frases utilizadas, Terráneo sigue a García y García en el concepto de recepción utilizada, aunque de una manera más amplia. En su estudio sobre el concilio limense por la profundidad que alcanza, a pesar del uso copioso del término recepción, creemos que en sus conclusiones rebasa lo que la recepción implica dando lugar a la posibilidad de otras maneras de utilización del Tercer Concilio Provincial Limense en el Tercer Concilio Provincial Mexicano. Sus conclusiones en Terráneo (2010), 415–423.

8 "1. Capítulo primero. Que los prelados guarden y manden guardar lo hordenado y mandado por el santo concilio tridentino. Primeramente como hijos catholicos y obedientes de la sancta yglesia romana rrecibimos todo lo hordenado y mandado guardar en el sancto concilio tridentino y en cumplimiento dello mlo mandamos guardar y cumplir en todas nuestras yglesias y provincia, y por la presente mandamos a todos los obispos y a sus oficiales, a este arzobispado sufragáneos, lo manden guardar y cumplir en todas sus yglesias, castigando y corregiendo por todo rrigor de derecho, si, lo que Dios no quiera, huviese alguno que de palabra o hecho contradixese lo así hordenado y establecido por el dicho sancto concilio tridentino", en Lorenzana1768, 188.

lado que el Concilio de Trento no debía considerarse entre las "fuentes preferentes".[9] Coincidimos que la dependencia es doctrinal y disciplinar, en cuanto que el tridentino señaló el rumbo de la reforma eclesiástica, que era necesaria y deseada. También ha señalado Galindo Bustos, que la mayor influencia tridentina se dio, en gran parte, a partir de las otras asambleas utilizadas.[10] La gran mayoría de ellas celebradas en la segunda mitad de siglo dieciséis, gozaban de gran prestigio en el mundo hispánico. De hecho, los obispos en la carta al Rey así lo mencionan:

> "Y prosiguiendo en él zelando la devida execución y cumplimiento de los decretos del general concilio tridentino, vistas las constituciones particulares de este arçobispado y provincial ordenadas en dos concilios provinciales que el arçobispo passado celebró en los años 55 y 65 y lo que de concilios así provinciales como diocesanos de las Iglesias destos reynos ympresos con licencia y orden v. magestad y su real consexo, y las reales çédulas, cartas provisiones con la del real patronazgo de v. magestad…"[11]

Lo primero que se debe hacer notar es que el decreto conciliar afirma la inspiración en las constituciones provinciales anteriores, sin mencionar las otras asambleas revisadas. Lo cual nos da la pauta de la vigencia legal de unas y otras. Mientras que el decreto conciliar señala que "la multipliçidad de las leyes no fuesse causa de confussión"† y por eso se abrogan estos concilios provinciales anteriores sin mención de ninguna otra norma legal, en la carta al Rey se busca destacar que los nuevos decretos conciliares están a la altura de los otros concilios ya aprobados por su Majestad. Sin embargo, se omite decir que se utilizaron varias asambleas que hasta ese momento, como por ejemplo, el concilio provincial de Toledo de 1582 y el Tercer Concilio Provincial Limense, contrariamente a lo expresado en la carta no contaban con la aprobación real ni la *recognitio* pontificia. Ninguna de las asambleas utilizadas tenía vigencia sobre territorios americanos. De ahí, que como dice la carta del concilio provincial al rey, los obispos vieron, en el sentido jurídico del término, es decir, revisaron estas asambleas.[12] En todo caso, vemos que los obispos se apropiaron, como sujetos activos, de otras normas que vieron

9 Su parecer sobre la influencia del Concilio Tridentino en la formulación de los decretos mexicanos en Galindo Bustos (2010), 190–195.

10 Cf. Galindo Bustos (2010), 191.

11 Cf. ManCarr II, 71–72.

12 Covarrubias en su diccionario dice: "Algunas vezes se toma el ver por entender… En vista y revista, y por vista de ojos, son términos forenses." en Covarrubias (1611), 1369.

útiles. De manera clara lo dice el decreto, apenas citado arriba, que dieron normas "convenientes".† Tomaron del universo jurídico canónico de manera selectiva y crítica aquellas constituciones, decretos o cánones que les eran de utilidad y de modo autárquico formularon la nueva legislación, sea copiando el texto o el contenido, ambos, o creando un nuevo decreto. La conveniencia, dos veces nombrada en el texto citado, determinó a los decretos producidos en el Tercer Concilio Provincial Mexicano.

4.3 La localidad como característica distintiva de la producción legal conciliar

¿Existieron criterios generales para determinar lo más conveniente? Los obispos señalaron que a pesar de ser "loables y sanctos"† las constituciones de los anteriores concilios provinciales mexicanos, sin embargo, por la "variedad en los tiempos y variedad en las neçessidades"†, la "experiencia"† pedía nuevas leyes.

La localidad, como una delimitación espacio jurisdiccional, ha sido algo señalada frecuentemente en el estudio del derecho indiano, pero a juicio de los especialistas, poco estudiado.[13] La primera pregunta que se debe responder, antes de adjudicar a los decretos de un concilio provincial la característica de localidad, es si se puede aplicar esta categoría a una provincia eclesiástica que abarca miles de kilómetros cuadrados, que tiene a sus sedes episcopales separadas por el Océano Pacífico y que, aquellas que por tierra se pueden comunicar, sin embargo lo son a través de travesías largas, peligrosas y con posibles infortunios, como de hecho observamos al releer las cartas de los obispos sufragáneos al arzobispo y lo acaecido durante las travesías. Además de la distancia, debemos considerar la diversidad de gentes, lenguas y costumbres en la población indígena. Finalmente no quedaría el cuadro completo si no se mencionara la presencia del español, del criollo y del mestizo, así como de los diferentes estados de vida, ocupaciones y nivel social, que esta misma población tenía. ¿Se puede entonces, teniendo en cuenta toda esta diversidad y distancia, hablar de localidad para la provincia eclesiástica mexicana? La exorbitante extensión y vasta diversidad no dejarían

13 Cf. Tau Anzoátegui (2013), 14–15. Un estudio actual sobre la localidad y su aplicación en el derecho penal indiano en Agüero (2010).

lugar para indicar a la localidad como peculiaridad de la legislación conciliar siguiendo esas circunstancias.[14] ¿Pueden los decretos conciliares asumir realidades tan distintas y legislar eficazmente para todas ellas? Es cierto que la constitución de una provincia eclesiástica se da por un acto jurídico en la que en última instancia interviene una autoridad ajena no local. En nuestro caso, esta formación se dio a través de una simultaneidad de mandatos entre la Santa Sede y la Corona, en virtud del Real Patronato. Sin embargo, esto no es, bajo nuestro criterio, el elemento determinante por el cual podemos dar las características de localidad a una provincia eclesiástica como la mexicana. A diferencia de las provinciales en el orden civil, una provincia eclesiástica estaba constituida por territorios autónomos, gobernados por un prelado con potestad de jurisdicción.[15] La presidencia de la provincia eclesiástica, estaba reservada al arzobispo, quien sólo podía intervenir en las otras diócesis en contadas situaciones.[16] Y a él, salvo que esté impedido, le quedaba reservado el derecho de llamar a concilio provincial. Por el contrario, a diferencia del orden secular, las diócesis gozaban de una mayor autonomía y de formas de administración y gobierno, que no se ajustaban paralelamente al gobierno secular. Teniendo en cuenta todo esto, la localidad se puede apreciar desde dos perspectivas.

En primer lugar, la localidad se verifica en la constitución del concilio provincial. Será a través de la representatividad ejercida por los miembros del

14 Acerca de la delimitación territorial de las circunscripciones, véase García Gallo (1987), 1025–1044.

15 Dice Tau Anzoátegui: "Según Hespanha, la palabra "provincia" designaba a las nuevas circunscripciones político-administrativas creadas por el rey y no a las viejas circunscripciones tradicionales, siendo la aplicación de los conceptos romanos a las realidades europeas del medievo y de la modernidad. En Indias su manifestación jurídica se hizo notoria desde el comienzo mismo de la conquista y colonización, tanto en la dirección de los mandamientos reales como en las autoridades que ejercían el poder sobre toda su extensión. Las voces "local" y "provincial" designan ámbito y función propia que conviene distinguir en la medida que sea posible. Por eso, insisto en la necesidad de utilizar ambas para organizar una presentación esquemática y comprensible del conjunto normativo, sin entrar ahora en la compleja estructura interna que poseen." Cf. Tau Anzoátegui (2013), 23. Aunque el texto citado se refiere al ámbito puramente secular, sin embargo, por analogía lo podemos apropiar para distinguir como ámbitos locales / provinciales a los diocesanos / provinciales.

16 Por ejemplo, por ausencia por un tiempo excesivamente largo del obispo diocesano, sea por voluntaria o involuntaria.

concilio que se asegurará la localidad. El espacio jurisdiccional estaba figurado, en primer lugar, por el obispo diocesano presente en el concilio provincial. Incluso en los casos en que no se apersonan, sea por la distancia que excusaba o por imposibilidad física, dan a conocer su parecer y las problemáticas contextualizadas a las que el concilio provincial debería responder, y envían sus delegados, a quienes el concilio provincial podía dar voto consultivo. Representantes de las distintas corporaciones eclesiásticas (por ejemplo, los cabildos eclesiásticos) y seculares (las reales audiencias y los ayuntamientos) con voto consultivo en el concilio provincial reasegurarán esta representatividad. También debemos incluir aquí los memoriales presentados a la asamblea episcopal, los cuales fueron leídos y tenidos en cuenta en los procesos de redacción. Mediante ese mecanismo, se manifestaba de una forma no institucional e informal la representatividad del espectro social y jurídico de la jurisdicción eclesiástica provincial.[17] La autoría común de los decretos conciliares por parte del episcopado en el Tercer Concilio Provincial Mexicano constituye con la representatividad alcanzada, dos de las características de la localidad, en tanto forma de gobierno *in situ*, como las dos faces de la misma medalla.[18]

En segundo lugar, la localidad de esta producción legal la podemos verificar en el modo de ejecución y vigencia deseada para los decretos conciliares. Repetidamente encontramos que las normas son dictadas para ser aplicadas "en este Arçobispado y provincia"† ya sea para el nombramiento de oficios, o para ejercicio de la judicatura por los jueces eclesiásticos, en la moral de los clérigos, o en las relaciones institucionales con las órdenes religiosas y las autoridades reales, sólo por nombrar algunos ejemplos. El uso de esta locución la encontramos a lo largo de todo el cuerpo de decretos.[19]

Sin embargo, bajo otro nivel de análisis, verificamos que la naturaleza canónica del concilio provincial aquí es determinante. Los concilios provinciales, ya en el medioevo y luego en la reforma tridentina, fueron concebidos

17 Acerca de la necesidad y uso de la consulta, informes o consejo en el proceso informativo de la ley indiana, véase Tau Anzoátegui (1992b), 49–53; Alvar Ezquerra (1988). En Góngora (1951), 168–169 se resume como el deber de consejo de los súbditos.

18 "El territorio político equivalía a la extensión espacial de la unidad política tradicional, es decir al espacio habitado por una comunidad que reconoce a una misma autoridad política y que es regida por un mismo estatuto." en Hespahna (1993), 98.

19 La expresión se encuentra una treintena de veces en los decretos conciliares.

como asambleas legislativas en un nivel supradiocesano, pero en intrínseca relación con los órganos diocesanos de gobierno, bajo la dirección del obispo. Las normas de un concilio provincial debían ser aplicadas por el obispo diocesano y, bajo su potestad, en las demás instituciones, sean cabildos catedralicios, tribunales eclesiásticos, parroquias, cofradías, hospitales, etc. La representatividad, por lo tanto, no se constituye como elemento sólo para la constitución del concilio provincial, sino también en sentido inverso y consecuente de la representatividad episcopal, los decretos conciliares alcanzan un nivel de especificidad por la conveniencia territorial y espacial para la cual son producidos. El instrumento de la dispensa canónica de la observancia de la ley cumplimentaba la aplicación de los decretos conciliares.

Porque la práctica de los decretos conciliares se daba en el ámbito local, la misma localidad fue tenida en cuenta en el momento de legislar en el Tercer Concilio Provincial Mexicano, como se pueden observar en otras circunscripciones de los dominios españoles, inclusive más allá del siglo dieciséis.[20] Ya en los apuntamientos para la redacción de los decretos conciliares, Salcedo guarda registro de la importancia de la localidad para la formulación de la nueva legislación. Así, en ellos, encontramos frases como las siguientes: "...se tome lo que en esta tierra pueda quadrar y convenir..."[21]; "...triplicando las penas al estilo desta tierra..."[22]; "...confiriendo si en este capítulo ay alguna cosa particular conveniente a esta tierra,..."[23]; "...Y si tienen la que se hizo en Lima, por ser más cómoda para esta tierra, importará verla, y antes que se ponga en perfectión, se traiga para que se vea."[24] La conveniencia, entonces, es una cualidad que agrega a la localidad aquello que pertenece a cierto tiempo y lugar. Creemos que sería un error de interpretación distinguir donde el legislador no distingue, así como también, no dejar de hacerlo cuando lo hace. En el ejemplo ya visto sobre la necesaria aprobación del obispo para la impresión de traducciones de catecismos o sermonarios a lenguas indígenas, la misma norma producida en el concilio provincial aprueba un catecismo general, pero deja las particularidades, la aplicación

20 Cf. Tau Anzoátegui (2013), 44. Sobre la vigencia del Tercer Concilio Provincial de Lima en su Provincia Eclesiástica Limense, véase García y García (2000b).

21 Cf. ManCarr I, 771.

22 Cf. ManCarr I, 772.

23 Cf. ManCarr I, 739.

24 Cf. ManCarr I, 759.

local de la norma, en la esfera del obispo diocesano.[25] En este ejemplo, podemos ver los tres niveles de aplicación de la norma bajo la responsabilidad de una única autoridad: 1) se busca aplicar una directriz tridentina sobre los libros para la enseñanza catequética; 2) expidiendo unos catecismos únicos para toda la provincia eclesiástica; 3) y la aprobación de las traducciones y la penalización de la transgresión de la norma; todo bajo la esfera de la jurisdicción diocesana del obispo local.

En cuanto a la estructura de los decretos, no se contentan los obispos con un título que hable sobre las obligaciones de los párrocos, sino que agregan un extenso decreto sobre las obligaciones de los doctrineros, o párrocos de indios en el lugar correspondiente de nuevo cuerpo legal.[26]

Ya fuera del cuerpo de decretos, la localidad también es perceptible en la producción legal. Así, aunque las resoluciones de las consultas segunda, tercera y séptima, no entrarán en los decretos, los obispos extienden sus resoluciones a toda la provincia eclesiástica a pesar de que la problemática estaba ceñida a pequeñas circunscripciones.[27]

4.4 Emergencia de la ley en el derecho indiano y en el derecho canónico

Sería reduccionista pensar que la conveniencia dictada por las circunstancia de tiempo y lugar determinó la producción legal en el Tercer Concilio Provincial Mexicano sólo en cuanto al espacio geográfico mexicano y al final de la segunda mitad del siglo dieciséis. La conveniencia también está determinada por el contexto jurídico en el cual se da la producción legal.

25 Cf. ManCarr III, 48–49; DecMar ¶11. El texto se encuentra ya reproducido en la nota 424.

26 Libro Tercero, Título 2, De officio rectoris et plebani, Decretum quintum. De iis quae ad Parochos indorum attinent. Cf. ManCarr III, 137–139; DecMar ¶310–322.

27 La resolución de la segunda consulta dice: "Juebes 28 de março de 1585, vistos estos pareceres en el sancto concilio provincial, se decretó *unanimi decreto* que se pueda comer lardo, manteca de puerco, y de la manteca que sacan de las vacas assí en la provincia de Pánuco para donde lo preguntó Francisco de Torres Saucedilla, alcalde mayor de la dicha provincia, como en todo este arçobispado y provincia, y se use de ello como hasta aquí por aver privilegio que dura todavía, y que el secretario escriba por concilio a los religiosos y clérigos que en la dicha provincia de Pánuco ministran. Y yo escrebí al provincial de Sant Agustín y al custodio de Tampico y vicario de los Valles. El doctor Salcedo. (rúbrica)" en ManCarr II, 237.

El ordenamiento jurídico reproducido en la América hispánica desde los primeros años de conquista, colonización y evangelización, conocido como Derecho Indiano, tuvo una impronta fuertemente casuística.[28] Este ordenamiento jurídico estaba compuesto principalmente por la costumbre, la opinión de los doctores (en ambos derechos, como en teología), la teología moral y, finalmente, la ley escrita.[29] Debemos tener en cuenta que además, el ordenamiento indígena, en tanto no contradijera el derecho natural o alguna expresa disposición o costumbre, fue observado, así como las prácticas administrativas y judiciales. Como es fácil advertir, en este contexto, la producción legal afectaba a todo el ordenamiento jurídico de forma inestable. El derecho, en tanto justicia, era concebido como anterior entitativamente a sus elementos, y en todo caso, sólo en la medida que eran justos, estaban vigentes. Así, el legislador legisló para casos concretos, y estas leyes gozaron de un ámbito de aplicación reducido o amplio, en tanto que representaran el mismo caso y la ley fuera conocida. Este ordenamiento plural, de acuerdo a Tau Anzoátegui, a partir del siglo diecisiete empieza a resquebrajarse, y por la multitud de leyes, costumbres y prácticas contradictorias, se iniciará un proceso de sistematización. La abstracción se fue abriendo paso lentamente, lográndose, como estadio intermedio, en la segunda mitad del siglo diecisiete la sanción de la Recopilación de las Leyes de Indias.[30]

El Tercer Concilio Provincial Mexicano no sólo debe encuadrarse dentro del Derecho Indiano, sino también como un testigo de este proceso de abstracción, que se dio para la elaboración de la ley. Como afirman los obispos en el decreto citado en el comienzo de este capítulo, la diversidad y "la experiencia va descubriendo, obligan muchas vezes a mudar las leyes antiguas y ordenar nuevos decretos".† Esta experiencia incluye también la diversidad del ordenamiento jurídico en el cual los obispos, para mayor claridad ("porque la multitud de las leyes no fuesse caussa de confussión"†) producen una nueva ley, a la que denominan "cuerpo"†, buscando simplidad en el ordenamiento jurídico ("en que cada uno pueda ver y entender las obligaciones de su estado"†).

28 Sobre el casuismo y su desarrollo en Indias, seguimos fundamentalmente a Tau Anzoátegui (1992), especialmente las págs. 83–140.

29 Un resumen sobre los elementos constitutivos del Derecho Indiano en Tau Anzoátegui (2001).

30 Sobre este proceso de sistematización del Derecho Indiano, véase Tau Anzoátegui (1992), 358–390.

Así, observamos dos características de la producción legal, a saber: simplicidad y orden. En los apuntamientos de Salcedo claramente podemos observar las instrucciones emanadas del aula conciliar para que la redacción de los decretos conciliares sea clara, se simplifique, o tipifique una materia. De la misma manera, vemos que se reemplazó el simple orden enumerativo utilizado para las constituciones en los dos primeros concilios provinciales mexicanos por una disposición temática, de acuerdo, en términos generales a la distribución del derecho canónico clásico. Los decretos conciliares toman de esta manera la forma de un "cuerpo"†, tal como lo llaman los obispos. Lejos aún de la idea moderna de un código, sin embargo, los decretos, además de la clásica estructura interna de decretal formada por la *arenga*, *dispositio* y *peona*, tienen una disposición estructural temática, bajo un orden conocido por el jurista de entonces.

La simplicidad y el orden en la producción legal la podemos observar, ante todo, en la necesidad que ven los obispos en que no haya confusiones en la vigencia de la ley, y por eso declaran que ya revisadas y asumidas las constituciones antiguas de la provincia eclesiástica mexicana estaban éstas derogadas. He aquí unos de los síntomas de este lento y progresivo avance del ordenamiento casuista hacia un ordenamiento sistemático.[31] Mientras que era común que las leyes se acumularan, los obispos derogan leyes anteriores y señalan cuales serían a partir de entonces las vigentes.

Esta evolución interna en la producción legal, que busca claridad a la par de un mayor grado de abstracción para poder comprender un mayor número de casos no es un fenónemo único del Tercer Concilio Provincial Mexicano. Dentro de un proceso de reforma institucional y moral, en todo el occidente cristiano se produce una emergencia, es decir, un lento avance de la ley escrita por arriba de los otros órdenes normativos. Este cambio, en el ámbito eclesiástico y espiritual, estuvo acompañado de la emergencia o consolidación del fuero sacramental como ámbito jurídico y de justicia.[32] El análisis del traspaso de área de influencia de la Iglesia al ámbito de la conciencia escapa al objeto de la presente investigación, pero no podemos dejar de notar las repetidas indicaciones, tanto generales como en materias particulares, que se hacen en los decretos conciliares a la obligación de seguir el Directorio de Penitentes y Confesores.

31 Cf. Tau Anzoátegui (1992), 373–378.

32 Cf. Prodi (2000), 283–288.

4.5 La ley canónica como forma de resolución de conflictos

Al comenzar nuestro trabajo indicamos las expectativas de los obispos sufragáneos que quedaron registradas en sus cartas enviadas al arzobispo y en los memoriales de aquellos que no pudieron asistir. En ellos se indicaba cómo los obispos encontraban su autoridad minada desde distintos ámbitos y cómo esperaban que el concilio provincial dictara normas a seguir. Siguiendo el decreto conciliar citado a principio de este capítulo, el fin de revisar las normas antiguas y adecuarlas a las nuevas circunstancias fue para que "cada uno pueda ver y entender las obligaçiones de su estado"†. Los decretos conciliares buscan señalar los deberes de todos los que formaban la sociedad e Iglesia de entonces. Aquí también asoma la localidad como distintivo de la aplicación conciliar. Mirando en detalle los decretos conciliares vemos en ellos reflejados situaciones pecaminosas, o al menos irregulares, en la vida, religiosidad, y administración de los distintos miembros de la población americana. Entre los decretos conciliares promulgados y el Directorio de Confesores y Penitentes del Tercer Concilio Provincial Mexicano podemos hacernos una imagen bastante amplia de los peligros morales que acechaban a cada uno según su "estado". Ha sido a partir del Directorio sobre todo, que la historia social se ha servido para visualizar la relaciones y deberes de los distintos miembros de aquella sociedad, tal vez sin reparar demasiado en que no era éste, ni los decretos conciliares, un manual completo del proceder moral, sino sólo una herramienta dirigida a quienes ejercían la *cura animarum* en el ámbito del fuero penitencial, donde se señalaban tanto situaciones ordinarias como extraordinarias del actuar moral.[33] Así, tribunales diocesanos o confesionarios en los templos parroquiales, se consolidaron como lugares de gobierno que necesitaban normas generales para lograr cierta uniformidad en la práctica, pero también, un importante grado de particularidad por la diversidad de situaciones y estados de personas que a ellos se acercaban. La localidad, como virtud en la producción legal, la hacía entonces más fácilmente aplicable.[34]

Teniendo en cuenta esto, podemos ver cómo la ley se vuelve una herramienta para la resolución de conflictos en distintas esferas. En un medio

33 Cf. Luque Alcaide (1993).

34 Sobre la consolidación del fuero episcopal y sus instancias locales de gobierno, véase Prodi (2000), 288–297.

social donde la religión todavía abrazaba a la casi totalidad de la actividad humana, la ley canónica, bajo la forma de los decretos conciliares, venía a sentar posiciones sobre distintos conflictos que se daban tanto en la esfera religiosa, como la organización social, hasta la vida familiar. La producción legal tiene por fin declarar las obligaciones de particulares y corporaciones, y así lo declara el texto conciliar. Los decretos enumeran obligaciones para poder hacerlas exigibles no sólo en un ámbito judicial ("ver"†), sino también afianzando la función educativa de la ley ("entender"†). Los decretos conciliares entonces, son para "...el remedio de los ynconvenientes de los tiempos presentes, para la reformación del presente estado de este arçobipado y provincia...".† Sin duda entre las razones para convocar y reunirse en un concilio provincial, dejando las sedes por largo tiempo, emprenderse en un peligroso viaje y sumirse en discusiones y pleitos, los obispos mexicanos concibieron a los decretos conciliares como un instrumento para la resolución de conflictos. Así resolvieron controversias puntuales, como hemos visto en las "pequeñas" peticiones, así como incorporaron críticamente las propuestas de los memoriales. Sin embargo, también avanzaron no sólo sobre cuestiones particulares sino también en dar reglas precisas, especialmente en el ámbito procesal, para una mejor resolución de conflictos. No sólo se atuvieron a situaciones en sí, sino también, los decretos promulgados servían como medio para conflictos no presentes aún.

Tal vez aquí tenemos una de las tantas posibles respuestas para entender por qué los decretos del Tercer Concilio Provincial Mexicano tuvieron una vigencia varias veces centenaria[35] y sirvieron de base para la elaboración de varias legislaciones conciliares posteriores, como lo fue en los casos del IV Concilio Provincial Mexicano de 1771 y el V Concilio Provincial Mexicano de 1896 y fueron impresos con una glosa integral en el siglo diecinueve.[36]

35 A modo de ejemplo sobre la extensa vigencia legal del Concilio Mexicano puede verse la obra impresa en México en el año 1862 por Rafaél Roa Barcena titulada *Manual Teórico Práctico razonado de Derecho Canónico. Obra escrita con arreglo a los cánones y disposiciones generales de la Iglesia, al concilio III mexicano, y a las doctrinas de los mejores autores, bajo un plan nuevo y al alcance de todos*. En la página 17 indica al Tercer Concilio Provincial Mexicano como la primera fuente normativa, incluso antes del *Corpus Iuris Canonici.*

36 Concilio III provincial mexicano, celebrando en México el año de 1585, confirmado en Roma por el papa Sixto V, y mandado observar por el gobierno español, en diversos reales ordenes, ilustrado con muchas notas del r.p. Basilio Arrillaga... y un apéndice con los decretos de la Silla Apostólica relativos a esta Santa Iglesia, que constan en el Fasti novi

El estudio que aquí finalizamos nos lleva a concluir que la seriedad y la capacidad intelectual y jurídica de los obispos mexicanos y sus colaboradores produjeron un texto legal de considerable calidad, capaz de ser maleable por el paso del tiempo y nuevas circunstancias tanto sociales como jurídicas hasta que cayó recién en desuso con la abrogación general dada por *Codex Iuris Canonici* de 1917.[37]

4.6 Epílogo: perspectivas de investigación

Enmarcar el Tercer Concilio Provincial Mexicano no sólo en la historia eclesiástica americana sino también dentro del Derecho Indiano y en la pervivencia del Derecho Canónico postridentino, permite abrir una serie de preguntas originales, y a su vez, replantear otras. En primer lugar se encuentra la cuestión de las fuentes de los decretos conciliares. Si el orden jurídico a finales del siglo dieciséis estaba sólo en parte constituido por la ley escrita, se debe entonces profundizar en la influencia doctrinal de los otros órdenes normativos en los decretos conciliares. Aunque no es difícil reconocer cierta influencia de otras normas legales en la redacción del Tercer Concilio Provincial Mexicano, sin embargo, esto ha llevado a olvidar la importancia que la costumbre y la opinión de los doctores habían tenido.

Dentro de la historia de la aplicación del Tercer Concilio Provincial Mexicano, queda por estudiarse la relación que existió entre los decretos conciliares y los instrumentos pastorales que se utilizaron durante el tiempo y espacio en que el concilio provincial estuvo vigente. Al no publicarse los instrumentos promulgados por el concilio provincial en 1585, otros fueron los utilizados, tanto para la catequesis, para la práctica sacramental y litúrgica, siendo tal vez lo más interesante en este punto, las distintas sustituciones que se dieron al Directorio de Confesores y Penitentes. Así la consonancia buscada por los obispos entre el fuero interno y el fuero externo, al reglamentar los decretos conciliares y el directorio conjuntamente, pudo

orbis y otros posteriores, y algunos más documentos interesantes, E. Maillefert y compañía, México 1859. También fueron incorporados en Colección de cánones de la Iglesia española / publicada en latin por Francisco Antonio Gonzalez; traducida al castellano, con notas e ilustraciones por Juan Tejada y Ramiro, Imprenta de Pedro Montero, Madrid 1855, págs. 522–636.

37 Cf. *Codex Iuris Canonici* 1917, canon 6 §1.

verse afectada. Para valorar, entonces, la relación de la teología moral y el derecho canónico, sería conveniente un estudio donde se analicen testimonios judiciales, opiniones de juristas y teólogos, entre otras, para verificar como se vio afectada la aplicación de los decretos conciliares.

Finalmente, el estudio del proceso histórico de sistematización legal debe incluir las legislaciones canónicas, incluso aquellas que han sido consideradas como marginales. Creemos haber demostrado que el Tercer Concilio Provincial Mexicano no puede ser considerado una copia de otras legislaciones. Así estudios pormenorizados de otros casos, tanto americanos como de otras latitudes, pueden cuestionarnos nuestra concepción de la evolución del sistema legal, y no solamente del Derecho Indiano.[38] En este sentido, la emergencia de la ley positiva por sobre otros órdenes normativos no llevó necesariamente a la desaparición de estos últimos, pero si a una reorganización del orden jurídico. Una visión más dinámica, que contemple procesos, y no simplemente coyunturas, podría trastocar periodizaciones de la historia del derecho, dando lugar a diversas historias del derecho. Tal vez, más que la imagen de un árbol que se ramifica, debamos abordar la de un bosque donde distintos órdenes normativos conviven y se entrecruzan, formando una unidad a partir de variadas especies. Los decretos del Tercer Concilio Provincial Mexicano, legislados en 1585, impresos varias veces a lo largo de los siglos diecisiete a diecinueve, y vigentes hasta 1917, siguen siendo un buen caso de estudio para el análisis del surgimiento y de la aplicación de una legislación en un espacio temporal importante que sufrió grandes transformaciones.

38 Algunas propuestas de investigación sobre esta temática en Traslosheros (2013).

Apéndice

Iter redaccional de decretos de acuerdo a los apuntamientos de Juan de Salcedo

Indicamos en la columna de la izquierda el párrafo del decreto promulgado.[1] En la columna derecha señalamos el último registro del que tenemos constancia de la última fase de redacción de dicho párrafo.[2] No se pretende declarar las fuentes de los Decretos, sino que sólo indica un punto del itinerario de la redacción de los decretos mexicanos de 1585 de acuerdo a los apuntamientos del secretario conciliar, Juan de Salcedo.

Libro I	
Título 1°. De Summa Trinitate, et fide catholica	
Decretum primum. De fidei professione	
"Para conseguirse el yntento..." (ManCarr III, 45; DecMar ¶2)	ManCarr I, 764 (México1565, 1)
Decretum secundum. De Praedicatione verbi Dei	
"Procuren siempre tomar ocasión del evangelio para declarar algún misterio de nuestra fee..." (ManCarr III, 48; DecMar ¶6–7)	ManCarr I, 769 (Compostela1565, 2ª, 32).
Decretum tercium. De doctrina christiana traddenda rudibus	
"El mayor cuydado de los pastores..." (ManCarr III, 48; DecMar ¶11)	ManCarr I, 755 (México1555, 69); ManCarr I, 767 (Lima1582 2ª, 3); ManCarr I, 711 (México1555, 4)

1 Luego de indicar las primeras palabras del párrafo del decreto promulgado, indicamos el número de página en la edición de Alberto Carrillo Cázares (ManCarr III) y seguidamente en la edición de Luis Martínez Ferrer (DecMar) el número de párrafo (¶) que él le asigno a este texto.

2 En esta columna indicamos el número de página donde se encuentra el o los apuntamientos para la elaboración del decreto y, entre paréntesis la legislación o el texto que en esa oportunidad se estaba revisando, lo que no quiere decir que esa constitución sea la fuente de ese párrafo en particular.

"§.1. Todos los curas seculares y regulares..." (ManCarr III, 49; DecMar ¶12)	ManCarr I, 754 (México1555, 65)
"§.2. Mas porque sería de poco fructo..." (ManCarr III, 49; DecMar ¶13)	ManCarr I, 767 (Lima1582 5ª, 2); ManCarr I, 711. 754 (México1555, 3. 65)
"§.4. Los curas de Indios, anssí seculares como regulares..." (ManCarr III, 49; DecMar ¶15)	ManCarr I, 767 (Lima1582 2ª, 43)
"§.5. En muchas partes de este Arçobispado y provinçia..." (ManCarr III, 50; DecMar ¶16)	ManCarr I, 711 (México1555, 3)
"Y anssí mismo se manda a todas las personas..." (ManCarr III, 51; DecMar ¶17)	ManCarr I, 722 (México1555, 19)
Decretum quartum. Ne administrentur sacramenta adultis, qui doctrinae christiane sunt expertes	
"Y porque muchos resçiben los sacramentos de la yglesia..." (ManCarr III, 51; DecMar ¶18)	ManCarr I, 711 (México1555, 2); ManCarr I, 710 (México1555, 1); ManCarr I, 712 (México1555, 5)
Decretum quintum. De impressione et lectione librorum	
"No menos suele dañar la doctrina de los libros..." (ManCarr III, 52; DecMar ¶19–20)	ManCarr I, 756 (México1555, 74)
"§.2. Assí mismo por el daño manifiesto..." (ManCarr III, 52; DecMar ¶21)	ManCarr I, 768 (Lima1582 3ª, 37)
Decretum sextum. Ut indis amoveantur impedimenta propriae salutis	
"Para que los indios se conserven en la fee..." (ManCarr III, 53; DecMar ¶22)	ManCarr I, 756 (México1555, 72)
"Assí mismo encarga este santo conçilio al gobernador..." (ManCarr III, 53; DecMar ¶23)	ManCarr I, 756 (México1555, 72)
"§.1. Cosa es muy sabida, experimentada y..." (ManCarr III, 53; DecMar ¶24)	ManCarr I, 756 (México1555, 73)
Título 2°. De Constitutionibus	
Decretum. De vi decretorum huius concilii, et publicatione eorum	
"Porque la diversidad de los tiempos..." (ManCarr III, 55; DecMar ¶25–26)	ManCarr I, 760 (México1555, 93)
"§.1. Y porque ninguna persona ecclesiástica..." (ManCarr III, 56; DecMar ¶27)	ManCarr I, 769 (Lima1572 4ª, 25)
"Ytem se ordena, para perpetuamente estos decretos se conserven..." (ManCarr III, 56; DecMar ¶28)	ManCarr I, 772 (Granada1572 I, 2, C. 2 ¶3)

"Assí mismo quando algún juez ecclesiástico ubiere..." (ManCarr III, 56; DecMar ¶29)	ManCarr I, 772 (Granada1572 I, 2, C. 2 ¶2)
"§.2. Por quanto este terçer Conçilio provinçial Mexicano..." (ManCarr III, 57; DecMar ¶29)	ManCarr I, 775 ("Cosas sueltas")
Título 3°. De Rescriptis	
"Assí como es neccesario que los prelados y juezes ecclesiásticos..." (ManCarr III, 57; DecMar ¶30)	ManCarr I, 757 (México1555, 89); Borrador en ManCarr I, 191
"§.3. Y assí mismo los que se conçedieren para commutaçiones..." (ManCarr III, 59; DecMar ¶33)	ManCarr I, 772 (Granada1572 I, 3, ¶4)
Título 4°. De aetate, et qualitate ordinandorum	
Decretum primum. De scientia ad sacros ordines et curam animarum necessaria	
"La alteza y dignidad de el ministerio de los saçerdotes..." (ManCarr III, 59; DecMar ¶34)	ManCarr I, 742 (México1555, 45)
"§.2. Ninguno se ordene de grados..." (ManCarr III, 60; DecMar ¶36)	ManCarr I, 740 (México1555, 45)
"Para ser ordenados de epístola se requiere..." (ManCarr III, 60; DecMar ¶37)	ManCarr I, 740 (México1555, 45)
"§.3. Los que se ubieren ordenado de sacerdotes..." (ManCarr III, 60; DecMar ¶39)	ManCarr I, 740 (México1555, 45)
Decretum secundum. De moribus, vita et fama ordinandorum	
"Por ser mucho más nesçessaria la entereza y honestidad..." (ManCarr III, 61; DecMar ¶41)	ManCarr I, 739 (México1555, 44)
"§.1. De no cerrarse la puerta a los que pretenden entrar..." (ManCarr III, 62 DecMar ¶42)	ManCarr I, 739 (México1555, 44); ManCarr I, 743 (México1555, 47)
"§.2. Para conservar la estima y reverençia debida al estado clerical..." en ManCarr III, 62; DecMar ¶43)[3]	ManCarr I, 739 (México1555, 44)
Decretum tertium. De titulo beneficii, aut patrimonii	
"Cosa es muy yndeçente que los ministros de la yglesia..." (ManCarr III, 63; DecMar ¶44)	ManCarr I, 739 (México1555, 44)

3 Cf. Martínez Ferrer (2012).

Decretum quartum. De modo conferendi ordines et literas dimissorias ad illas	
"§.1. Y para remediar un abuso que contra esto se a yntroduçido..." (ManCarr III, 64; DecMar ¶48)	ManCarr I, 739 (México1555, 44)
"Quanto al ordenar a los regulares..." (ManCarr III, 65; DecMar ¶49)	ManCarr I, 739 (México1555, 44)
Decretum quintum. De examine ordinibus praemittendo	
"Primeramente harán juramento en forma de exerçitar fielmente su offiçio..." (ManCarr III, 65; DecMar ¶51–54)	ManCarr I, 743 (México1555, 45)
Título 5°. De sacramentorum ecclesiae administratione	
"Para que los sanctos sacramentos de la yglesia..." (ManCarr III, 67; DecMar ¶57)	ManCarr I, 725 (México1555, 23)
"Y para que se conserve el decoro que se resulta en el culto divino..." (ManCarr III, 67; DecMar ¶58)	ManCarr I, 754 (México1555, 67)
Título 6°. De sacra Unctione	
"Queriendo este sancto Conçilio obviar con el remedio opportuno..." (ManCarr III, 68; DecMar ¶59–60)	ManCarr I, 731 (México1555, 32)
"Y porque entre esta gente ygnorante fácilmente puede acontecer..." (ManCarr III, 68; DecMar ¶61)	ManCarr I, 767 (Lima1582 2ª, 9)
"Ytem, se ordena y manda a todos los curas seculares y regulares que los yndios y esclavos..." (ManCarr III, 68; DecMar ¶62)[4]	ManCarr I, 753 (México1555, 64); ManCarr I, 767 (Lima1582 2ª, 29)
"Y attendiendo a la pobreza y desabrigo..." (ManCarr III, 68; DecMar ¶63–64)	ManCarr I, 753–754 (México1555, 64)
Título 7°. De clericis peregrinis	
"Summamente debían desear los prelados..." (ManCarr III, 70; DecMar ¶70)	ManCarr I, 750 (México1555, 57)
Título 8°. De officio iudicis ordinarii, et vicarii	
"1. Primeramente, todos los provissores y juezes ecclesiásticos..." (ManCarr III, 71; DecMar ¶72)	ManCarr I, 772 (Granada1572 I, 3, ¶1); ManCarr I, 773 (Granada1572 V, 7, ¶1)
"9. Tengan cuydado espeçial de castigar los peccados públicos..." (ManCarr III, 73; DecMar ¶78)	ManCarr I, 712 (México1555 5)

4 Cf. Alejos-Grau (2009).

"17. Tengan libro en el qual por Abeçedario assienten..." (ManCarr III, 76; DecMar ¶84)	ManCarr I, 773 (Granada1572 V, 7, ¶1)
"29. Porque del remedio de los peccados..." (ManCarr III, 79; DecMar ¶99)	ManCarr I, 712 (México1555, 6)
"30. Los vicarios que residen en los puertos de este Arçobispado..." (ManCarr III, 79; DecMar ¶100)	ManCarr I, 750 (México1555, 57)
"31. Todos los juezes ecclesiásticos, assí provissores como vicarios..." (ManCarr III, 79; DecMar ¶101)	ManCarr I, 712 (México1555, 27)
Título 10°. De officio notarii, et de fide instrumentorum	
"2. Los notarios con quien los vicarios hizieren autos en los casos de su jurisdictión..." (ManCarr III, 86; DecMar ¶129)	ManCarr I, 757 (México1555, 89)
"16. Ytem se ordena conforme al sancto Conçilio Tridentino..." (ManCarr III, 88; DecMar ¶144)	ManCarr I, 743 (México1555, 47)
"33. Los notarios no señalarán, ni firmarán carta alguna de excomunión..." (ManCarr III, 92; DecMar ¶162)	ManCarr I, 717 (México1555, 15)
"34. Y porque aya buen recaudo en el registro de las órdenes..." (ManCarr III, 92; DecMar ¶163)	ManCarr I, 743 (México1555, 46)
"35. Todos los notarios, assí ordinarios como apostólicos requeridos por la parte..." (ManCarr III, 93; DecMar ¶164)	ManCarr I, 772 (Granada1572 I, 3, ¶2)
"36. Cuando quiera que alguno aya de suçeder a otro en el oficio de notario..." (ManCarr III, 95; DecMar ¶165)	ManCarr I, 769 (Compostela1565, 3ª, 28)
Título 13. De maioritate, et obedintia	
"1. Para que se pueda conservar la paz y unidad entre los ecclesiásticos..." (ManCarr III, 97; DecMar ¶186)	ManCarr I, 770 (Toledo1582 3ª, 19)
"3. Assí mismo se ordena y manda, que ningún clérigo, de qualquier qualidad que sea..." (ManCarr III, 98; DecMar ¶188)	ManCarr I, 188 (Lima1582 3ª, 22)
Libro II	
Título 3°. De Feriis	
"Para que pudiéssemos cumplir con la obligaçión que tenemos..." (ManCarr III, 105; DecMar ¶214–216)	ManCarr I, 719 (México1555, 18)

"Por la espeçial devoçión que en esta provinçia se a tenido al glorioso Sanct Joseph…" (ManCarr III, 108; DecMar ¶217)	ManCarr I, 719 (México1555, 18)
"Aunque antes de la celebraçión de este conçilio no se guardaba la fiesta del Angélico…" (ManCarr III, 108; DecMar ¶218)[5]	ManCarr I, 720 (México1555, 18)
"Las quales fiestas declara este sancto conçilio estar todos obligados a guardar…" (ManCarr III, 109; DecMar ¶219)	ManCarr I, 721 (México1555, 19)
"Assí mismo exhorta este sancto conçilio a todos los padres y madres…" (ManCarr III, 109; DecMar ¶220)	ManCarr I, 722 (México1555, 19)
"Y proveyendo de remedio a un abuso que se ha yntroduçido de dexar de oyr missa las buidas…" (ManCarr III, 109; DecMar ¶221)	ManCarr I, 721 (México1555, 19)
"Y para que todos entiendan las obras serviles de que deben çessar los días de fiesta…" (ManCarr III, 109; DecMar ¶222)	ManCarr I, 720 (México1555, 18)
"Y desde que tañen a missa mayor hasta que se acabe la missa…" (ManCarr III, 109; DecMar ¶223)	ManCarr I, 720 (México1555, 18)
"Considerando nuestro muy sancto padre Paulo III…" (ManCarr III, 110; DecMar ¶224–225)	ManCarr I, 720 (México1555, 18)
"Assí mismo se manda que en los domingos y fiestas que son de guardar…" (ManCarr III, 110; DecMar ¶226)	ManCarr I, 755 (México1555, 70)
"Y a los médicos se manda, que no appliquen mediçinas…" (ManCarr III, 111; DecMar ¶227)	ManCarr I, 763 ("Cosas sueltas")
Título 5°. De testibus, et probationibus	
"3. Los juezes tomen por sus personas los testigos de pleytos matrimoniales;…" (ManCarr III, 112; DecMar ¶234)	ManCarr I, 737 (México1555, 42)
"10. Y queriendo este sancto conçilio mirar por la buena estima de los saçerdotes que tienen a cargo de los yndios…" (ManCarr III, 114; DecMar ¶241)	ManCarr I, 761 (Lima1582 4ª, 6); Borrador en ManCarr I, 191

5 Cf. Martínez Ferrer (2004).

Libro III	
Título 1°. De offiçio episcoporum et vitae puritate	
Decretum secundum. De cura subditorum et familiea propriae	
"Y porque no se puede entender (como dize el Apóstol), que el que no govierna su casa como conviene..." (ManCarr III, 120; DecMar ¶260)	ManCarr I, 768 (Lima1582 3ª, 2)
Decretum tertium. De doctrinae cura.	
"Queriendo el sancto conçilio de Trento que el pueblo christiano..." (ManCarr III, 121; DecMar ¶262)	ManCarr I, 770 (Toledo1565 3ª, 27)
"Por ser çierto que la falta de doctrina e ignorançia de los saçerdotes y ministros ecclesiásticos..." (ManCarr III, 122; DecMar ¶264)	ManCarr I, 751 (México1555, 60)
"No puede dexar de sentirse entrañablemente el descuydo de algunos saçerdotes..." (ManCarr III, 122; DecMar ¶265)	ManCarr I, 751 (México1555, 60)
Decretum quartum. De visitatione suae provintiae	
"No ay cosa que más a propósito sea para la salud y buen tratamiento..." (ManCarr III, 123; DecMar ¶267)	ManCarr I, 759 (México1555, 92)
"Dessea este sancto conçilio que quando los prelados visitaren su provinçia..." (ManCarr III, 123; DecMar ¶268)	ManCarr I, 759 (México1555, 92); Borrador en ManCarr I, 192
"Y para que las audiençias ecclesiásticas se goviernen con toda limpieza y rrectitud..." (ManCarr III, 124; DecMar ¶270)	ManCarr I, 769 (Compostela1565, 3ª, 19)
"En la visita tendrán los prelados particular atençión..." (ManCarr III, 125; DecMar ¶271)	ManCarr I, 733 (México1555, 35)
"Visitarán los prelados cada mes una bez sus cárçeles y los presos..." (ManCarr III, 125; DecMar ¶272)	ManCarr I, 755 (México1555, 68); Borrador en ManCarr I, 191
"Para que se estorven muchos abusos y superstiçiones que suele causar la façilidad y piedad indiscreta de algunos;..." (ManCarr III, 125; DecMar ¶273)	ManCarr I, 731 (México1555, 33); ManCarr I, 775 ("Cosas sueltas")
"Assí mismo ny los prelados llebarán cosa alguna de dinero o preçio..." (ManCarr III, 126; DecMar ¶275)	ManCarr I, 770 (Toledo1582 2ª, 8)

"De mucha importançia es para que los offiçios que tocan a justiçia..." (ManCarr III, 126; DecMar ¶276)	ManCarr I, 757 (México1555, 89); ManCarr I, 768 (Lima1582 3ª, 8)
"Las dispensaciones que por derecho..." (ManCarr III, 126; DecMar ¶277)	ManCarr I, 758 (México1555, 91)
"Para el mismo effecto terná cada uno de los prelados dos libros..." (ManCarr III, 127; DecMar ¶280)	ManCarr I, 770 (Toledo1565 2ª, 5)
"Aunque en todas las cosas tocantes al culto divino deben los prelados..." (ManCarr III, 127; DecMar ¶281)	ManCarr I, 766 (México1565, 13)
"Assí como fue conveniente en la iglesia de Dios que algunos casos de peccados atroçes..." (ManCarr III, 128; DecMar ¶282)	ManCarr I, 758 (México1555, 91)
Título 2°. De Officio Rectoris et Plebani	
Decretum secundum. De administratione sacramentorum	
"Quando fueren llamados para confessar a algún enfermo..." (ManCarr III, 131; DecMar ¶289)	ManCarr I, 765 (México1565, 5); ManCarr I, 752 (México1555, 60)[6]
Decretum tertium. De vigilantia et cura circa súbditos praesertim in sacramentorum reçeptione	
"Para que los curas seculares y regulares reconozcan sus ovejas..." (ManCarr III, 132; DecMar ¶291)	ManCarr I, 712–714 (México1555, 6–7)[7]
"Los curas de españoles el domingo de Quasimodo al tiempo del offertorio..." (ManCarr III, 132; DecMar ¶293)	ManCarr I, 713 (México1555, 7)
"y los que este segundo domingo señalado no hubieren confessado y comulgado..." (ManCarr III, 133; DecMar ¶294)	ManCarr I, 713 (México1555, 7)
"Los curas de los yndios, seculares y rregulares, el domingo de Quasimodo..." (ManCarr III, 133; DecMar ¶296)	ManCarr I, 713–714 (México1555, 7)
"Todos los curas tienen obligaçión a ofresçer sacrifiçios y oraçiones a Dios..." (ManCarr III, 134; DecMar ¶297)	ManCarr I, 713–714 (México1555, 21)

6 Sobre la confesión por intérprete, véase Martínez Ferrer (2003).

7 Un análisis comparativo de las legislaciones de los cuatro primeros concilios provinciales mexicanos sobre los padrones de confesión y comunión en Ferreira Ascencio (2013).

"Para evitar inconvenientes que con el olvido de las cosas y discurso de tiempo se suele seguir..." (ManCarr III, 135; DecMar ¶301)	ManCarr I, 730 (México1555, 32)
"Luego que fueren requeridos notificarán e publicarán..." (ManCarr III, 135; DecMar ¶303)	ManCarr I, 717 (México1555, 15); ManCarr I, 774 (Granada1572 V, 8, ¶5)
Decretum quartum. De sollicitudine ut pecattis adhibeat remedium	
"Assí mismo inquieran en sus districtos y partidos si ay algunos bagabundos..." (ManCarr III, 136; DecMar ¶308)	ManCarr I, 755 (México1555, 71)
"No consentirán que en sus perrochias o partidos pidan limosna..." (ManCarr III, 136; DecMar ¶309)	ManCarr I, 772 (Granada1572 III, 1, ¶14)
Decretum quintum. De iis quae ad Parochos indorum attinet	
"Desseando este sancto conçilio que ni los indios sean vexados o molestados con exactiones de sus ministros..." (ManCarr III, 137; DecMar ¶310)	ManCarr I, 726 (México1555, 23); ManCarr I, 751 (México1555, 59)
"Justo es que los ecclesiásticos se aparten no sólo de avariçia y cobdiçia..." (ManCarr III, 137; DecMar ¶311)	ManCarr I, 726 (México1555, 23)
"No venderán cosa alguna a los indios de sus partidos..." (ManCarr III, 137; DecMar ¶312)	ManCarr I, 732 (México1555, 34)
"No tendrán en sus partidos más de dos caballos..." (ManCarr III, 137; DecMar ¶313)	ManCarr I, 751 (México1555, 59)
"No acojerán en sus casas hombres vagabundos..." (ManCarr III, 138; DecMar ¶314)	ManCarr I, 751 (México1555, 59)
"Por tanto se les ordena y manda que en ninguna manera castiguen a los indios..." (ManCarr III, 138; DecMar ¶316)	ManCarr I, 752 (México1555, 60)
"No consentirán que los indios que estubieren enfermos..." (ManCarr III, 138; DecMar ¶317)	ManCarr I, 753 (México1555, 64)
"Para que puedan con más façilidad y promtitud acudir..." (ManCarr III, 138; DecMar ¶318)	ManCarr I, 751 (México1555, 59)
"Procuren el augmento de devoción y religión en sus súbditos..." (ManCarr III, 138; DecMar ¶319)	ManCarr I, 765 (México1565, 8)
"Visiten cada semana una vez a los indios que estubieren presos..." (ManCarr III, 139; DecMar ¶320)	ManCarr I, 755 (México1555, 68)

"Y para que no aya difficultad en las cosas que en este título se han decretado..." (ManCarr III, 139; DecMar ¶322)	ManCarr I, 713 (México1555, 7)
Título 3°. De Beneficiatis Cathedralium, et parrochialium, et eorum officio	
"2°. Quando el prelado tubiere preso a algún prebendado..." (ManCarr III, 142; DecMar ¶325)	ManCarr I, 770 (Toledo1565 3ª, 20)
"Todos los prebendados de qualquier calidad que sean..." (ManCarr III, 143; DecMar ¶327)	ManCarr I, 769 (Compostela1565, 2ª, 22)
"Assí mismo todos los prebendados, benefiçiados y ministros de la iglesia..." (ManCarr III, 143; DecMar ¶328)	ManCarr I, 769 (Compostela1565, 2ª, 25); ManCarr I, 763 ("Cosas sueltas")
Título 4°. De Offiçio sacristae	
"1° De la buena diligençia y cuydado que los sacristanes..." (ManCarr III, 144; DecMar ¶329)	ManCarr I, 731 (México1555, 33)
"3° Quando fueren requeridos por no aver notario o estar impedido..." (ManCarr III, 144; DecMar ¶330)	ManCarr I, 772 (Granada1572, I, 3, ¶2)
Título 5°. De vita et honestate clericorum	
Decretum primum. De vita et honestate clericorum	
"Por ser los clérigos, como dize Christo nuestro Señor, la luz del mundo..." (ManCarr III, 145; DecMar ¶332)	ManCarr I, 744 (México1555, 48)
"1°. Primeramente traygan la corona abierta en mediana quantidad..." (ManCarr III, 145; DecMar ¶333)	ManCarr I, 744 (México1555, 48)
"2°. No usarán de vestidura alguna de seda..." (ManCarr III, 145; DecMar ¶334–335)	ManCarr I, 744 (México1555, 48); ManCarr I, 774 ("Cosas sueltas")
"6°. Y porque algunos, por otro extremo..." (ManCarr III, 146; DecMar ¶336)	ManCarr I, 774 ("Cosas sueltas")
Decretum secundum. De vitandis spectataculis et actionibus profanis	
"Por evitar muchas muertes, heridas y daños que se seguían del correr de los toros..." (ManCarr III, 147; DecMar ¶342)[8]	ManCarr I, 772 (México1555, 29); ManCarr I, 745 (México1555, 48)

8 Cf. Badorrey Martín (2011).

"Assí mismo ningún clérigo de orden sacro salga en disfraçes o máscaras..." (ManCarr III, 148; DecMar ¶343–344)	ManCarr I, 772 (Granada1572 III, 1, ¶5)
"Pues los sagrados canónes con tanto miramiento prohiben a los clérigos..." (ManCarr III, 148; DecMar ¶345)	ManCarr I, 762 ("Cosas sueltas")
"No traygan armas offensivas ni deffensivas de día ni de noche..." (ManCarr III, 148; DecMar ¶347)	ManCarr I, 748 (México1555, 55)
"Yten se manda no usen de arcabuz, aunque sea de camino..." (ManCarr III, 149; DecMar ¶348)	ManCarr I, 748 (México1555, 55)
"Indigna cosa es del honor ecclesiástico que los clérigos dedicados al culto divino..." (ManCarr III, 149; DecMar ¶349)	ManCarr I, 747 (México1555, 54)
"Considerando quán indigna cosa sea que el saçerdote..." (ManCarr III, 149; DecMar ¶350)	ManCarr I, 772 (Granada1572 III, 5, ¶14)
Decretum tertium. De ludis clericis prohibitis	
"Muy graves son los daños que consigo traen los juegos a todo género de estados y pesonas..." (ManCarr III, 150; DecMar ¶351)	ManCarr I, 745 (México1555, 50)
"Yten, para que guarden el peso y madureza que a su dignidad comviene..." (ManCarr III, 151; DecMar ¶352)	ManCarr I, 745 (México1555, 50); ManCarr I, 772 (Granada1572 III, 5, 1)
"Assí mesmo se les prohibe jugar, aunque sea axedrés, o otros juegos..." (ManCarr III, 151; DecMar ¶353)	ManCarr I, 746 (México1555, 50)
Decretum quartum. De usu frequenti Eucharistiae	
"Para los diáconos y subdiáconos, quanto más se van açercando al saçerdoçio..." (ManCarr III, 152; DecMar ¶356)	ManCarr I, 746 (México1555, 52); ManCarr I, 770 (Toledo1565 2ª, 4)
"Y por ser mucho mayor la obligaçión que los saçerdotes tienen..." (ManCarr III, 152; DecMar ¶357)	ManCarr I, 747 (México1555, 53)
Título 6°. De clericis non residentibus	
"1. Porque la ausençia de los que tienen cargo de almas..." (ManCarr III, 153; DecMar ¶358)	ManCarr I, 747 (México1555, 54)

"3. Para que conste fielmente de las absençias y faltas de los prebendados..." (ManCarr III, 153; DecMar ¶360)	ManCarr I, 769 (Compostela1565, 2ª, 27)
"4. Todos los curas de las cathedrales y parrochiales..." (ManCarr III, 154; DecMar ¶361)	ManCarr I, 762 ("Cosas sueltas")
"5. Yten se ordena y manda que en los lugares y iglesias..." (ManCarr III, 154; DecMar ¶362)	ManCarr I, 772 (Granada1572 III, 6, ¶3)
"6° Porque sería desorden y contra toda buena razón..." (ManCarr III, 154; DecMar ¶363)	ManCarr I, 773 (Granada1572 III, 6, ¶10)
Título 7°. De institutionibus et iure patronatus	
"Para la buena administraçión y perpetuidad de los bienes..." (ManCarr III, 155; DecMar ¶364)	ManCarr I, 719 (México1555, 17); ManCarr I, 726 (México1555, 23); ManCarr I, 771 (Guadix1554, 3, 33); ManCarr I, 771 (Guadix1554, 3, 28); ManCarr I, 773 (Granada1572 III, 7, ¶1)
"Ninguno que fuere patrón de capellanía..." (ManCarr III, 155; DecMar ¶365–367)	ManCarr I, 773 (Granada1572 III, 7, ¶4–5)
"Y porque en todo es justo que inviolablemente se cumpla la pía disposición..." (ManCarr III, 156; DecMar ¶368)	ManCarr I, 773 (Granada1572 III, 7, ¶10)
Título 8°. De rebus ecclesiae conservandis, alienandis vel non	
"1. Los bienes e possesiones de las iglesias están applicados y dedicados al culto divino..." (ManCarr III, 157; DecMar ¶370)	ManCarr I, 773 (Granada1572 III, 8, ¶13)
"3. Ningún prebendado, beneficiado, o ministro..." (ManCarr III, 158; DecMar ¶372)	ManCarr I, 774 ("Cosas sueltas")
"4. Mucha obligación tienen los prelados a procurar que los bienes..." (ManCarr III, 159; DecMar ¶373)	ManCarr I, 718 (México1555, 17)
"Y para más seguridad, este archivo se pondrá en algún monasterio..." (ManCarr III, 159; DecMar ¶374)	ManCarr I, 718 (México1555, 17)
"6. Para el mismo effecto se ordena y manda que en el cabildo..." (ManCarr III, 160; DecMar ¶376)	ManCarr I, 718 (México1555, 17)

Título 9°. De testamentis et ultimis voluntatibus	
"La piedad christiana obliga a tener mucha quenta con las cosas tocantes a los difunctos..." (ManCarr III, 160; DecMar ¶378)	ManCarr I, 717 (México1555, 16)
"Assí mismo los albaçeas executores de los testamentos..." (ManCarr III, 161; DecMar ¶379)	ManCarr I, 773 (Granada1572 III, 8, ¶1)
"Y porque algunos albaçeas maliçiosamente se suelen ausentar..." (ManCarr III, 161; DecMar ¶380)	ManCarr I, 717 (México1555, 16)
Título 10°. De sepulturis, deffunctis et funeralibus	
"Justo es que en el pueblo christiano sean los fieles difunctos..." (ManCarr III, 162; DecMar ¶382)	ManCarr I, 718 (México1555, 16)
"Yrán al enterramiento, aunque sea de pobres..." (ManCarr III, 162; DecMar ¶383)	ManCarr I, 717 (México1555, 16)
"Quando algún indio muriere y dexare testamento..." (ManCarr III, 162; DecMar ¶384)	ManCarr I, 718 (México1555, 16)
"Para poner fin a un abuso que en estas tierras se ha introduçido..." (ManCarr III, 162; DecMar ¶385)	ManCarr I, 718 (México1555, 16)
"Assí mismo procurarán muy de veras que se destierren los combites..." (ManCarr III, 163; DecMar ¶386)	ManCarr I, 761 ("Cosas sueltas")
"Porque se guarde el decoro devido al templo sancto donde se celebran los divinos officios..." (ManCarr III, 163; DecMar ¶387)	ManCarr I, 726 (México1555, 24)
"Quando se removiere depósito de el cuerpo de algún difunto..." (ManCarr III, 163; DecMar ¶388)	ManCarr I, 773 (Granada1572 III, 8, ¶11–12)
"Por ser tanta razón que los súbditos tengan y muestren reconoçimiento y amor a sus prelados..." (ManCarr III, 164; DecMar ¶389)	ManCarr I, 773 (Granada1572 III, 15, ¶32)
Título 11°. De Parrochiis	
"Por evitar confusión y causa de discordias y perturbaçiones..." (ManCarr III, 164; DecMar ¶390)	ManCarr I, 753 (México1555, 62)

"Yten este Sancto Conçilio manda que los religiosos no tengan pilas baptismales..." (ManCarr III, 164; DecMar ¶391)	ManCarr I, 767 (Lima1582 2ª, 12); ManCarr I, 768 (Lima1582 4°, 16)
"Por el reconocimiento que cada uno de los fieles deve a su propria parrochia..." (ManCarr III, 164; DecMar ¶392)	ManCarr I, 771 (Guadix1554, 2, 12)
Título 12°. De decimis et primicis	
"La sustentaçión de los curas y ministros de la iglesia..." (ManCarr III, 165; DecMar ¶393–394)	ManCarr I, 757 (México1555, 90)
Título 13°. De regulatibus et monialibus	
"En tanta estima fueron siempre tenidos en la república christiana los sagrados votos..." (ManCarr III, 166; DecMar ¶396)	ManCarr I, 687 (Milán1565 III, De Monialibus)
"No se dé el hábito de monjas ni se admitan en los monasterios..." (ManCarr III, 168; DecMar ¶399)	ManCarr I, 687 (Lima1582 3ª, 33)
"Porque conforme al decreto del sancto concilio tridentino la professión..." (ManCarr III, 171; DecMar ¶408)	ManCarr I, 687 (Milán1565 III, 6. De nouitiis ad professionem recipiendis)
"Aunque este sancto conçilio no condemna..." (ManCarr III, 172; DecMar ¶411)	ManCarr I, 770 (Toledo1582 3ª, 45)
"Porque las exempciones y privilegios que de sancta sede appostólica han tenido e impetrado los religiosos..." (ManCarr III, 172; DecMar ¶412)	ManCarr I, 765 (México1565, 10); ManCarr I, 667 (Milán1565 II, De processionibus & supllicationibus, verbo Ad huiusmodi)
"Assí mismo que no puedan ser ordenados ni confessar a persona alguna secular..." (ManCarr III, 173; DecMar ¶413)	ManCarr I, 715 (México1555, 9)
"Los religiosos que desamparan su instituto y orden..." (ManCarr III, 173; DecMar ¶415)	ManCarr I, 750 (México1555, 58)
"Assí mismo se ordena y manda que en este arçobispado y provincia..." (ManCarr III, 173; DecMar ¶416)	ManCarr I, 733 (México1555, 35)
Título 14°. De Religiosis et piis domibus	
"Las iglesias, hermitas y otros lugares píos..." (ManCarr III, 174; DecMar ¶417)	ManCarr I, 733 (México1555, 35); ManCarr I, 756 (México1555, 75)
"Todas las iglesias, monasterios, hermitas, hospitales y lugares píos..." (ManCarr III, 174; DecMar ¶418)	ManCarr I, 762 ("Cosas sueltas")

Título 15°. De celebratione missarum et divinorum officiorum	
"Siendo çiertos (como todos creemos y confessamos)..." (ManCarr III, 177; DecMar ¶424)	ManCarr I, 775 ("Cosas sueltas")
"Y por quanto en cumplimiento de lo que manda el sancto concilio tridentino para proveer..." (ManCarr III, 178; DecMar ¶425)	ManCarr I, 722 (México1555, 20)
"Otrosí, para que esto mejor se guarde y cumpla se ordena y manda..." (ManCarr III, 178; DecMar ¶426)	ManCarr I, 722 (México1555, 20)
"En la iglesia christiana siempre ha avido grande quenta y miramiento..." (ManCarr III, 179; DecMar ¶427)	ManCarr I, 723 (México1555, 21)
"Assí mismo en los dichos tiempos en que los clérigos assisten en el choro al sermón..." (ManCarr III, 179; DecMar ¶428)	ManCarr I, 723 (México1555, 21)
"Yten, en conformidad de lo mandado por nuestro muy sancto Padre Pío Quinto en su motu proprio..." (ManCarr III, 179; DecMar ¶429)	ManCarr I, 724 (México1555, 21)
"Todos los domingos y fiestas, aunque aya sermón..." (ManCarr III, 180; DecMar ¶430)	ManCarr I, 723 (México1555, 21)
"Ninguno dirá missa antes que comienze a amaneçer ni después del medio día..." (ManCarr III, 180; DecMar ¶431)	ManCarr I, 725 (México1555, 22)
"En el dezir de las missas los días de fiesta se procurará dar orden..." (ManCarr III, 180; DecMar ¶432)	ManCarr I, 723 (México1555, 21); ManCarr I, 771 (Guadix1554, 3ª, 18)
"Para que se quiten, como lo manda el sancto conçilio tridentino..." (ManCarr III, 180; DecMar ¶433)	ManCarr I, 724 (México1555, 22)
"Conforme a lo determinado en el sancto conçilio Tridentino se manda que ningún saçerdote..." (ManCarr III, 180; DecMar ¶434)	ManCarr I, 727 (México1555, 25)
"Ningún saçerdote, de qualquier estado o condiçión que sea..." (ManCarr III, 181; DecMar ¶435)	ManCarr I, 771 (Guadix1554, 3, 6)
"Por la reverençia que se ha de tener en el reçebir el sanctíssimo sacramento..." (ManCarr III, 181; DecMar ¶436)	ManCarr I, 763 ("Cosas sueltas"); ManCarr I, 767 (Lima1582 2ª, 18)

"Todos los curas o vicarios de indios, que con licencia del prelado vinieren a la çiudad..." (ManCarr III, 181; DecMar ¶437)	ManCarr I, 748 (México1555, 54)
"Todas las parrochias y monasterios se conformen con la cathedral..." (ManCarr III, 182; DecMar ¶438)	ManCarr I, 730 (México1555, 28)
"De el reçebir los saçerdotes a su voluntad limosnas para missas..." (ManCarr III, 182; DecMar ¶439–442)	ManCarr I, 761 ("Cosas sueltas")
"Yten, se manda a todas las personas a cuyo cargo fuere el hazer dezir missas..." (ManCarr III, 183; DecMar ¶443)	ManCarr I, 761 ("Cosas sueltas")
"Las públicas y generales supplicaçiones y proçessiones..." (DecMar ¶444)	ManCarr I, 729 (México1555, 27); ManCarr I, 771 (Compostela1565, 2ª, 12)
"Assí mismo en la proçessión del Corpus Christi, ..." (ManCarr III, 183; DecMar ¶445)	ManCarr I, 767 (Lima1582 2ª, 23)
Título 16°. De Baptismo et eius effectu	
"Muy encomendado es en la sancta escriptura que las cosas sanctas..." (ManCarr III, 184; DecMar ¶446)	ManCarr I, 727 (México1555, 26)
"Assí mismo, se ordena y manda que las capillas y pilas baptismales..." (ManCarr III, 184; DecMar ¶447)	ManCarr I, 727 (México1555, 26)
"Los curas y ministros, assí de indios como de españoles..." (ManCarr III, 184; DecMar ¶448)	ManCarr I, 728 (México1555, 26)
Título 17°. De sanctissimo Eucharistiae sacramento et euis custodia	
"Para que se entienda en qué iglesias y lugares conviene que esté el sanctíssimo sacramento..." (ManCarr III, 186; DecMar ¶452)	ManCarr I, 732 (México1555, 33)
"Considerando la reverencia y devoción con que debemos adorar y servir..." (ManCarr III, 186; DecMar ¶453)	ManCarr I, 766 (México1565, 13)
"Porque este mantenimiento çelestial es la fortaleza de nuestras ánimas..." (ManCarr III, 186; DecMar ¶454)	ManCarr I, 767 (Lima1582 2ª, 22)
"Aunque en todo debemos servir y benerar a Christo nuestro señor..." (ManCarr III, 187; DecMar ¶455)	ManCarr I, 766 (México1565, 13)
"Por no poder la sancta iglesia..." (ManCarr III, 187; DecMar ¶456)	ManCarr I, 769 (Compostela1565, 2ª, 10)

Título 18°. De rreliquiis et veneratione sactorum et templorum	
"Toda la reverençia y honor que ne la iglesia christiana se haze a las sanctas reliquias y imágenes..." (ManCarr III, 187; DecMar ¶457)	ManCarr I, 729 (México1555, 27)
"Assí mismo se encarga grandemente a los juezes ecclesiásticos, que con todo cuydado..." (ManCarr III, 188; DecMar ¶458)	ManCarr I, 773 (Granada1572 III, 18, ¶6)
"Yten, se ordena y manda que a ningunas personas se les permitta..." (ManCarr III, 188; DecMar ¶459)	ManCarr I, 729 (México1555, 27)
"En las iglesias o en los çimenterios dellos no se hagan ayuntamientos o consejos..." (ManCarr III, 188; DecMar ¶460)	ManCarr I, 730 (México1555, 28)
"En los çementerios de las iglesias no se corran toros..." (ManCarr III, 189; DecMar ¶461)[9]	ManCarr I, 730 (México1555, 29)
"Para que no aya liviandad o façilidad en venerar por reliquias de sanctos a los que no lo son..." (ManCarr III, 189; DecMar ¶462)	ManCarr I, 731 (México1555, 33)
"Assí mismo, porque entre la gente ignorante ay un abuso de creer ligeramente..." (ManCarr III, 189; DecMar ¶463)	ManCarr I, 732 (México1555, 33)
"Las reliquias authénticas que ubiere en las iglesias, se pongan..." (ManCarr III, 189; DecMar ¶464–466)	ManCarr I, 731 (México1555, 33); ManCarr I, 732 (México1555, 34)
"Ningún mercader o otra qualquier persona tenga..." (ManCarr III, 190; DecMar ¶467)	ManCarr I, 733 (México1555, 36)
"Por la espeçial devoçión que todos devemos..." (ManCarr III, 190; DecMar ¶468)	ManCarr I, 768 ("Cosas sueltas").
"Para que en todos los fieles se conserve la memoria y agradeçimiento..." (ManCarr III, 190; DecMar ¶469)	ManCarr I, 721 (México1555, 18)
Título 19°. De immunitate ecclesiarum et clericorum	
"Si las casas y palacios de los emperadores y reyes temporales..." (ManCarr III, 191; DecMar ¶470)	ManCarr I, 730 (México1555, 30)

9 Cf. Badorrey Martín (2011).

"Y porque ninguna persona tome occasión desta immunidad ecclesiástica..." (ManCarr III, 191; DecMar ¶471)	ManCarr I, 730 (México1555, 31)
"Para que se eviten las discordias y dissenscio-nes..." (ManCarr III, 192; DecMar ¶474)	ManCarr I, 742 (México1555, 45 (81))
Título 20°. Ne clerici, vel monachi secularibus negotiis se immisceant	
"Porque la cobdiçia, que es raíz de todos los males..." (ManCarr III, 193; DecMar ¶476)	ManCarr I, 748 (México1555, 56)
"Ytem se ordena y manda, debaxo de todas las penas arriba puestas..." (ManCarr III, 194; DecMar ¶477)	ManCarr I, 749 (México1555, 56)
"Assí mismo se prohibe a todos los clérigos de orden sacro ser arrendadores..." (ManCarr III, 194; DecMar ¶478)	ManCarr I, 747 (México1555, 50)
"Ningún beneffiçiado o cura de yndios, assí secular como rregular..." (ManCarr III, 194; DecMar ¶479)	ManCarr I, 749 (México1555, 56)
"Y porque muchos curas y benefiçiados de yndios..." (ManCarr III, 194; DecMar ¶480)	ManCarr I, 748 (México1555, 56)
Título 21°. De obsevatione jejuniorum	
"Uno de los más prinçipales exerçiçios de la vida christiana..." (ManCarr III, 195; DecMar ¶482)	ManCarr I, 733 (México1555, 37)
"Todos estos días, assí los que están señalados para los españoles..." (ManCarr III, 197; DecMar ¶486)	ManCarr I, 720 (México1555, 18); ManCarr I, 733 (México1555, 37)
"Ytem, se ordena y manda a los médicos..." (ManCarr III, 198; DecMar ¶489)	ManCarr I, 720 (México1555, 18)
Libro IV	
Título 1°. De sponsalibus et matrimoniis	
"De no contraherse los matrimonios con el intento debido..." (ManCarr III, 200; DecMar ¶490)	ManCarr I, 728 (México1555, 26)
"Assí mesmo los curas amonesten a sus philigresses..." (ManCarr III, 200; DecMar ¶491)	ManCarr I, 728 (México1555, 26)
"Para rreparar muchos daños que en toda la christiandad se avían experimentado..." (ManCarr III, 200; DecMar ¶492)	ManCarr I, 736 (México1555, 38)

"Assí mismo conforme al sancto conçilio tridentino se ordena y manda que..." (ManCarr III, 201; DecMar ¶493)	ManCarr I, 734. (México1555, 38); ManCarr I, 759 (México1555, 91)
"Queriendo el sancto concilio tridentino que se conserve la libertad que rrequiere..." (ManCarr III, 202; DecMar ¶497)[10]	ManCarr I, 734 (México1555, 38); ManCarr I, 756 (México1555, 72)
"Ytem, se manda que los que tuvieren esclavos cassados no los puedan vender ni vendan..." (ManCarr III, 202; DecMar ¶498)	ManCarr I, 736 (México1555, 38)
"Ytem, para rrmediar un abuso que ha avido en estos naturales, en grave ynjuria del matrimonio..." (ManCarr III, 202; DecMar ¶499)	ManCarr I, 774 ("Cosas sueltas")
"Para occurrir a las maldades y fraudes que algunos ynventam para casarse dos vezes..." (ManCarr III, 203; DecMar ¶500)	ManCarr I, 736 (México1555, 40)
"Los que vinieren de Hespaña o de otras partes rremotas a esta provincia..." (ManCarr III, 203; DecMar ¶501)	ManCarr I, 736 (México1555, 39)
"Quando acontesciere que, estando dos infieles casados..." (ManCarr III, 203; DecMar ¶502)	ManCarr I, 767 (Lima1582 2ª, 10)
"Y porque algunos, con intento de bivir libremente en sus viçios..." (ManCarr III, 204; DecMar ¶504)	ManCarr I, 737 (México1555, 41)
Título 2°. De cognatione espirituali et alliis matrimonii impedimentis	
"Por quanto algunas personas, postpuesto el temor de Dios..." (ManCarr III, 204; DecMar ¶505)	ManCarr I, 734 (México1555, 38)
"Y porque en evitar esto aya el rrecato que conviene..." (ManCarr III, 204; DecMar ¶506)	ManCarr I, 734 (México1555, 38)
"La cognaçión spiritual se contrahe en el baptismo..." (ManCarr III, 205; DecMar ¶508)	ManCarr I, 734 (México1555, 38)
"Los matrimonios entre hermanos por todo derecho están prohibidos..." (ManCarr III, 205; DecMar ¶509)	ManCarr I, 767 (Lima1582 2ª, 8)

10 Cf. Martínez Ferrer (2011).

Libro V	
Título 1°. De visitationibus	
"Visite los hospitales, hermitas, cofradías, capellanías y otras pías obras..." (ManCarr III, 206; DecMar ¶516)	ManCarr I, 756 (México1555, 75)
"Para que más libremente atienda a la rrefor-maçión de las costumbres..." (ManCarr III, 207; DecMar ¶520)	ManCarr I, 759 (México1555, 92)
Título 2°. De calumniatoribus	
"Si el que accusare o denunçiare, sea clérigo o lego..." (ManCarr III, 208; DecMar ¶524–525)	ManCarr I, 658 (Toledo1565 2ª, 12)
Título 3°. De symonia	
"Aunque desde el prinçipio de la iglesia ha sido siempre..." (ManCarr III, 209; DecMar ¶527–528)	ManCarr I, 760 ("Cosas sueltas")
"A los prelados se encarga, para que çesse toda ocasión de symonía..." (ManCarr III, 210; DecMar ¶529)	ManCarr I, 760 ("Cosas sueltas"); ManCarr I, 733 (México1555, 36)
Título 4°. De hereticis	
"Considerando este sancto conçilio quam grave peccado sea..." (ManCarr III, 211; DecMar ¶531)	Borrador en ManCarr I, 780–781
Título 6°. De sortilegis	
"Grande ofensa se haze al verdadero Dios..." (ManCarr III, 216; DecMar ¶538–540)	ManCarr I, 712 (México1555, 5)
Título 7°. De maledicis	
"Para que el abuso de los juramentos, que con tanto desacato del nombre divino se ha yntroduçido..." (ManCarr III, 217; DecMar ¶541)	ManCarr I, 745 (México1555, 49)
"Cosa es muy grave y digna de rriguroso castigo..." (ManCarr III, 217; DecMar ¶542)	ManCarr I, 745 (México1555, 49)
Título 8°. De injuriis et damno dato[11]	
"Para que no aya tanto desorden que las injurias..." (ManCarr III, 218; DecMar ¶545)	ManCarr I, 660 (Lima1582 2ª, 7); ManCarr I, 773 (Granada1572 V, 6, ¶1–2)

11 Sobre la temática de la injuria como delito, con especial referencia a las disposiciones procesales, véase Pérez Hernández (2013).

Título 9°. De poenis	
"Las penas se ymponen en las leyes para rrefrenar las culpas..." (ManCarr III, 220; DecMar ¶547)	ManCarr I, 759 (México1555, 92)
"Quando el prelado o otro juez, en pena del delicto de algún ecclesiástico..." (ManCarr III, 220; DecMar ¶548)	ManCarr I, 770 (Toledo1565 3ª, 20)
"Assí mismo, se declara que quandoquiera que en los decretos de este conçilio..." (ManCarr III, 220; DecMar ¶549)	ManCarr I, 714 (México1555, 7)
Título. De concubinatu et poenis concubinariorum et lenonum[12]	
"Muy grave peccado es el de aquellos que, con scándalo del pueblo..." (ManCarr III, 220; DecMar ¶550)	ManCarr I, 737 (México1555, 43)
"Assí mismo, se ordena y manda que si alguno estubiere amançebado..." (ManCarr III, 221; DecMar ¶551)	ManCarr I, 738 (México1555, 43)
"Y porque algunos perseveran en sus peccados..." (ManCarr III, 221; DecMar ¶552)	ManCarr I, 737 (México1555, 43)
"Mucho cuydado se debe poner en que se extirpe y quite de todo el pueblo christiano..." (ManCarr III, 221; DecMar ¶553)	ManCarr I, 773 (Granada1572 V, 5, ¶4)
"Considerando este sancto conçilio quánto más gravedad..." (ManCarr III, 222; DecMar ¶554)	ManCarr I, 738 (México1555, 43 (51))
"Y porque algunos, para poder más libremente perseverar en sus males..." (ManCarr III, 223; DecMar ¶556)	ManCarr I, 738 (México1555, 43 (81))
"Ytem, si algún clérigo, lo que Dios no permita..." (ManCarr III, 223; DecMar ¶557)	ManCarr I, 738 (México1555, 43 (51))
"Assí mismo, occurriendo a la maliçia de algunos clérigos, que aviendo bivido en mal estado con sus criadas..." (ManCarr III, 223; DecMar ¶558)	ManCarr I, 738 (México1555, 43)
"Y porque se quite del pueblo qualquier rrastro o memoria, que pueda en algo amancillar..." (ManCarr III, 224; DecMar ¶559)	ManCarr I, 738 (México1555, 43)

12 Dado que seguimos la disposición original con sus correspondientes títulos y numeraciones. Omitimos aquí el número tal como se encuentra en ManCarr III, 220. Sobre la elaboración del decreto sobre el concubinato, véase Moutin (2014).

Título 10°. De sententia excommunicationis	
"Siendo, como es, la sentençia de excomunión pena tan grave..." (ManCarr III, 224; DecMar ¶560)	ManCarr I, 716 (México1555, 14)
"Assí mismo se ordena y manda que las tales cartas de excomunión..." (ManCarr III, 225; DecMar ¶561)	ManCarr I, 716 (México1555, 14)
"Para que los descomulgados sean evitados de los otros fieles..." (ManCarr III, 225; DecMar ¶562)	ManCarr I, 716 (México1555, 12)
"Y porque algunos vienen a tanta obstinaçión, que no estimando..." (ManCarr III, 225; DecMar ¶563)	ManCarr I, 715 (México1555, 11); ManCarr I, 717 (México1555, 15)
"Y si algún lego se dexare estar por un mes o más tiempo en excomunión..." (ManCarr III, 226; DecMar ¶564)	ManCarr I, 716 (México1555, 11)
"Dessando este sancto conçilio que ninguna persona permanezca en estado de excomunión..." (ManCarr III, 226; DecMar ¶565)	ManCarr I, 716 (México1555, 13)
"Y porque los ministros de la iglesia o otras personas algunas no hagan por ignorançia..." (ManCarr III, 226; DecMar ¶566)	ManCarr I, 770 (Sevilla1512, C. 14)
"1°. En tiempo de çesaçión *a divinis* se ha de guardar los siguiente..." (ManCarr III, 227; DecMar ¶567)	ManCarr I, 770–771 (Breve instruction de como se ha de administrar el Sacrame[n]to de la penitencia: dividida en dos libros, C. 11 § 14)
Título 11. De Remissionibus et Poenitentiis	
"La occupaçión de mayor importançia que ay en la iglesia militante es..." (ManCarr III, 228; DecMar ¶568)	ManCarr I, 714 (México1565, 8)
"Ningún saçerdote secular o rregular, por qualquier privilegio o costumbre..." (ManCarr III, 228; DecMar ¶569)	ManCarr I, 765 (México1565, 3)
"Para quitar difficultades que se podrían offreçer..." (ManCarr III, 229; DecMar ¶570)	ManCarr I, 771 (Sevilla1512, C. 15)
"Para que con más entereça y libertad procure el confessor aplicar la mediçina conveniente..." (ManCarr III, 229; DecMar ¶571)	ManCarr I, 725 (México1555, 23)
"Y porque muchos curas y confessores de yndios..." (ManCarr III, 229; DecMar ¶572)	ManCarr I, 767 (Lima1582 2ª, 16)

"Justo es que este sacramento, donde se han de rremediar los peccados…" (ManCarr III, 229; DecMar ¶573)	ManCarr I, 751 (México1555, 59); ManCarr I, 761 ("Cosas sueltas")
"Muchas vezes aconteșçe que por no dar a entender al enfermo que es grave su enfermedad…" (ManCarr III, 230; DecMar ¶574)	ManCarr I, 715 (México1555, 10)
"Ytem, por quanto este sancto conçilio, para dar suffiçiente doctrina y instituçión…" (ManCarr III, 230; DecMar ¶575)	ManCarr I, 765 (México1565, 3)
"Siempre se ha usado en la iglesia christiana como cosa muy importante para el buen gobierno della…" (ManCarr III, 231; DecMar ¶576–578)[13]	ManCarr I, 757 (México1555, 91)[14]

13 Sobre los casos reservados, véase Moutin (2012). Sobre el aborto procurado, véase Enciso Rojas (2010).

14 Sobre la pena de excomunión en los concilios provinciales mexicanos, véase Martínez de Codes (1987).

Bibliografía

1. Fuentes

Asenjo Sedano, Carlos (1994), Sínodo de la Diócesis de Guadix y Baza, Granada.

Carreño, Alberto María (1947), Cedulario de los siglos XVI y XVII: el obispo don Juan de Palafox y Mendoza y el conflicto con la Compañía de Jesús, México.

Carrillo Cázares, Alberto (2006), Manuscritos del Concilio Tercero Provincial Mexicano (1585). Edición, estudio introductorio, notas, versión paleográfica y traducción de textos latinos, Vol. 1, 5 Vol., Zamora.

Carrillo Cázares, Alberto (2007), Manuscritos del Concilio Tercero Provincial Mexicano (1585). Edición, estudio introductorio, notas, versión paleográfica y traducción de textos latinos, Vol. 2, 5 Vol., Zamora.

Carrillo Cázares, Alberto (2009), Manuscritos del Concilio Tercero Provincial Mexicano (1585). Edición, estudio introductorio, notas, versión paleográfica y traducción de textos latinos, Vol. 3, 5 Vol., Zamora.

Carrillo Cázares, Alberto (2009b), Manuscritos del Concilio Tercero Provincial Mexicano (1585). Edición, estudio introductorio, notas, versión paleográfica y traducción de textos latinos, Vol. 4, 5 Vol., Zamora.

Carrillo Cázares, Alberto (2011), Manuscritos del Concilio Tercero Provincial Mexicano (1585). Directorio de Confesores. Edición, estudio introductorio, notas, versión paleográfica y traducción de textos latinos, Vol. 5, 5 Vol., Zamora.

Collectio maxima conciliorum omnium Hispaniae et novi orbis... cum notis et dissertationibus... cura Josephi Saenz de Aguirre, Romae 1694.

Concilios Provinciales Primero, y Segundo, Celebrados en la Muy Noble, y Muy Leal Ciudad de México, Presidiendo El Illmo. y Rmo. Señor D. Fr. Alonso de Montúfar, en los años de 1555, y 1565. Dados á luz Illmo. Sr. D. Francisco de Lorenzana, Arzobispo de esta Santa Metropolitana Iglesia, En México, 1768.

Concilium Mexicanum provinciale III: celebratum Mexici anno MDLXXXV, praeside D. D. Petro Moya et Contreras, archiepiscopo ejusdem urbis, confirmatum Romae die XXVII octobris anno MDLXXXIX, Postea Iussu Regio editum Mexici anno MDCXXII sumptibus D. D. Joannis Perez de La Serna archiepiscopi; demum typis mandatum cura & expensis D. D. Francisci Antonii a Lorenzana archipraesulis, Mexici 1770.

Constituciones sinodales del obispado de Cordoua, Seuilla 1521.

Constituciones sinodales hechas por el illvstrissimo y reverendissimo Señor, Don Gaspar de Quiroga, Cardenal de la Sancta Yglesia de Roma, del titulo de Sancta Balbina, Arçobipo de Toledo; Primado de las Españas, Chanciller mayor de Castilla; Inquisidor General en todos los Reynos y señorios de la

Magestad del Rey Don Philippe nuestro señor, y de su consejo de Estado, &c., Toledo 1583.
Constituciones Synodales del Arçobispado de Granada. Hechas por el Illustrisimo Reuerendisimo Señor Don Pedro Guerrero Arçobispo de Sancta Yglesia de Granada. En el sancto Synodo que su Señoría Reuerensima celebro a quatorze dias del mes de Octubre del año M.C.LXXII, Granada 1573.
Constituciones synodales del Arçobispado de Toledo: hechas por el Illustrissime y Reuerendissimo señor don Juan Tauera Cardenal titulo de sanct Juan ante portam latinam de la sacrosancta Yglesia de Roma Arçobispo de Toledo primado de las Españas Chanciller mayor de Castilla, Alcalá de Henares 1536.
Covarrubias, Sebastián de (1611), Tesoro de la lengua castellana o española, Madrid.
Fernández Collado, Ángel (1996), Concilios toledanos postridentinos. Estudio y edición, Toledo.
Friedberg, Emil A. (1879), Corpus iuris canonici, 2° Ed., 2 Vol., Leipzig.
Galván Rivera, Mariano – Arrillaga y Barcárcel, Basilio Manuel (1859), Concilio III provincial Mexicano, celebrando en México el año de 1585, confirmado en Roma por el papa Sixto V, y mandado observar por el gobierno español, en diversos reales ordenes, ilustrado con muchas notas del R.P. Basilio Arrillaga... y un apéndice con los decretos de la Silla Apostólica relativos a esta Santa Iglesia, que constan en el Fasti novi orbis y otros posteriores, y algunos más documentos interesantes, México.
García-Gallo, Alfonso (1990), Cedulario de Encinas. Estudio e índices de Alfonso García-Gallo, 4 Vol., Madrid.
Lisi, Francisco Leonardo (1990), El tercer concilio limense y la aculturación de los indígenas sudamericanos. Estudio crítico con edición, traducción y comentario de las actas del concilio provincial celebrado en Lima entre 1582 y 1583, Salamanca.
Martínez Ferrer, Luis (2009), Decretos del Concilio Tercero Provincial Mexicano 1585. Edición histórico crítica y estudio preliminar por Luis Martínez Ferrer, 2 Vol., Zamora.
Martínez López-Cano, María del Pilar – Domínguez, Alfredo (2004), Concilios provinciales Mexicanos: época colonial. Edición en CD-ROM, México.
Medina, Bartolomé de (1581), Breve instruction de como se ha de administrar el Sacrame[n]to de la penitencia: dividida en dos libros compuesta por el padre maestro fray Bartholome de Medina...; En la qual se contiene todo lo que ha de saber, y hazer el sabio confessor para curar almas, y todo lo que deue hazer el penite[n]te para conseguir el fructo de tan admirable medicina, Huesca.
Metzler, Josef (1991), America Pontificia. Primi saeculi evangelizationis 1493–1592: documenta Pontificia ex registris et minutis praesertim in Archivo Secreto Vaticano existentibus, Vol. 1, 3 Vol., Città del Vaticano.
Ramiro y Tejada, Juan (1853), Colección de Cánones y de todos los concilios de la Iglesia española, trad. Castellana con notas e ilustraciones, Vol. 4, Madrid.
Ramiro y Tejada, Juan (1855), Colección de Cánones y de todos los concilios de la Iglesia española, traducidos al castellano con notas e ilustraciones por D. Juan

Ramiro y Tejada. Parte Segunda. Concilios del siglo XV en adelante, Vol. 5, Madrid.

Recopilación de leyes de los reynos de Las Indias (Edición Fascimilar), 5 Vol., México 1987.

Sanctum prouinciale concilium Mexici celebratum anno dni millessmo quingentessmo octuagessimo quinto, Excudebatq[ue] Mexici 1622.

Wohlmuth, Josef (2000), Dekrete der ökumenischen Konzilien. Konzilien des Mittelalters: vom ersten Laterankonzil (1123) bis zum fünften Laterankonzil (1512–1517), 3° Ed., Vol. 2, 3 Vol., Paderborn – München – Wien – Zürich.

Wohlmuth, Josef (2002), Dekrete der ökumenischen Konzilien. Konzil von Trient (1545–1563). Erstes Vatikanisches Konzil (1869/70). Zweites Vatikanisches Konzil (1962–1965). Indices, 3° Ed., Vol. 3, 3 Vol., Paderborn – München – Wien – Zürich.

2. Estudios

Agüero, Alejandro (2010), On Justice and "Home Rule" Tradition in the Spanish Colonial Order, en: International Seminar on the History of the Atlantic World, 1500–1825, Working Paper No. 10–01 10–01 (http://www.fas.harvard.edu/~atlantic/Seminar-%20General/seminarabstracts.html, Accedido en: 10.03.2014).

Aguirre, Rodolfo (2010), En busca del clero secular: del anonimato a una comprensión de sus dinámicas internas, en: Martínez López-Cano, Pilar (Ed.), La Iglesia en Nueva España. Problemas y perspectivas de investigación, México, págs. 185–213.

Albani, Benedetta (2011), Nuova luce sulle relazioni tra la Sede Apostolica e le Americhe. La pratica della concessione del "pase regio" ai documenti pontifici destinati alle Indie, en: Ferlan, Claudio (Ed.), Eusebio Francesco Chini e il suo tempo. Una reflessione storica, Trento, págs. 83–102.

Alberro, Solange (1988), Inquisición y Sociedad en México 1571–1700, México.

Alejos-Grau, Carmen-José (2009), El más allá en los Concilios Mexicanos del ciclo colonial (1555–1771) en: Wobeser, Gisela von – Vila Vilar, Enriqueta (Eds.), Muerte y vida en el más allá. España y América siglos XVI–XVIII, México, págs. 125–132.

Altamira, Rafael (1903), La ley y la costumbre como formas de la historia del Derecho, en: Altamira, Rafael (Ed.), Historia del Derecho español, cuestiones preliminares, Madrid, págs. 59–80.

Alvar Ezquerra, Alfredo (1988), Dar ideas, informar y conocer para el Rey: el arbitrismo en tiempos de Felipe II, en: Torre de los Lujanes: Boletín de la Real Sociedad Económica Matritense de Amigos del País 35, 87–108.

Baciero González, Carlos (1992), La Escuela de Salamanca y las reformas de la sociedad indiana en el siglo XVI, en: Ciudad de Dios: Revista agustiniana 205/2–3, 315–357.

Badorrey Martín, Beatriz (2011), Las prohibiciones canónicas de las fiestas de toros en Nueva España, en: Boletín Mexicano de Derecho Comparado 44/131, 477–505.

Bande Rodríguez, Enrique (1992), Vida y costumbres de los clérigos en la sociedad americana a través de los sínodos de los siglos XVII y XVIII, en: Cuadernos de estudios gallegos 40/105, 213–227.

Barrientos Grandón, Javier (2000), Historia del Derecho Indiano. Del descubrimiento colombino a la codificación. I. Ius commune – ius proprium en las Indias occidentales, Roma, 2000.

Bermúdez de Castro, Diego Antonio (1746), Theatro Angelopolitano o Historia de la ciudad de Puebla, México.

Bonicelli, Silvio Cesare (1971), I Concili particolari da Graziano al Concilio di Trento. Studio sulla evoluzione de diritto della Chiesa latina, Brescia.

Borges Morán, Pedro (1992), Historia de la iglesia en Hispanoamérica y Filipinas, Madrid.

Bravo Lira, Bernardino (1984), El problema de la Bula de la Cena en tres juristas indianos del Siglo XVII, en: Aa.Vv. (Ed.), VII Congreso del Instituto Internacional de Historia del Derecho Indiano, Vol. 1, Buenos Aires, págs. 187–194.

Bravo Lira, Bernardino (1986), Derecho común y derecho natural en el nuevo mundo. Determinación de la situación jurídica de las tierras y de los habitantes de América y Filipinas bajo la monarquía española, en: Revista de Estudios Historico-Juridicos 11, 63–79.

Burke, Peter (2007), Cultures of translation in early modern Europe, en: Burke, Peter – Po-chia Hsia, Ronnie (Eds.), Cultural Translation in Early Modern Europe, Cambridge, págs. 7–38.

Burrus, Ernest J. (1958), The Author of the Mexican Council Catechisms, en: The Americas 15/2, 171–178.

Burrus, Ernest J. (1960), Salazar's Report to the Third Mexican Council, en: The Americas 17/1, 65–84.

Cabeza Rodríguez, Antonio (1991), El estudio del clero diocesano en el antiguo régimen a través de los fondos documentales de las audiencias episcopales en: Investigaciones históricas: Época moderna y contemporánea 11, 35–52.

Caetano, Marcello (1965), Recepção e execução dos decretos do concilio de Trento em Portugal, Lisboa.

Cantelar Rodríguez, Francisco (1992), El envío de misioneros a América y las Bulas "Inter caetera" de Alejandro VI en 1493, en: Chodorow, Stanley (Ed.), Proceedings of the Eighth International Congress of Medieval Canon Law, Città del Vaticano, págs. 635–655.

Carrillo Cázares, Alberto (2000), El debate sobre la Guerra Chichimeca, 1531–1585, 2 Vol., Zamora.

Carrillo Cázares, Alberto (2011b), La procuración de justicia a la población indígena en el Concilio Tercero Provincial Mexicano (1585), en: Zaballa Beascoechea, Ana de (Ed.), Los indios, el Derecho Canónico y la justicia eclesiástica en la América virreinal, Frankfurt am Main – Madrid, págs. 69–83.

Carrillo Cázares, Alberto (2013), Un problema central. El concilio tercero y la capacidad de los clérigos para administrar las parroquias en la lengua de sus naturales, en: Lira, Andrés – Carrillo Cázares, Alberto – Ferreira Ascencio, Claudia (Eds.), Derecho, política y sociedad en Nueva España a la luz del Tercer Concilio Provincial Mexicano (1585), México, págs. 425–447.

Casas García, Juan Carlos (2004), La figura del Obispo diocesano como protagonista de la reforma eclesiástica en los decretos del Tercer Concilio provincial Mexicano (1585), en: Efemérides Mexicana 22, 349–372.

Caso, Alfonso (1958), Más sobre el calendario gregoriano, en: Historia Mexicana 7/4, 536–537.

Castellanos de Losada, Basilio Sebastián (1865), Biografía eclesiástica completa. Vidas de los personajes del Antiguo y Nuevo Testamento; de todos los santos que venera la Iglesia, papas y eclesiásticos célebres por sus virtudes y talentos, en orden alfabético, Vol. 23, Madrid.

Chávez Aguilar, Elizabeth Yazmín (2011), La recuperación de "ocho grandes dudas sometidas a aclaración" a la luz del III concilio provincial Mexicano y el Directorio para confesores y penitentes (1585), Licenciatura en Historia, Universidad Nacional Autónoma de México, Facultad de Filosofía y Letras, México.

Comas, Juan (1957), El calendario gregoriano en América, en: Historia Mexicana 7/2, 207–215.

Corcuera de Mancera, Sonia (2005), Cuestión de palabras. El indio en el III concilio provincial Mexicano (1585), en: Martínez López-Cano, María del Pilar – Cervantes Bello, Francisco Javier (Eds.), Los concilios provinciales en Nueva España. Reflexiones e influencias, México, págs. 169–202.

Costa, H. de la (1950), Church and State in the Philippines during the Administration of Bishop Salazar, 1581–1594, en: The Hispanic American Historical Review 30, 314–335.

Cruz Barney, Oscar (2012), Historia del derecho indiano, Valencia.

Cummins, Victoria Hennessey (1986), Imperial Policy and Church Income: The Sixteenth Century Mexican Church, en: The Americas 43/1, 87–103.

Cummins, Victoria Hennessey (1988), The Church and Business Practices in Late Sixteenth Century Mexico, en: The Americas 44/4, 421–440.

Cunningham, Charles H. (1918), The Ecclesiastical Influence in the Philippines (1565–1850), en: The American Journal of Theology 22/2, 161–186.

Dellaferrera, Nelson C. (1999), El obispo, único juez en la diócesis, en: Cuadernos de historia 9, 137–148.

Dellaferrera, Nelson C. (2008), La organización de la Iglesia indiana en el siglo XVI, en: Soberanes Fernández, José Luis – Martínez de Codes, Rosa María (Eds.), Homenaje a Alberto de la Hera, México, págs. 221–236.

Di Stefano, Roberto (2012), ¿De qué hablamos cuando decimos "Iglesia"? Reflexiones sobre el uso historiográfico de un término polisémico, en: Ariadna histórica. Lenguajes, conceptos, metáforas 1/1, 197–222.

Díaz de la Guardia y López, Luis (2013), Granada y el derecho en el Concilio Tercero Mexicano (1585), en: Lira, Andrés – Carrillo Cázares, Alberto – Ferreira

Ascencio, Claudia (Eds.), Derecho, política y sociedad en Nueva España a la luz del Tercer Concilio Provincial Mexicano (1585), México, págs. 147–177.

Domínguez Reboiras, Fernando (2012), La Inquisición española y los indios, en: Oesterreicher, Wulf – Schmidt-Riese, Roland (Eds.), Esplendores y miserias de la evangelización de América. Antecedentes europeos y alteridad indígena, Berlín, págs. 45–71.

Dougnac Rodríguez, Antonio (1994), Manual de historia del derecho indiano, México.

Dressendörfer, Peter (1985), Hacia una reconsideración del papel del clero en la "conquista espiritual" de América, en: Anuario de Historia de América Latina 22, 23–38.

Dubrowsky, Sergio (1989), Los diezmos de Indias en la legislación (ss. XVI y XVII), Pamplona.

Durán, Juan Guillermo (1992), Los instrumentos americanos de pastoral (siglo XVI), en: Saranyana, Josep-Ignasi – Tineo, Primitivo – Pazos, Antón M. – Lluch-Baixaulli, Miguel – Ferrer, María Pilar (Eds.), Evangelización y teología en América (siglo XVI): X Simposio Internacional de Teología de la Universidad de Navarra, Pamplona, págs. 747–792.

Durán, Juan Guillermo (1992b), La transmisión de la fe. Misión apostólica, catequesis y catecismos en el Nuevo Mundo (siglo XVI), en: Imbert, Escudero (Ed.), Historia de la Evangelización de América. Trayectoria, identidad y esperanza de un continente. Actas del simposio internacional, Ciudad del Vaticano, págs. 285–352.

Durán, Juan Guillermo (2012), Los concilios hispanoamericanos y las comunidades indígenas, siglo XVI. El método de socialización: aplicaciones y denuncias de agravios, en: Anuario argentino de derecho canónico 18, 195–241.

Duve, Thomas (2010), Catequesis y derecho canónico entre el Viejo y el Nuevo Mundo, en: Schmidt-Riese, Roland (Ed.), Madrid – Frankfurt am Main, págs. 131–145.

Duve, Thomas (2010b), Das Konzil als Autorisierungsinstanz. Die Priesterweihe von Mestizen vor dem Dritten Limenser Konzil (1582/83) und die Kommunikation über Recht in der spanischen Monarchie en: Rechtsgeschichte 16, 132–150.

Duve, Thomas (2010c), Derecho canónico y la alteridad indígena: los indios como neófitos, en: Oesterreicher, Wulf – Schmidt-Riese, Roland (Eds.), Esplendores y miserias de la evangelización de América. Antecedentes europeos y alteridad indígena, Berlín, págs. 73–95.

Duve, Thomas (2010d), El concilio como instancia de autorización: La ordenación sacerdotal de mestizos ante el Tercer Concilio Limense (1582/83) y la comunicación sobre Derecho durante la monarquía española, en: Revista Historia del Derecho 40 (http://www.scielo.org.ar/scielo.php?script=sci_arttext&pid=S1853-17842010000200004&lng=es&nrm=iso, Accedido en: 25.06.2014).

Enciso Rojas, Dolores (2010), "Mal parir", "parir fuera de tiempo" o "aborto procurado y efectuado". Su penalización en Nueva España y en el México independiente, en: Dimensión antropológica 49, 91–123.

Escobedo Mansilla, Ronald (1992), La economía de la Iglesia americana, en: Borges Morán, Pedro (Ed.), Historia de la Iglesia en América y Filipinas, Vol. 1, 2 Vol., Madrid, págs. 99–137.

Espinosa Espínola, G. (2005), Las órdenes religiosas en la evangelización del Nuevo Mundo, en: Aa.Vv. (Ed.), España medieval y el legado de occidente, México, págs. 249–257.

Esponera Cerdán, Alfonso (1988), ¿Los Concilios Provinciales americanos realizaron una recepción creativa de Trento?, en: Aa.Vv. (Ed.), Los Sínodos diocesanos del pueblo de Dios: actas del V Simposio de Teología Histórica (24–26 octubre 1988), Valencia, págs. 345–354.

Fernández Terricabras, Ignasi (2000), Felipe II y el clero secular. La aplicación del Concilio de Trento, Madrid.

Fernández Terricabras, Ignasi (2010), La aplicación del Concilio de Trento en las catedrales: el cabildo de Plasencia y el concilio provincial compostelano de 1565, en: SEMATA, Ciencias Sociales e Humanidades 22, 195–212.

Ferreira Ascencio, Claudia (2013), Padrones y cédulas de confesión y comunión en los concilio Mexicanos, en: Lira, Andrés – Carrillo Cázares, Alberto – Ferreira Ascencio, Claudia (Eds.), Derecho, política y sociedad en Nueva España a la luz del Tercer Concilio Provincial Mexicano (1585), México, págs. 337–357.

Fornés Azcoyti, Ignacio (2005), El proceso de la aprobación romana del III Concilio de México, 1585–1589, Roma.

Galindo Bustos, Jesús (2010), Estudio del Aparato de Fuentes del Concilio Tercero Provincial de Mexico (1585), México.

García Hernández, Marcela Rocío (2005), La confesión en el tercer concilio Mexicano, en: Martínez López-Cano, María del Pilar – Cervantes Bello, Francisco Javier (Eds.), Los Concilios Provinciales en Nueva España: Reflexiones e Influencias, México, págs. 223–251.

García y García, Antonio (1985b), La promoción humana del indio en los concilios y sínodos del siglo XVI, en: García y García, Antonio (Ed.), Iglesia, sociedad y derecho, Vol. 1, Salamanca, págs. 389–397.

García y García, Antonio (1985c), Para una interpretación de los concilios y sínodos, en: García y García, Antonio (Ed.), Iglesia, sociedad y derecho, Vol. 1, Salamanca, págs. 373–388.

García y García, Antonio (1985d), Orígenes de praxis e instituciones indianas, en: García y García, Antonio (Ed.), Iglesia, sociedad y derecho, Vol. 1, Salamanca, págs. 429–462.

García y García, Antonio (1987), Fuentes y originalidad del Concilio 3 Limense de 1582–83, en: García y García, Antonio (Ed.), Iglesia, Socieda y Derecho, Vol. 2, Salamanca, págs. 391–416.

García y García, Antonio (1992), La donación pontificia de las Indias, en: Borges Morán, Pedro (Ed.), Historia de la iglesia en Hispanoamérica y Filipinas, Vol. 1, Madrid, págs. 33–46.

García y García, Antonio (1992b), Los privilegios de los religiosos en Indias: el Breve "Expone nobis" de Adriano VI, en: Chodorow, Stanley (Ed.), Proceedings of the Eighth International Congress of Medieval Canon Law, Città del Vaticano, págs. 657–677.

García y García, Antonio (1997), Asambleas Episcopales, en: Landau, Peter – Mueller, Joerg (Eds.), Proceedings of the Ninth International Congress of Medieval Canon Law, Città del Vaticano, págs. 287–304.

García y García, Antonio (1999), El derecho canónico medieval y los problemas del Nuevo Mundo, en: García y García, Antonio (Ed.), En el entorno del derecho común, Madrid, págs. 227–253.

García y García, Antonio (2000), La donación pontificia de las Indias, en: García y García, Antonio (Ed.), Iglesia, sociedad y Derecho, Vol. 4, Salamanca, págs. 481–501.

García y García, Antonio (2000b), Vigencia, recepción y uso del concilio tercero de lima en los concilios y sínodos de Indias, en: García y García, Antonio (Ed.), Iglesia, Sociedad y Derecho, Vol. 4, Salamanca, págs. 543–566.

García-Gallo, Alfonso (1987), Los orígenes españoles de las instituciones americanas. Estudios de derecho indiano, Madrid.

Garriga Acosta, Carlos Antonio (2006), Sobre el gobierno de la justicia en Indias (Siglos XVI–XVII) en: Revista de historia del derecho 34, 67–160.

Genzmer, Erich (1961), Ius Romanum Medii Aevi auspice Collegio Antiqui Iuris Studiis Provehendis, Vol. 1, 2 Vol., Milan.

Gil, Fernando (1990), Las juntas eclesiásticas durante el episcopado de Fray Juan de Zumárraga (1528–1548). Algunas precisiones históricas, en: Saranyana, Josep-Ignasi – Tineo, Primitivo – Pazos, Antón M. – Lluch-Baixaulli, Miguel – Ferrer, María Pilar (Eds.), Evangelización y teología en América (siglo XVI): X Simposio Internacional de Teología de la Universidad de Navarra, Vol. 1, Pamplona, págs. 497–521.

Góngora, Mario (1951), El estado en el derecho indiano, Santiago de Chile.

Gonzalbo Aizpuru, Pilar (2013), Los riesgos de lo cotidiano en las deliberaciones del Tercer Concilio Provincial Mexicano, en: Lira, Andrés – Carrillo Cázares, Alberto – Ferreira Ascencio, Claudia (Eds.), Derecho, política y sociedad en Nueva España a la luz del Tercer Concilio Provincial Mexicano (1585), México, págs. 181–200.

González García-Valladolid, Casimiro (1893), Historia biográfica de la M. L. M. N. H. y Excma. Ciudad de Valladolid, Vol. 1, Valladolid.

González Rodríguez, Jaime (2008), El plano de México a través de la sección Capellanías del Archivo General de la Nación, en: Revista de Estudios colombinos 4, 31–42.

Greenleaf, Richard E. (1968), The little war of Guadalajara – 1587–1590, en: New Mexico Historical Review 43/2, 119–135.

Gutiérrez Vega, Cristóforo (1991), Las primeras juntas eclesiásticas de México (1524–1555), Roma.
Henkel, Willi (1984), Die Konzilien in Lateinamerika. Mit einer Einf. von Horst Pietschmann. Mexiko 1555–1897, Vol. 1, Paderborn.
Hera Pérez-Cuesta, Alberto de la (1992), El patronato y el vicariato regio en Indias, en: Borges Morán, Pedro (Ed.), Historia de la Iglesia en América y Filipinas, Vol. 1, 2 Vol., Madrid, págs. 63–79.
Hera Pérez-Cuesta, Alberto de la (1995), Las primeras diócesis americanas, en: Aa.Vv. (Ed.), Memoria del X Congreso del Instituto Internacional de Historia del Derecho Indiano, México, págs. 587–602.
Hespahna, Antonio Manuel (1993), La gracia del derecho. Economía de la cultura en la edad moderna, Madrid.
Icaza Dufour, Francisco (1992), De la libertad y capacidad del indígena, en: Anuario Mexicano de Historia del Derecho 4, 103–115.
Imbert, Escudero (1992), Historia de la Evangelización de América. Trayectoria, identidad y esperanza de un continente. Actas del simposio internacional, Ciudad del Vaticano.
Kamen, Henry (1993), Clerical Violence in a Catholic Society: The Hispanic World (1450–1720), en: Kamen, Henry (Ed.), Crisis and Change in Early Modern Spain, Aldershot, Hampshire [u. a], págs. 202–216.
Lara Cisneros, Gerardo (2005), Los concilios provinciales y la religión de los indios en Nueva España, en: Martínez López-Cano, María del Pilar - de la Torre Villar, E. (Eds.), Concilios Provinciales en Nueva España. Reflexiones e influencias, México, págs. 203–222.
Levaggi, Abelardo (1986), Manual de historia del derecho argentino, 2 Vol., Buenos Aires.
Levaggi, Abelardo (1991), Notas sobre la vigencia de los derechos indígenas y la doctrina indiana, en: Revista complutense de historia de América 17, 79–92.
Levaggi, Abelardo (1992), Los recursos de fuerza en el Derecho Indiano, en: Anuario Mexicano de Historia del Derecho 4, 117–138.
Levaggi, Abelardo (2001), República de indios y república de españoles en los reinos de indias, en: Revista de Estudios Histórico-Jurídicos 23, 419–428.
Levene, Ricardo (1924), Introducción a la historia del derecho indiano, Buenos Aires.
Levene, Ricardo (1973), Las Indias no eran colonias, 3° Ed., Madrid.
Lira, Andrés - Carrillo Cázares, Alberto - Ferreira Ascencio, Claudia (Eds.) (2013), Derecho, política y sociedad en Nueva España a la luz del Tercer Concilio Provincial Mexicano (1585), México.
Lira, Andrés (2006), Dimensión jurídica de la conciencia. Pecadores y pecados en tres confesionarios de la Nueva España, 1545–1732, en: Historia Mexicana 55/ 4, 1139–1178.
Llaguno Farías, José Alberto (1963), La personalidad jurídica del indio y el III Concilio Provincial Mexicano (1585). Ensayo histórico-jurídico de los documentos originales., México.

Lloyd Mecham, J. (1928), The Origins of "Real Patronato de Indias", en: The Catholic Historical Review 14/2, 205–227.

López Martínez, Nicolás (1963), El Cardenal Mendoza y la reforma tridentina en Burgos, en: Hispania Sacra 16/31, 61–137.

Lundberg, Magnus (2006), Las actas de los tres primeros concilios Mexicanos. Historia diplomática y estudio de su itinerario, en: Anuario de historia de la Iglesia 15, 259–268.

Lundberg, Magnus (2009), Unificación y conflicto. La gestión episcopal de Alonso de Montúfar, OP, Arzobispo de México, 1554–1572, Zamora, Michoacán.

Luque Alcaide, Elisa – Saranyana, Josep Ignasi (1991), Los instrumentos pastorales del III Concilio Mexicano (1585). Proyecto de edición, en: Scripta Theologica 23/1, 185–196.

Luque Alcaide, Elisa (1992), El memorial inédito de Jerónimo Mendieta al III Concilio provincial de México (1585). Estudio preliminar y transcripción en: Anuario de historia de la Iglesia 1, 305–324.

Luque Alcaide, Elisa (1993), Vida urbana en México (siglo XVI), en: AA.VV. (Ed.), Ética y teología ante el Nuevo Mundo: Valencia y América: actas del VII Simposio de Teología Histórica (28–30 abril 1992), Valencia, págs. 193–212.

Luque Alcaide, Elisa (1996), El juicio sobre la segunda conquista en el III Concilio Provincial Mexicano (1585): la guerra de los chichimecas, en: García Jordán, Pilar (Ed.), Las raíces de la memoria. América Latina, Barcelona, págs. 103–115.

Luque Alcaide, Elisa (2002), Mendieta y el proyecto de la Iglesia regular indiana, en: Mar Oceana: Revista del humanismo español e iberoamericano 11–12, 175–192.

Luque Alcaide, Elisa (2008), Iglesia en América Latina (siglos XVI–XVIII). Continuidad y renovación, Pamplona.

Marín Ocete, Antonio (1970), El arzobispo Don Pedro Guerrero y la política conciliar española en el siglo XVI, 2 Vol., Madrid.

Marroquí, José María (1969), La ciudad de México, 2° Ed., 3 Vol., México.

Martín Gonzalez, Ángel (1978), Gobernación espiritual de Indias: Código ovandino, Guatemala.

Martínez de Codes, Rosa María (1987), La pena de excomunión en las fuentes canónicas de la Nueva España (Concilios Provinciales Mexicanos I–III), en: Quinto centenario 12, 41–70.

Martínez Ferrer, Luis (1996), Directorio para confesores y penitentes. La Pastoral de la Penitencia en el Tercer Concilio Mexicano (1585), Pamplona.

Martínez Ferrer, Luis (2002), El doctor Pedro López y la catequización de los negros de la ciudad de México. El "memorial suelto" del doctor López al tercer concilio de México (1585), en: Mar Oceana: Revista del humanismo español e iberoamericano 11–12, 209–220.

Martínez Ferrer, Luis (2003), Lenguas indígenas y pastoral de la confesión. La discusión sobre la obligatoriedad de la confesión por intérprete en artículo de muerte en el III Concilio Mexicano (1585), en: Annuarium Historiae Conciliorum 35/1–2, 381–400.

Martínez Ferrer, Luis (2004), La presencia de Santo Tomás de Aquino en la Nueva España: El decreto del tercer concilio Mexicano (1585) sobre la fiesta del doctor angélico, en: Relaciones. Estudios de Historia y Sociedad 25/97, 253–283.

Martínez Ferrer, Luis (2009b), Dos protagonistas de una gran asamblea. Los jesuitas Juan de la Plaza y Pedro de Hortigosa, en: Hernández Palomo, José Jesús – Borja Medina, Francisco de (Eds.), Sevilla y América en la historia de la Compañía de Jesús. Homenaje al P. Francisco de Borja Medina Rojas, S.I., Córdoba, págs. 177–194.

Martínez Ferrer, Luis (2011), La defensa de la libertad de indios y negros para contraer matrimonio en el Tercer Concilio Mexicano (1585), en: Zaballa Beascoechea, Ana de (Ed.), Los indios, el Derecho Canónico y la justicia eclesiástica en la América virreinal, Frankfurt am Main – Madrid, págs. 85–105.

Martínez Ferrer, Luis (2012), La ordenación de indios, mestizos y "mezclas" en los Terceros Concilios Provinciales de Lima (1582/3) y México (1585), en: Annuarium Historiae Conciliorum 44/1, 47–64.

Martínez Ferrer, Luis (2013), Los decretos del Tercer Concilio Provincial Mexicano (1585). Problemas y posibilidades de edición crítica, en: Lira, Andrés – Carrillo Cázares, Alberto – Ferreira Ascencio, Claudia (Eds.), Derecho, política y sociedad en Nueva España a la luz del Tercer Concilio Provincial Mexicano (1585), México, págs. 27–54.

Martínez Ferrer, Luis (2013b), Los memoriales de Pedro López al Tercer Concilio Provincial Mexicano. Introducción e implicancias personales, en: Rodríguez-Sala, María Luisa – Martínez Ferrer, Luis (Eds.), Socialización y religiosidad del médico Pedro López (1527–1597): de Dueñas (Castilla) a la ciudad de México, México, págs. 151–175.

Martínez Ferrer, Luis (2013c), Un "pequeño" conflicto entre Madrid y Roma. La polémica sobre la inclusión de la jurisdicción civil en el proemio de los Decretos de los terceros concilios de Lima (1582/83) y México (1585), en: Dalla-Corte Caballero, Gabriela – Piqueras Céspedes, Ricardo – Tous Mata, Meritxell (Eds.), América: poder, conflicto y política, (http://www.americanistas.es/bar/pdfs/9.pdf, Accedido en: 20.07.2014).

Martínez López-Cano, María del Pilar (2005), La usura a la luz de los concilios provinciales Mexicanos e instrumentos de pastoral, en: Cervantes Bello, Francisco Javier – Martínez López-Cano, María del Pilar (Eds.), Los concilios provinciales en Nueva España. Reflexiones e influencias, México, págs. 285–314.

Martínez López-Cano, María del Pilar (2008), La Iglesia novohispana ante la usura y las prácticas mercantiles en el siglo XVI: entre el discurso y la práctica, en: Cervantes Bello, Francisco Javier – Tecauanhuey Sandoval, Alicia – Martínez López-Cano, María del Pilar (Eds.), Poder civil y catolicismo en México, siglos XVI al XIX, México, págs. 75–102.

Martínez López-Cano, María del Pilar (2013), Pedro López de Medina y la moral mercantil de su tiempo, en: Rodríguez-Sala, María Luisa – Martínez Ferrer,

Luis (Eds.), Socialización y religiosidad del médico Pedro López (1527–1597): de Dueñas (Castilla) a la ciudad de México, México, págs. 217–247.
Mayorga García, Fernando (2003), Estudios de derecho indiano, Bogotá.
Mazín Gómez, Oscar (2013), La cristianización de las Indias. Algunas diferencias entre Nueva España y Perú, en: Lira, Andrés – Carrillo Cázares, Alberto – Ferreira Ascencio, Claudia (Eds.), Derecho, política y sociedad en Nueva España a la luz del Tercer Concilio Provincial Mexicano (1585), México, págs. 55–70.
Medina, José Toribio (1965), La Imprenta en México, Vol. 1.
Menegus Bornemann, Margarita – Ornelas Hernández, Moisés (2013), El Tercer Concilio Limense y el Mexicano en la construcción del imperio de Felipe II en América, en: Lira, Andrés – Carrillo Cázares, Alberto – Ferreira Ascencio, Claudia (Eds.), Derecho, política y sociedad en Nueva España a la luz del Tercer Concilio Provincial Mexicano (1585), México, págs. 91–108.
Menegus Bornemann, Margarita (1992), La costumbre indígena en el Derecho Indiano, 1529–1550, en: Anuario Mexicano de Historia del Derecho 4, 151–159.
Miranda, José (1951), Renovacion cristiana y erasmismo en México, en: Historia Mexicana 1, 22–47.
Moutin, Osvaldo Rodolfo (2009), Construyendo la jurisdicción episcopal en la América hispánica: La primera consulta al Tercer Concilio Provincial Mexicano (1585), en: Revista Historia del Derecho 37 (http://www.scielo.org.ar/scielo.php?script=sci_arttext&pid=S1853-17842009000100003&lng=es&nrm=iso, Accedido en: 25.06.2014).
Moutin, Osvaldo Rodolfo (2012), Los casos reservados como instrumento episcopal para la pastoral de la Confesión en el Tercer Concilio Provincial Mexicano (1585), en: Annuarium Historiae Conciliorum 44/1, 65–80.
Moutin, Osvaldo Rodolfo (2014), ¿Recepción creativa en el III Concilio Provincial Mexicano?, en: Anuario argentino de derecho canónico 20, 243–252.
Moya de Contreras, Pedro (1962), Cinco cartas del Illmo. y Exmo. Señor D. Pedro Moya de Contreras, Arzobispo-Virrey y primer Inquisidor de la Nueva España. Precedidas de la historia de su vida según Cristóbal Gutiérrez de Luna y Francisco Sosa, Madrid.
Muro Orejón, Antonio – Soberanes Fernández, José Luis – Diego-Fernández S., Rafael (1989), Lecciones de historia del derecho hispano-indiano, México.
Murphy, Francis Joseph (1947), Legislative powers of the provincial council. A historical synopsis and a commentary, Washington, D. C.
Napoli, María C. (1991), Curia Romana y tercer sínodo Mexicano, en: Bottasso, Juan (Ed.), Política indigenista de la Iglesia en la colonia, Quito – Roma, págs. 261–282.
Navarro, Bernabé (1944), La Iglesia y los indios en IIIer Concilio Mexicano, en: Ábside 8, 389–453.
Naz, Raoul (1937), Dictionnaire de droit canonique, Vol. 2, 6 Vol., Paris IV.
O'Neill, Charles Edwards – Domínguez, Joaquín María (2001), Diccionario histórico de la Compañía de Jesús. Biográfico-temático, Vol. 2, 4 Vol., Roma – Madrid.

O'Gorman, Edmundo (Ed.) (1970), Guía de las actas de cabildo de la ciudad de México. Siglo XVI, México.

Ortiz Treviño, Rigoberto Gerardo (2002), Los Obispos y la Audiencia de la nueva Galicia, un "amasiato" en el siglo XVI, en: Barrios Pintado, Feliciano (Ed.), Derecho y administración pública en las Indias hispánicas: actas del XII congreso internacional de historia del derecho indiano, Vol. 2, 2 Vol., Toledo, págs. 1255–1274.

Ortiz Treviño, Rigoberto Gerardo (2003), El Tercer Concilio Provincial Mexicano, o cómo los obispos evadieron al Real Patronato Indiano, en: Anuario Mexicano de Historia del Derecho 15, 77–94.

Ots y Capdequí, José María (1945), Manual de historia del derecho español en las Indias y del derecho propiamente indiano, Buenos Aires.

Padden, Robert Charles (1956), The Ordenanza del Patronazgo, 1574: An Interpretative Essay, en: The Americas 12/4, 333–354.

Palazzini, Pietro (1965), Dizionario dei concili, 6 Vol., Roma.

Paso y Troncoso, Francisco del (1940), Epistolario de Nueva España 1505–1818, Vol. 12, México.

Pérez Fernández, Isacio (2001), El derecho hispano-indiano. Dinámica social de su proceso histórico constituyente, Salamanca.

Pérez Hernández, Rodrigo Salomón (2013), El delito de injuria en el Tercer Concilio Provincial Mexicano y en la justicia eclesiástica del Arzobispado de México (siglo XVII), en: Lira, Andrés – Carrillo Cázares, Alberto – Ferreira Ascencio, Claudia (Eds.), Derecho, política y sociedad en Nueva España a la luz del Tercer Concilio Provincial Mexicano (1585), México, págs. 127–146.

Pérez Múnguía, Juana Patricia (2013), Reflexiones sobre la explotación del trabajo indígena con base en los Manuscritos del Concilio Tercero Provincial Mexicano, 1585, en: Lira, Andrés – Carrillo Cázares, Alberto – Ferreira Ascencio, Claudia (Eds.), Derecho, política y sociedad en Nueva España a la luz del Tercer Concilio Provincial Mexicano (1585), México, págs. 411–424.

Pérez Puente, Leticia (2006), Dos proyectos postergados. El tercer Concilio Provincial Mexicano y la secularización parroquial, en: Estudios de historia novohispana 35, 17–45.

Pérez Puente, Leticia (2009), La creación de las cátedras públicas de lenguas indígenas y la secularización parroquial, en: Estudios de historia novohispana 41, 45–78.

Pérez Puente, Leticia (2010), El concierto imposible. Los concilios provinciales en la disputa por las parroquias indígenas (México, 1555–1647), México.

Pérez Puente, Leticia (2010b), El obispo. Político de institución divina, en: Martínez López-Cano, Pilar (Ed.), La Iglesia en Nueva España. Problemas y perspectivas de investigación, México, págs. 151–184.

Pérez Puente, Leticia (2013), La política eclesiástica regia y los concilio provinciales en la disputa por las parroquias indígenas, en: Lira, Andrés – Carrillo Cázares, Alberto – Ferreira Ascencio, Claudia (Eds.), Derecho, política y sociedad en

Nueva España a la luz del Tercer Concilio Provincial Mexicano (1585), México, págs. 387–410.
Phelan, John Leddy (1956), The millennial kingdom of the Franciscans in the New World. A study of the writings of Gerónimo de Mendieta (1525–1604), Berkeley.
Poole, Stafford (1963), The Church and the Repartimientos in the Light of the Third Mexican Council, 1585, en: The Americas 20/1, 3–36.
Poole, Stafford (1965), "War by Fire and Blood" the Church and the Chichimecas 1585, en: The Americas 22/2, 115–137.
Poole, Stafford (1968), Opposition to the Third Mexican Council, en: The Americas 25/2, 111–159.
Poole, Stafford (2004), Juan de Ovando. Governing the Spanish Empire in the reign of Phillip II, Norman, Okla.
Poole, Stafford (2004b), El Directorio para confesores del III Concilio Mexicano (1585): Luz en vida religiosa y social novohispana del siglo XVI, en: Mayer, A. – de la Torre Villar, E. (Eds.), Religión, poder y autoridad en la Nueva España, México, págs. 111–124.
Poole, Stafford (2012), Pedro Moya de Contreras. Reforma católica y poder real en la Nueva España, 1571–1591. Traducción de Alberto Carrillo Cázares, Zamora.
Pórraz Comuñez, José Luis (1988), El Sínodo de Manila de 1582, Madrid.
Prodi, Paolo (2000), Una storia della giustizia. Dal pluralismo dei fori al moderno dualismo tra coscienza e diritto, Bologna.
Reyes, Alfonso (1938), Reseña sobre el erasmismo en America, en: Revista de Historia de América 1, 53–55.
Ricard, Robert (1966), The spiritual conquest of Mexico. An essay on the apostolate and the evangelizing methods of the Mendicant Orders in New Spain: 1523–1572, Berkeley.
Río Hernández, Leticia Ivonne del (2013), Primer Libro de Gobierno de la Parroquia Mayor de Zacatecas y las discusiones en torno a la plata en el Tercer Concilio Provincial Mexicano, en: Lira, Andrés – Carrillo Cázares, Alberto – Ferreira Ascencio, Claudia (Eds.), Derecho, política y sociedad en Nueva España a la luz del Tercer Concilio Provincial Mexicano (1585), México, págs. 255–273.
Rodrigo Estevan, María Luz (1999), Tareas sagradas y hábitos mundanos: notas sobre la moral del clero en el siglo XV, en: Aragón en la Edad Media. Estudios de Economía y Sociedad 14–15/2, 1355–1368.
Rodríguez Amaya, Esteban (1951), El Concilio provincial de Salamanca de 1565 y sus repercusiones en Plasencia, en: Revista de Estudios Extremeños 7/1–2, 235–295.
Rodríguez Rodríguez, Isacio (1992), Los agustinos y el Tercer Concilio de México (1585): ¿Administración ex iustitia o ex charitate?, en: Ciudad de Dios: Revista agustiniana 205/2–3, 617–650.
Román Gutiérrez, José Francisco (2013), El Camino Real de tierra adentro y el Tercer Concilio Provincial Mexicano, en: Lira, Andrés – Carrillo Cázares, Alberto – Ferreira Ascencio, Claudia (Eds.), Derecho, política y sociedad en

Nueva España a la luz del Tercer Concilio Provincial Mexicano (1585), México, págs. 275–303.
Rubial García, Antonio (2010), Las órdenes mendicantes evangelizadoras en Nueva España y sus cambios estructurales durante los siglos virreinales, en: Martínez López-Cano, Pilar (Ed.), La Iglesia en Nueva España. Problemas y perspectivas de investigación, México, págs. 215–236.
Rubial García, Antonio (Ed.) (2013), La Iglesia en el México colonial, México.
Salazar, Juan Pablo (2005), Obispos de Puebla. Periodo de los Austria (1521–1700), México.
Sánchez Bella, Ismael – Hera, Alberto de la – Díaz Rementería, Carlos J. (1992), Historia del derecho indiano, Madrid.
Sánchez Bella, Ismael (1991), Derecho indiano: Estudios, 2 Vol., Pamplona.
Sánchez Bella, Ismael (1995), Nuevos estudios de derecho indiano, Pamplona.
Santos Zertuche, Francisco José (2000), Señorío, dinero y arquitectura. El Palacio de la Inquisición de México, 1571–1820, México.
Saranyana, Josep Ignasi (1999), Teología en América Latina, Vol. 1, 3 Vol., Frankfurt – Madrid.
Saranyana, Josep Ignasi (2007), Algunas cuestiones de derecho natural en la teología novohispana de Bartolomé de Ledesma (1525–1604), en: Anuario Mexicano de Historia del Derecho, 325–340.
Saranyana, Josep-Ignasi – Zaballa Beascoechea, Ana de (1995), Joaquín de Fiore y Amércia, Pamplona.
Schuster, Edward James (1966), Juridical contributions of Las Casas and Vitoria, en: Revista de Historia de América 61/62, 133–157.
Schwaller, John Frederick (1981), The Cathedral Chapter of Mexico in the Sixteenth Century, en: The Hispanic American Historical Review 61, 651–674.
Schwaller, John Frederick (1986), The Ordenanza del Patronazgo in New Spain, 1574–1600, en: The Americas 42/3, 253–274.
Schwaller, John Frederick (1987), The Church and clergy in sixteenth-century Mexico, Albuquerque.
Semboloni, Lara (2013), El Tercer Concilio Provincial Mexicano y el Virrey. Una interpretación, en: Lira, Andrés – Carrillo Cázares, Alberto – Ferreira Ascencio, Claudia (Eds.), Derecho, política y sociedad en Nueva España a la luz del Tercer Concilio Provincial Mexicano (1585), México, págs. 359–370.
Serrano Gassent, Paz (2001), Vasco de Quiroga. Utopía y derecho en la conquista de América Madrid.
Serrano Gassent, Paz (2002), Vasco de Quiroga. La utopía en América, Las Rozas.
Sommervogel, Carlos (1998), Bibliothèque de la Compagnie de Jésu, Vol. 4, Lorette.
Staples, Anne (2013), Tentaciones de oro y plata, en: Lira, Andrés – Carrillo Cázares, Alberto – Ferreira Ascencio, Claudia (Eds.), Derecho, política y sociedad en Nueva España a la luz del Tercer Concilio Provincial Mexicano (1585), México, págs. 371–384.
Tau Anzoátegui, Víctor – Martiré, Eduardo (2012), Manual de historia de las instituciones argentinas, 8° Ed., Buenos Aires.

Tau Anzoátegui, Víctor (1989), La doctrina de los autores como fuente del Derecho Castellano-Indiano, en: Revista Historia del Derecho 17, 351–408.

Tau Anzoátegui, Víctor (1992), Casuismo y sistema. Indagación histórica sobre el espíritu del derecho indiano, Buenos Aires.

Tau Anzoátegui, Víctor (1992b), La ley en América Hispana. Del descubrimiento a la emancipación, Buenos Aires.

Tau Anzoátegui, Víctor (2000), El poder de la costumbre, Buenos Aires.

Tau Anzoátegui, Víctor (2000b), Las Indias ¿Provincias, reinos o colonias?. A propósito del planteo de Zorraquín Becú en: Revista Historia del Derecho 28, 77–138.

Tau Anzoátegui, Víctor (2001), El Derecho Indiano y el trasplante de la cultura del Derecho Común, en: Aa.Vv. (Ed.), Cultura jurídica europea: una herencia persistente, Sevilla, págs. 23–38.

Tau Anzoátegui, Víctor (2013), La configuración del derecho indiano provincial y local. Cuestiones metodológicas y desarrollo de sus fases históricas, en: Tau Arzoátegui, Víctor – Agüero, Alejandro (Eds.), El derecho local en la periferia de la monarquía hispánica, Buenos Aires, págs. 13–90.

Terráneo, Sebastián (2010), La recepción de la tradición conciliar limense en los decretos del III Concilio Provincial Mexicano, Buenos Aires.

Terráneo, Sebastián (2011), El llamado "III Concilio Provincial Mexicano" y los "Estatutos de la Santa Iglesia de México" o "Reglas consuetas de la catedral de México", en: Revista de Estudios Histórico-Jurídicos 33, 613–637.

Traslosheros, Jorge E. (2004), Iglesia, justicia y sociedad en la Nueva España. La audiencia del arzobispado de México 1528–1668, México.

Traslosheros, Jorge E. (2013), El derecho canónico en la provincia eclesiástica de México en Nueva España. Una herencia por explorar, en: Lira, Andrés – Carrillo Cázares, Alberto – Ferreira Ascencio, Claudia (Eds.), Derecho, política y sociedad en Nueva España a la luz del Tercer Concilio Provincial Mexicano (1585), México, págs. 111–126.

Turrent, Lourdes (2013), El cabildo de la catedral metropolitana. El culto y el Tercer Concilio Provincial Mexicano, en: Lira, Andrés – Carrillo Cázares, Alberto – Ferreira Ascencio, Claudia (Eds.), Derecho, política y sociedad en Nueva España a la luz del Tercer Concilio Provincial Mexicano (1585), México, págs. 201–232.

Valdés, Carlos Manuel (2013), Dos visitas pastorales al Nuevo Reino de León y Nueva Extremadura de Coahuila, en: Lira, Andrés – Carrillo Cázares, Alberto – Ferreira Ascencio, Claudia (Eds.), Derecho, política y sociedad en Nueva España a la luz del Tercer Concilio Provincial Mexicano (1585), México, págs. 305–333.

Véliz Ruiz E., Luis Alejandro (2013), La música en el Tercer Concilio Provincial Mexicano, en: Lira, Andrés – Carrillo Cázares, Alberto – Ferreira Ascencio, Claudia (Eds.), Derecho, política y sociedad en Nueva España a la luz del Tercer Concilio Provincial Mexicano (1585), México, págs. 233–252.

Vidal Gil, Jesús (2014), Los Estatutos del Cabildo de la catedral de México elaborados en el Tercer Concilio Provincial Maxicano (1585), Doctoratum, Pontificia Universitas Sanctæ Crucis, Facultas Theologiæ, Romæ.
Villegas, Juan (1975), Aplicación del concilio de Trento en hispanoamérica 1564–1600. Provincia Eclesiástica del Perú, Montevideo.
Weckmann, Luis (1982), Las esperanzas milenaristas de los franciscanos de la Nueva España, en: Historia Mexicana 32, 89–105.
Zaballa Beascoechea, Ana de – Saranyana, Josep-Ignasi (1990), La discusión sobre el joaquinismo novohispano en el siglo XVI en la historiografía reciente, en: Quinto centenario 16, 173–189.
Zaballa Beascoechea, Ana de (1992), Visión providencialista de la actividad política en la América Española (siglo XVI), en: Anuario de historia de la Iglesia 1, 287–304.
Zaballa Beascoechea, Ana de (2002), Utopía, mesianismo y milenarismo. Experiencias latinoamericanas, Lima.
Zaballa Beascoechea, Ana de (2013), La influencia del Tercer Concilio Provincial Mexicano en los instrumentos de pastoral indígena. El sacramento del matrimonio, en: Lira, Andrés – Carrillo Cázares, Alberto – Ferreira Ascencio, Claudia (Eds.), Derecho, política y sociedad en Nueva España a la luz del Tercer Concilio Provincial Mexicano (1585), México, págs. 71–90.
Zorraquín Becú, Horacio (1974), La condición política de las Indias, en: Revista Historia del Derecho 2, 285–380.
Zubillaga, Félix (1959), Monumenta Mexicana, Vol. 2, Roma.
Zubillaga, Félix (1961), Tercer Concilio Provincial Mexicano, 1585. Los memoriales del P. Juan de la Plaza S. I., en: Archivum historicum Societas Iesu 30, 180–244.
Zubillaga, Félix (1968), Monumenta Mexicana, Vol. 3, Roma.

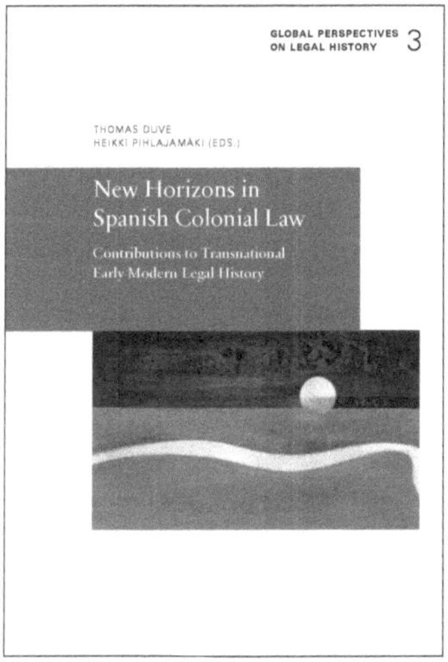

Thomas Duve, Heikki Pihlajamäki (eds.)

New Horizons in Spanish Colonial Law

Contributions to Transnational Early Modern Legal History

Global Perspectives on Legal History 3

Frankfurt am Main: Max Planck Institute for European Legal History 2015.
VI, 262 S., € 13,72 D
ISBN: 978-3-944773-02-5
Open Access Online Edition:
http://dx.doi.org/10.12946/gplh3

Derecho indiano, Spanish colonial law, has been a vigorous subdiscipline of legal history since the early 20th century. In 1997, in his *Nuevos horizontes en el estudio histórico del derecho indiano,* Argentinian legal historian Víctor Tau Anzoátegui considers some hitherto neglected perspectives. What has been achieved since then? What issues are being dealt with today? In this volume, scholars from different parts of the Western world address several of the current challenges confronting *derecho indiano.*

Contributors

Thomas Duve | Heikki Pihlajamäki | Richard J. Ross | Rafael D. García Pérez | Tamar Herzog | Brian P. Owensby | Ezequiel Abásolo | Luigi Nuzzo | Marta Lorente Sariñena | Víctor Tau Anzoátegui

Global Perspectives on Legal History is a book series edited and published by the Max Planck Institute for European Legal History, Frankfurt am Main, Germany. As its title suggests, the series is designed to advance the scholarly research of legal historians worldwide who seek to transcend the established boundaries of national legal scholarship that typically sets the focus on a single, dominant modus of normativity and law.
The series aims to privilege studies dedicated to reconstructing the historical evolution of normativity from a global perspective.
It includes monographs, editions of sources, and collaborative works. All titles in the series are available both as premium print-on-demand and in the open-access format.

Released volumes

3 | Thomas Duve, Heikki Pihlajamäki (eds.)

New Horizons in Spanish Colonial Law.
Contributions to Transnational Early Modern Legal History

2 | María Rosario Polotto, Thorsten Keiser, Thomas Duve (eds.)

Derecho privado y modernización.
América Latina y Europa en la primera mitad del siglo XX

1 | Thomas Duve (ed.)

Entanglements in Legal History: Conceptual Approaches

More information on the series and forthcoming volumes: http://global.rg.mpg.de

FSC
www.fsc.org
MIX
Papier | Fördert gute Waldnutzung
FSC® C083411

Kolibri 360 GmbH
Ferdinand-Jühlke-Straße 7
99095 Erfurt, Deutschland
produktsicherheit@kolibri360.de